SINAIS

A

*Linguagem Secreta
do Universo*

SINAIS

A
Linguagem Secreta do Universo

LAURA LYNNE JACKSON
Autora de Uma Luz Entre Nós, best-seller do New York Times

Rio de Janeiro, 2022

Sinais

Copyright © 2022 da Starlin Alta Editora e Consultoria Eireli.
ISBN: 978-85-5081-398-1

Translated from original Signs: the secret language of the universe. Copyright © 2019 by Penguin Random House LLC. ISBN 9780399591594. This translation is published and sold by permission of Random House Publishers, the owner of all rights to publish and sell the same. PORTUGUESE language edition published by Starlin Alta Editora e Consultoria Eireli, Copyright © 2022 by Starlin Alta Editora e Consultoria Eireli.

Impresso no Brasil — 1ª Edição, 2022 — Edição revisada conforme o Acordo Ortográfico da Língua Portuguesa de 2009.

Todos os direitos estão reservados e protegidos por Lei. Nenhuma parte deste livro, sem autorização prévia por escrito da editora, poderá ser reproduzida ou transmitida. A violação dos Direitos Autorais é crime estabelecido na Lei nº 9.610/98 e com punição de acordo com o artigo 184 do Código Penal.

A editora não se responsabiliza pelo conteúdo da obra, formulada exclusivamente pelo(s) autor(es).

Marcas Registradas: Todos os termos mencionados e reconhecidos como Marca Registrada e/ou Comercial são de responsabilidade de seus proprietários. A editora informa não estar associada a nenhum produto e/ou fornecedor apresentado no livro.

Erratas e arquivos de apoio: No site da editora relatamos, com a devida correção, qualquer erro encontrado em nossos livros, bem como disponibilizamos arquivos de apoio se aplicáveis à obra em questão.

Acesse o site www.altabooks.com.br e procure pelo título do livro desejado para ter acesso às erratas, aos arquivos de apoio e/ou a outros conteúdos aplicáveis à obra.

Suporte Técnico: A obra é comercializada na forma em que está, sem direito a suporte técnico ou orientação pessoal/exclusiva ao leitor.

A editora não se responsabiliza pela manutenção, atualização e idioma dos sites referidos pelos autores nesta obra.

Dados Internacionais de Catalogação na Publicação (CIP) de acordo com ISBD

B2971 Jackson, Laura Lynne
Sinais: a linguagem secreta do Universo / Laura Lynne Jackson ; traduzido por Melissa Medeiros. – Rio de Janeiro : Alta Books, 2022.
320 p. ; 16m x 23cm.

Tradução de: Signs
Inclui índice.
ISBN: 978-85-5081-398-1

1. Autoajuda. I. Medeiros, Melissa. II. Título.

2022-418
CDD 158.1
CDU 159.947

Elaborado por Vagner Rodolfo da Silva - CRB-8/9410

Índice para catálogo sistemático:
1. Autoajuda 158.1
2. Autoajuda 159.947

Produção Editorial
Editora Alta Books

Diretor Editorial
Anderson Vieira
anderson.vieira@altabooks.com.br

Editor
José Ruggeri
j.ruggeri@altabooks.com.br

Gerência Comercial
Claudio Lima
comercial@altabooks.com.br

Gerência Marketing
Andrea Guatiello
marketing@altabooks.com.br

Coordenação Comercial
Thiago Biaggi

Coordenação de Eventos
Viviane Paiva
eventos@altabooks.com.br

Coordenação ADM/Finc.
Solange Souza

Direitos Autorais
Raquel Porto
rights@altabooks.com.br

Produtor da Obra
Thales Silva

Produtores Editoriais
Illysabelle Trajano
Larissa Lima
Maria de Lourdes Borges
Paulo Gomes
Thiê Alves

Equipe Comercial
Adriana Baricelli
Daiana Costa
Fillipe Amorim
Kaique Luiz
Maira Conceição
Victor Hugo Morais

Equipe Editorial
Beatriz de Assis
Brenda Rodrigues
Caroline David
Gabriela Paiva
Henrique Waldez
Marcelli Ferreira
Mariana Portugal

Marketing Editorial
Jessica Nogueira
Livia Carvalho
Marcelo Santos
Thiago Brito

Atuaram na edição desta obra:

Tradução
Melissa Medeiros

Copidesque
Alessandro Thomé

Revisão Gramatical
Alberto Streicher
Fernanda Lutfi

Diagramação
Daniel Vargas

Capa
Marcelli Ferreira

Editora afiliada à: ASSOCIADO

ALTA BOOKS
EDITORA

Rua Viúva Cláudio, 291 — Bairro Industrial do Jacaré
CEP: 20.970-031 — Rio de Janeiro (RJ)
Tels.: (21) 3278-8069 / 3278-8419
www.altabooks.com.br — altabooks@altabooks.com.br
Ouvidoria: ouvidoria@altabooks.com.br

E, acima de tudo, observe com olhos brilhantes o mundo inteiro ao seu redor, porque os maiores segredos estão escondidos nos lugares mais improváveis. Quem não acredita em mágica nunca os encontrará.

— Roald Dahl

Para
Sr. D.,
Ray Chambers,
e Jennifer Rudolph Walsh,
trabalhadores iluminados que me inspiram
e cuja bondade e o amor me elevaram em minha jornada.
Sou eternamente grata por sua luz e pelo Universo
por me abençoar com sua amizade.

E para Garrett, Ashley, Hayden e Juliet,
minhas Estrelas-guia, luzes da minha vida,
vocês sempre terão meu coração.

E para minha incrível mãe, Linda Osvald,
minha maior professora, trabalhadora da Luz, destemida
e fonte de amor ilimitado — tudo o que sou é por causa
do que você me ensinou sobre o amor.

SOBRE A AUTORA

Laura Lynne Jackson é professora, palestrante e médium psíquica. Atua como médium credenciada para pesquisas pelo Centro de Pesquisa Windbridge, além de ser médium certificada pela Fundação Forever Family. É autora de *Uma luz entre nós,* um best-seller do *New York Times*. Ela mora em Long Island com o marido e os três filhos.

lauralynnejackson.com

Twitter: @lauralynjackson

Instagram: @lauralynnejackson

Encontre Laura Lynne Jackson no Facebook.

AGRADECIMENTOS

Este livro está aqui por causa do amor, apoio, esforço e luz de muitas pessoas, daqui e do Outro Lado. Há muitas para listar, mas aqui estão algumas:

Alex Tresniowski — Sua paciência, bondade, dedicação, apoio sem fim e talento artístico me ajudaram a criar este livro. Você é uma luz neste mundo, com um dos corações mais gentis que conheço! Sou muito grata a você!

Jennifer Rudolph Walsh — Continuo impressionada e inspirada pela força de luz que você é no mundo e por tudo o que você faz e cria. Você faz coisas milagrosas acontecerem, e sou muito abençoada pelo Universo ter me permitido tropeçar no seu caminho e ser guiada por você. Você é uma estrela do rock em todos os sentidos — a melhor agente, amiga e professora que eu jamais poderia esperar!

Julie Grau — Tenho muita sorte de ter não apenas o presente de sua edição extraordinária, mas também de sua amizade extraordinária. Sua energia está muito presente neste livro. Agradeço por sua paciência, apoio, amor, orientação e por ter vivido esta jornada com você.

Linda Osvald — Mãe, você é tudo para mim. A primeira pessoa para quem quero contar qualquer coisa e minha fonte de amor e apoio incondicional e interminável. Eu te amo mais do que jamais poderia colocar em palavras. Em todas as fases de minha vida, você me ajudou a crescer e me fez evoluir, inspirando-me, dando o exemplo e dizendo que eu poderia fazer e alcançar qualquer coisa. Tudo o que sou — tudo o que me tornei — é por causa de seu amor e da luz que você é. Não passo um dia sem perceber o quanto sou abençoada e sortuda por ser sua filha.

John Osvald — Pai, obrigado por todo o amor e pelas mensagens contínuas. Eu sei que é lindo onde você está.

Marianna Entrup — Por todas as maneiras pelas quais você ajudou e se doou. Obrigada por sempre estar ao meu lado e ser uma parte tão importante de nossa família.

Ann Wood — Sinto-me honrada por ter uma mulher tão forte e elegante como tia!

Christine Osvald-Mruz — Minha querida irmã, obrigada por ser uma parte tão crucial e importante de minha vida. Você é incrível, atenciosa e sempre uma boa amiga. Tê-la como irmã é um grande presente.

John William Osvald — Meu querido irmão, seu senso de humor e comprometimento com a vida são ao mesmo tempo encorajadores e inspiradores. Obrigada por ser uma pessoa em quem posso confiar e com quem posso contar, e por sempre encontrar uma maneira de despertar alegria em todas as situações.

Garrett — Toda a beleza que veio à minha vida está ligada à sua luz. Obrigada por ser um homem de caráter, força e integridade. Obrigada por aparecer várias vezes, de todas as formas. Compartilhar esta jornada pela vida com você — de parentalidade e tudo o mais — e tudo o que ela trouxe é o maior tesouro de meu coração.

AGRADECIMENTOS

Ashley — Observar você crescer e adquirir sua energia é um privilégio. Estou ansiosa para ver todas as coisas extraordinárias que você descobrirá e criará neste mundo. Você tem uma força absoluta.

Hayden — Meu pequeno Bubba, sua inteligência e percepção são impressionantes e poderosas. Mas seu coração amoroso é seu maior tesouro. Que essa luz continue a guiá-lo em tudo que você faz e traz a este mundo.

Juliet — Meu sol e minha portadora de luz, você leva alegria e bondade aonde quer que vá. Que sempre lhe retribuam o amor que você dá. Você brilha muito intensamente.

Aos meus amigos (vocês sabem quem são) — Obrigada por terem sido uma bênção tão incrível em minha vida, por terem estado comigo de todas as maneiras e por me fazerem rir.

À Whitney Frick — Obrigada por participar de modo tão entusiasmado e cheio de luz no caminho deste livro. Sou grata por tê-la.

À minha equipe da Penguin Random House — Obrigada por toda a sua energia e luz. Este livro não estaria aqui sem os esforços combinados de Sally Marvin, Karen Fink, Rose Fox, Mengfei Chen, Jessica Bonet, Greg Mollica e Evan Camfield, e, é claro, Julie Grau e Whitney Frick.

Para todos os que contribuíram para as histórias deste livro, alguns mencionados pelo nome nos capítulos, outros com nomes trocados por privacidade, alguns aqui na Terra, outros do Outro Lado — foi uma honra compartilhar juntos esta jornada. O amor é sempre vinculativo e mais forte do que qualquer coisa — até mesmo a morte. As histórias que vocês compartilharam provaram isso.

E para meu Time de Luz — Confio sempre em sua orientação e amor.

Conteúdo

INTRODUÇÃO   xv

PARTE UM
SEMPRE CONOSCO

1. Laranjas   5
2. Cereal no carro   9
3. Time de luz   13
4. Eu carrego seu coração   17
5. Libélulas e cervos   29
6. Amigos no outro lado   35
7. Corações e cartas   39
8. Beija-flor e luz   47
9. Girafas, torres eiffel e uma música sobre gatos   55
10. Sinais simples, sonhos e intuição: sintonizando com a linguagem secreta   63

PARTE DOIS
CRIANDO SUA PRÓPRIA LINGUAGEM

11. Levando para casa	85
12. 1379	99
13. Chamadas fantasmas	107
14. Olha o passarinho	113
15. Sinais de trânsito	119
16. Velas dançantes	125
17. Tartarugas e sereias	131
18. Conectores	137
19. Todas as criaturas grandes e pequenas	145
20. Marmotas	153
21. Como cocriar sua própria linguagem	159

PARTE TRÊS
NAVEGANDO NO ESCURO

22. Camuflagem, uma arma e uma nova missão	171
23. Bebês e ursos	177
24. Luzes piscando e faíscas	185
25. Laços e trevos	191
26. Arco-íris	197
27. Pequenos sussurros	207
28. Um presente de amor e perdão	225
29. Rendição	235

PARTE QUATRO
VIVENDO SOB A LUZ

30. Como brilhar intensamente	253
31. Continue a brilhar	275
ÍNDICE	291

INTRODUÇÃO

Marie estava na sala de espera do hospital. Estava difícil respirar. Ela tentava não olhar para o relógio na parede, mas não conseguia evitar. Olhou para cima, e cinco minutos haviam se passado. Olhou novamente, mais cinco minutos. Pareciam duas horas, não dez minutos. O tempo se arrastava. Nada parecia real. A espera e o desconhecimento eram quase insuportáveis.

Um pouco antes, Pete, marido de Marie há 35 anos, havia sido levado para a sala de operações para uma cirurgia de coração emergencial. Os cirurgiões lhe disseram que estavam esperançosos, mas Marie sabia que não havia garantias. Ela estava com medo e se sentia perdida, mas, acima de tudo, se sentia sozinha.

Deus, se estiver aí, ela pensou, *por favor, cuide do Pete. Por favor, envie uma legião de anjos para protegê-lo.*

E depois ela pensou no filho que ela e Pete haviam perdido anos antes, ainda criança. O nome do menino era Kerry. Fazia quase três décadas que Kerry tinha falecido, mas Marie ainda sentia uma grande conexão com ele e gostava de conversar com ele em sua mente.

Kerry, Marie pensou, *se estiver aí, me envie um sinal. Me envie um sinal de que seu pai ficará bem. Por favor, Kerry, estou morrendo de medo. E ajudaria tanto saber que você está aqui e que está protegendo seu pai.*

Trinta minutos depois, uma enfermeira apareceu na sala de espera. Ela viu Marie sentada apreensivamente na cadeira e se aproximou, perguntado se Marie gostaria de alguma coisa, talvez algo da lanchonete.

"Eu gostaria de um café", respondeu Marie. "Um pouco de leite, sem açúcar, mas insisto em pagar." Ela pegou uma nota de cinco dólares da carteira e a entregou para a enfermeira, dizendo, "Muito obrigada".

Alguns minutos depois, a enfermeira estava de volta com o café. Ela entregou a xícara e o troco para Marie, depois tocou-lhe gentilmente no ombro.

"Aguente firme", disse. "Eu sei que a espera é difícil. Deus tem um plano. Ninguém nunca está só".

Marie olhou para suas mãos, comovida pela compaixão da enfermeira.

Ali, no canto esquerdo de uma das notas que ela havia devolvido para Marie havia um nome, escrito com letras maiúsculas em tinta preta.

KERRY

Marie encarou a nota, piscando para conter as lágrimas. Ela sentiu um grande alívio tomar conta de si. Alívio e amor. Ela soube que naquele momento Kerry estava ali com ela, dizendo que seu pai ficaria bem.

De repente, Marie pôde respirar de novo. Ela agradeceu a Kerry por mandar uma mensagem tão poderosa e guardou a nota em um lugar especial na carteira.

Duas horas depois, os cirurgiões entraram na sala de espera e disseram a Marie que a operação havia sido um sucesso. Marie sorriu.

Ela sabia. Já havia recebido a mensagem.

Meu nome é Laura Lynne Jackson e sou médium psíquica. Eu ajudo as pessoas a se conectar com o Outro Lado. E a primeira coisa que quero falar é: você não precisa de um médium psíquico para se conectar com o Outro Lado. Não me entenda mal, eu sei que o que faço pode ser extremamente útil para quem tiver uma mente aberta. As mensagens que consigo trazer do Outro Lado podem nos causar uma profunda felicidade e envolver nossa vida com uma elevada sensação de propósito e claridade. Podem nos levar para os caminhos mais sublimes da vida, para aqueles aos quais estamos destinados.

Eu consigo conectar pessoas com entes queridos já falecidos e com uma mútua fonte de energia, uma abundante trama de amor e luz, que alimenta nossa vida como nada mais consegue.

Todas essas coisas são dádivas fascinantes, e quando consigo compartilhá-las com alguém, sinto uma felicidade incomparável.

Contudo, a verdade é que você não precisa de mim para compartilhar dessas bênçãos. Você não precisa de mim para explorar essa incrível energia, nem precisa de um médium psíquico para reconhecer e acessar os sinais que acredito serem a linguagem secreta do Universo: uma forma de comunicação que está ao nosso redor todos os dias, disponível para todos.

Eu espero que este livro lhe ensine a entrar em sintonia com essa linguagem e possa ajudá-lo a ver a luz onde antes havia escuridão, e o significado de coisas que antes eram apenas caos. Esse conhecimento pode levá-lo a caminhos diferentes, movê-lo na direção do amor, ajudá-lo a encontrar alegria e, talvez, até mesmo salvar sua vida.

Quero que você entenda que este livro foi parar em suas mãos por uma razão. Você não está lendo estas palavras agora por acidente, mas sim como um convite do Universo. Independentemente da forma que este livro e estas palavras o encontraram, por favor, saiba que não foi um acontecimento aleatório.

Você está *destinado* a ler estas palavras.

O princípio fundamental deste livro é que o Universo nos traz as pessoas, as informações e as situações de que mais precisamos em nosso caminho. Poderosas forças de orientação existem para nos conduzir em direção a uma vida mais verdadeira e feliz.

E outra verdade com que me deparei: cada um de nós tem um Time de Luz, ou seja, um grupo de ajudantes invisíveis que trabalham juntos para nos guiar para nosso caminho de ascensão. E esse time é composto por nossos entes queridos que já faleceram, nossos guias espirituais (mais conhecidos como anjos da guarda), de um reino angelical superior, e pela energia de Deus, que é baseada na maior força já existente: o amor.

Se você abrir sua mente e seu coração para a linguagem secreta que seu Time de Luz utiliza, a maneira com que você vive sua vida mudará. Sua relação com o mundo e com o Universo se tornará diferente: melhor, mais clara e mais poderosa.

Quando aprendemos a reconhecer e confiar nas diversas maneiras com que o Universo se comunica conosco, experienciamos o que chamo de a Grande Mudança. Essa alteração em nossa perspectiva nos leva a um maior engajamento, conectividade, vitalidade e paixão. Nós conseguimos compreender melhor o verdadeiro significado de nossa existência, e isso faz com que nossa jornada seja muito mais bela e significativa.

A partir do momento em que você aprender a ver esses sinais e essas mensagens, jamais conseguirá *deixar* de vê-las. Isso terá para sempre o poder de inspirar seu passado, seu presente e seu futuro com um novo e profundo significado e, assim, transformar sua vida.

Digo mais uma verdade: o Universo tem conspirado para nos ajudar desde antes da chegada de nossa alma no mundo. Nosso time estava lá desde o princípio. Nosso trabalho é simplesmente nos manter abertos para receber essas mensagens de amor e orientação. Se fizermos isso, saberemos a mais poderosa verdade: o Universo está sempre nos amando, apoiando e guiando, mesmo em nossos piores momentos.

E agora este livro está em suas mãos, e ele está aí por um motivo: o convite do Universo para conectar você com seu Time de Luz e descobrir o seu eu mais verdadeiro, corajoso e próspero.

Mas, antes de começar, eu gostaria de falar um pouco sobre mim. Sou casada e mãe de três crianças. Por quase 20 anos, trabalhei como professora de inglês do ensino médio em Long Island, Nova York. Eu estudei Shakespeare em Oxford e fui aceita nas duas melhores escolas de Direito, mas decidi seguir minha paixão pelo ensino. Ao mesmo tempo, comecei lentamente a aceitar minhas habilidades como médium psíquica, alguém que coleta informações sobre pessoas e situações por meio de maneiras que vão além dos cinco sentidos, e que também pode se comunicar com pessoas que já não estão mais neste mundo.

Minhas habilidades psíquicas incluem clarividência (conseguir informação visual sem o uso de meus olhos), clariaudiência (perceber sons sem o uso dos ouvidos), clariconhecimento, ou reconhecimento claro (reconhecer algo irreconhecível), e clarisciência (sentir por meio de meios não humanos).

Também sou médium, o que significa que uso esses dons como ferramentas para me comunicar com pessoas que já não estão mais aqui. Eu transmito essa informação por meio de uma leitura, durante a qual me torno um canal entre o Outro Lado e a pessoa para qual estou fazendo a leitura. Eu me torno uma mensageira, um instrumento, um caminho para a energia e a informação fluírem de um lado para o outro.

No início, eu estava preocupada com as minhas habilidades, até mesmo cética, então quis que elas fossem verificadas. Para isso, me inscrevi para ser médium voluntária na Fundação *Forever Family*, uma organização sem fins lucrativos que tem como objetivo ajudar pessoas de luto, em especial pais que perderam seus filhos. A *Forever Family* é muito protetora em relação às pessoas que ajudam, que estão em seu estado mais vulnerável, então o processo de análise é muito rigoroso. Eu passei nos testes e estou me voluntariando para a fundação como médium desde 2005. Em 2011, me submeti a um teste de oito fases que utilizou do teste cego em cinco níveis, administrado por cientistas do Centro de Pesquisa Windbridge, no Arizona. Eu me tornei uma das poucas de um grupo pequeno de médiuns credenciados para pesquisas no país. Trabalho com os cientistas desde então, explorando os mistérios de nossa interconectividade e de como a consciência sobrevive à morte corporal.

Contei a história de como finalmente abracei minhas habilidades em meu primeiro livro, *Uma luz entre nós*, que mostra histórias de pessoas que, com minha ajuda, descobriram as muitas maneiras com que estão conectadas com o Outro Lado: a vasta trama de luz e amor e energia que existe além de nossos cinco sentidos. Uma grande parte do livro foi sobre mim e sobre a minha história. Ao mesmo tempo em que, aqui, compartilharei algumas histórias de conexões pessoais que testemunhei e vivi, este livro é diferente do outro.

Este livro é sobre *você*.

Sobre o caminho que lhe espera.

É sobre conectá-lo com uma ideia simples, mas poderosa: o Universo está *sempre* enviando sinais e mensagens para se comunicar com você e guiá-lo para um caminho superior. É sobre como verdades bonitas e milagrosas ficam invisíveis em nossa vida, e como, com uma mudança sutil, mas significativa, na nossa percepção, podemos começar a vê-las.

OBSERVAÇÃO SOBRE TERMOS

Antes de começar a ler as histórias deste livro, eu gostaria de esclarecer o significado de alguns termos que uso.

Um **sinal** é uma mensagem enviada para você pelo Universo.

Universo é o termo que eu uso quando me refiro à energia divina, à irrestrita força do amor que conecta todos nós e de que fazemos parte. O Universo também inclui o reino angelical, os guias espirituais e os nossos entes queridos que já atravessaram para o Outro Lado.

O **Outro Lado,** de forma simples, é para onde nossos entes queridos vão quando falecem e onde nossos guias espirituais estão enquanto cuidam de nós. É o paraíso de que muita gente fala. O Outro Lado é nosso verdadeiro lar. É o lugar ao qual todos nós retornaremos um dia, é um lugar reinado pelo amor e apenas amor.

Sinais são um método de comunicação do Outro lado. Eles podem vir por meio de diferentes fontes: nossos entes queridos, nossos guias espirituais e a energia Divina. Todos esses são parte do Time de Luz Universal que temos cuidando de cada um de nós todos os dias.

Inicialmente, o Outro Lado utilizará o que chamo de **sinais simples** para se comunicar conosco: objetos, animais ou situações que nos chamam a atenção para perceber o significado de algo que, de outra maneira, escaparia de nós. Sinais simples podem ser moedas, pássaros, borboletas, cervos, números e perturbações elétricas, como mensagens excluídas no nosso celular, entre outras coisas. Você acha uma moedinha se equilibrando na secadora enquanto está pensando e sentindo falta de alguém (aconteceu comigo). Uma borboleta pousa no seu braço por um instante no seu aniversário. Um carro passa por você com a placa que é o aniversário de um ente querido que já morreu e você estava pensando nele no momento. Você recebe mensagens sem texto em seu celular no aniversário de morte de um ente querido.

Outro sinal simples é aquilo que chamamos de coincidência significativa ou **sincronicidade**. A sincronicidade mostra nossa conexão inata e ativa com o outro e com o mundo ao nosso redor. Você pensa em alguém e de repente essa pessoa aparece na sua frente. Você está cantando sua música favorita e de repente ela começa a tocar no rádio. Você está fazendo palavras cruzadas e a resposta que você está procurando aparece nas notícias da TV. Todas essas coisas podem acontecer sem que peçamos ou esperemos.

Diferentemente dos sinais simples, existem aqueles que nós pedimos especificamente: objetos, imagens, palavras ou frases, não importa o quão obscuro ou esquisito sejam. Essa é a linguagem secreta que podemos cocriar com o Outro Lado.

Eu cocriei essa linguagem de diversas maneiras. Com meus guias espirituais, normalmente peço por laranjas. Com meus entes queridos que já atravessaram, eu peço por tatus, oricteropos e tamanduás, que são animais raros e não passam despercebidos. Com meu pai, que faleceu recentemente, um dos sinais que compartilhamos é Elvis Presley. Este livro mostrará como criar sua própria linguagem com o Outro Lado, para que, quando seus sinais vierem, você possa não apenas reconhecê-los, mas também sentir o extraordinário poder que eles trazem!

Você pode se perguntar: como podemos confiar que um sinal é de fato um sinal e não apenas uma boa, mas aleatória, coincidência?

O psicanalista suíço Carl Jung criou o termo *sincronicidade* para descrever uma coincidência aparentemente significativa. Jung era fascinado pela ideia de que os eventos em nossa vida não são aleatórios, mas expressam a realidade de que todos somos parte de uma ordem mais profunda — uma força universal e unificadora que ele chamou de *unus mundus*, latim para "um mundo".

Ao longo dos anos, houve uma grande quantidade de estudos e debates sobre o significado das coincidências. Alguns cientistas, como o psicólogo Kirby Surprise, estudaram o que chamam de **eventos sincronísticos** (ES) e concluíram que eles não têm significado além daquele que damos a eles.

Entretanto, outros cientistas, pesquisadores e filósofos não têm tanta certeza. O Dr. Bernard D. Beitman, professor de Psiquiatria da Universidade da Virgínia, até tentou estabelecer um novo campo transdisciplinar chamado Estudos de Coincidência, para examinar a verdade por trás dos eventos sincronísticos, pois simplesmente concluir que coincidências são aleatórias pressupõe que elas são inerentemente sem sentido ou insignificantes. O Dr. Beitman argumenta que "sem evidências de apoio, essa suposição dificilmente é científica".

À medida que vivemos, decidimos por nós mesmos o que esses eventos sincronísticos — essas coincidências mágicas — significam para nós. Eles são aleatórios? Ou são sinais? Tudo se resume à crença pessoal.

Glennon Doyle, escritor e trabalhador da Luz cujo trabalho me inspira, disse: "A fé é acreditar na ordem invisível das coisas."

Eu sei no que acredito. Passei minha vida trabalhando para entender minhas habilidades e fiz "leituras" para centenas e centenas de pessoas. Eu já vi e aprendi o suficiente para concluir que os sinais são uma ocorrência muito real. Minha fé nessa linguagem de conexão é firme.

Não posso indicar um estudo científico definitivo que prove categoricamente que isso é verdade, mas posso mostrar as evidências que me convenceram: histórias notáveis e poderosas de pessoas que abriram o coração e a mente para uma nova maneira de olhar o mundo e que obtiveram uma grande mudança que transformou sua vida. Eu vi pessoas mudarem para um caminho de vida superior e mais vibrante — e, assim, compartilharem sua bela luz com o mundo ao seu redor. Testemunhei pessoas conectando-se ao seu Time de Luz do Outro Lado, para que finalmente entendessem a bela verdade do Universo.

Somos todos folhas em diferentes galhos da mesma árvore.

Nós nunca estamos sozinhos.

Cada vida é muito importante.

Estamos eternamente conectados uns aos outros, à luz, ao amor e à energia do Universo.

A Terra é uma escola onde todos aprendemos uma lição coletiva sobre o amor. Somos seres espirituais que estamos aqui para aprender sobre conectividade e bondade. Quando confiamos na realidade dos sinais, começamos a aprender essa lição de forma mais rápida e da maneira mais bela e gratificante. Na verdade, começamos a *ver* a conectividade. Começamos a entender que estar vivo agora, neste momento, é um grande presente, e que nossas escolhas afetam não apenas nossa própria vida, mas também a grande trama de luz e energia que é o nosso mundo.

Por isso escrevi este livro. Ele está em suas mãos agora porque acredito que devemos percorrer esta jornada juntos para viver de uma maneira mais consciente, atenta e significativa. Nós temos de fazer nossa verdadeira luz brilhar completa e corajosamente neste mundo.

A MORTE NÃO É NADA

A morte não é nada.
Ela não importa.
Eu apenas fui para um lugar diferente.
Nada aconteceu.

As coisas continuam exatamente como eram.
Eu sou eu e você é você,
e a antiga vida de ternuras que vivemos juntos está intocada,
inalterada.
Não importa o que éramos um para o outro, ainda o somos.

Chame-me por aquele antigo e familiar nome.
Fale comigo da maneira simples que sempre falou.
Não mude seu tom.
Não force um ar de seriedade ou pesar.

Ria como sempre riu das brincadeiras que desfrutávamos juntos.
Divirta-se, sorria, pense em mim, reze por mim.
Deixe que meu nome seja usado em casa como sempre foi.
Deixe-o ser pronunciado sem esforço, sem fantasmas na voz.

A vida significa a mesma coisa de antes.
É igual ao que sempre foi.
Existe uma continuidade absoluta e intacta.
O que é a morte senão um acidente insignificante?

Por que não deveria pensar em mim se apenas não me vê?
Estou esperando por você, para uma pausa,
Em algum lugar bem próximo,
Bem ali do lado.

Tudo está bem.
Nada está ferido; nada está esquecido.
Espere um momento e tudo estará como antes.
Como vamos rir da preocupação de partir quando estivermos juntos de novo!

– Henry Scott-Holland

PARTE UM

SEMPRE CONOSCO

> "Percebi algo pela primeira vez na minha vida: não há nada além de mistério no mundo, a forma como ele se esconde por trás da trama de nossos dias medíocres e frios, brilhando intensamente e nem sabemos disso."
> — **Sue Monk Kidd**

DÊ UM PASSEIO LÁ FORA E OBSERVE O MUNDO AO SEU REDOR. Observe as árvores e casas, o céu e as nuvens, os carros, as placas de rua e as pessoas passando. Quando desaceleramos nossa vida por um momento e realmente apreciamos a beleza e o espetáculo que é o mundo à nossa volta — quando nos tornamos mais conscientes —, podemos apreciar melhor como somos abençoados.

Mas e se, quando dermos uma olhada longa e atenta em tudo ao nosso redor, na verdade não estivermos vendo tudo? E se estivermos vendo apenas parte do que realmente está lá? E se estivermos perdendo uma camada inteira de realidade?

E se, ao simplesmente abrirmos nosso coração e nossa mente para um novo vocabulário de ver e entender, começarmos a ver uma realidade muito maior? E se o mundo de repente se tornar uma trama magnífica de conexões, sinais, luz e amor, tudo entrelaçado no tecido comum da vida a que estamos tão acostumados?

As histórias que se seguem são sobre pessoas que fizeram exatamente isso — abriram o coração e a mente e descobriram uma bela e nova maneira de ver o mundo ao seu redor.

Quando começaram a ver essas coisas, nunca mais conseguiram deixar de vê-las. Essas pessoas foram mudadas para sempre, e isso acabou sendo uma coisa incrível.

Uma coisa incrível que pode acontecer com você também.

1
LARANJAS

Você já teve um daqueles momentos em que está prestes a fazer algo importante, longe da sua zona de conforto, e há muita coisa em jogo, a pressão é enorme, e de todas as coisas positivas que você poderia estar pensando, o que você realmente pensa é: *Mas o que é que eu estou fazendo aqui?*

Eu vivi esses momentos mais frequentemente do que gostaria de admitir. Pouco tempo depois da publicação de *Uma luz entre nós*, me pediram para fazer um discurso em um grande evento corporativo na Califórnia. Compreendi imediatamente que o universo estava me chamando para compartilhar a mensagem do Outro Lado, e me senti completamente humilde e honrada.

Teria de subir no palco diante de 600 influenciadores de Hollywood e dizer algo que os tocaria, desafiaria e inspiraria. E para acrescentar, estava dividindo o palco com palestrantes experientes e poderosos, incluindo um ex-presidente dos EUA! Nunca havia sido solicitada para dar uma palestra como aquela. E, uma vez que o Universo me escolhera para a tarefa, também senti a pressão de transmitir a mensagem de forma poderosa. Não queria decepcionar o Outro Lado.

Estranhamente, não me senti intimidada. Eu estava nervosa, claro, mas também estava animada. Eu *queria* subir no palco e honrar a mensagem enviada para mim pelo Outro Lado. E então fui lá e fiz meu discurso, e só depois, quando já estava saindo do palco, um pensamento me ocorreu: *Será que honrei totalmente a mensagem do Outro Lado? Será que fiz um trabalho bom o suficiente?*

Sabia que o Outro Lado me conduzira a esse caminho, mas, mesmo assim, ansiava por algum tipo de confirmação. Sentada nos bastidores, dirigi meus pensamentos ao Outro Lado e pedi um sinal de que havia honrado sua mensagem.

Pedi ao Universo que me enviasse uma única laranja. Apenas isso: uma laranja. Se o universo de alguma forma colocasse uma laranja no meu caminho, eu saberia que estava exatamente onde eu precisava estar, fazendo o que eu precisava fazer. Saberia que tinha entregado sua mensagem completamente.

Após a conclusão do evento, todos os palestrantes e participantes foram conduzidos para fora, para um grande espaço aberto, onde o almoço estava sendo servido. Virei uma esquina e vi grandes mesas de madeira na direção da área de alimentação principal. Elas compunham o ambiente como decoração e normalmente estariam cobertas com flores ou plantas frescas ou outros arranjos bonitos. Mas não naquele dia.

Naquele dia, elas estavam cobertas de laranjas. E não algumas. *Milhares e milhares de laranjas.* Elas estavam por toda parte. Empilhadas na entrada, empilhadas ao lado das mesas de servir, em todas as mesas. Era deslumbrante. Claro, a mente racional de alguém pode dizer: *Sim, mas muito tempo antes de você pedir esse sinal, alguém decidiu usar as laranjas como tema decorativo.*

Mas não foi assim que recebi as laranjas. Para mim, elas eram apenas uma agradável afirmação. Minha oração para o Outro Lado sempre foi: "Use-me da melhor maneira para servir como veículo de amor e cura neste mundo. E, por favor, apenas me guie pelo caminho." E era isso que essas milhares de laranjas significavam: um sinal. O Universo estava me dizendo: "Você é membro desta equipe e fez sua parte. Você honrou seu papel. Obrigado."

Quando vi as laranjas, ofeguei, depois sorri e comecei a chorar. Veja bem, eu pedi uma única laranja, e o Universo me enviou milhares delas! É *assim* que somos amados, apoiados e cuidamos.

As laranjas reforçaram quatro verdades para mim:

Todos nós estamos constantemente sendo vigiados por nosso Time de Luz.

Nós somos amados.

Estamos todos conectados e investimos na jornada uns dos outros.

Quando você pede sinais para o Universo, ele responde.

As laranjas, para mim, eram uma troca extraordinariamente clara — eu pedi, e o Universo respondeu. E, no entanto, esse chamado-resposta nem sempre é fácil de reconhecer. A confusão e a dúvida, o medo e o barulho que acompanham a vida cotidiana podem obscurecer nossa capacidade de perceber coisas que não são tão óbvias.

As histórias a seguir são sobre pessoas que não tinham certeza sobre o que estavam vendo. Algumas delas nem acreditavam na possibilidade de se comunicar com o Outro Lado, mas as experiências relatadas aqui mudaram para sempre suas crenças e sua visão de mundo. A jornada de todos é diferente. Algumas pessoas são mais céticas do que outras e precisam de mais afirmações. Algumas sentem o amor e apoio imediatamente e aprendem rapidamente como explorar o poder místico dos sinais e usá-los para trazer mudança e significado à vida.

O que podemos constatar em todas as histórias é que os próprios sinais geralmente são coisas simples ou comuns. Coisas que existem na vida cotidiana e às quais normalmente não prestamos muita atenção. Uma simples laranja, por exemplo. Mas ao escolher objetos ou frases comuns, músicas ou números como sinal, criamos um meio de conexão.

Os sinais estão lá. As afirmações estão lá. O *amor* está lá. Tudo o que precisamos fazer é aprender como recebê-los.

2

CEREAL NO CARRO

Em 2015, fui convidada a falar em um evento organizado pela minha editora, a Penguin Random House. Um carro foi enviado para minha casa em Long Island para me buscar e me levar para Manhattan. Durante a viagem, eu estava quieta, pensando na conversa e nas coisas que eu queria compartilhar com os participantes. Eu tenho dois modos: o modo normal e o modo de leitura. Quando estou aberta para o Outro Lado, estou realmente aberta, mas, quando estou no modo normal, estou fechada mesmo. Descobri que se eu me abrir demais e fizer muitas leituras, isso se torna física e emocionalmente exaustivo para mim. Eu fico desgastada.

Além do mais, ler a energia de alguém sem sua permissão é invasivo — tipo espiar a roupa íntima de alguém, não é certo. Então, no caminho para a cidade, eu estava no modo normal e desliguei a parte de mim que está aberta para o Outro Lado.

E *ainda assim...* alguém conseguiu atravessar.

Alguém ligado ao motorista.

Eu não disse nada, a princípio. Na verdade, foi o motorista, um agradável homem de meia-idade chamado Máximo, quem falou primeiro.

"Se me permite perguntar, sobre o que é o seu livro?" Ele perguntou educadamente.

Eu disse a ele quem eu era e respondi sua pergunta.

"Ah, sim," disse Máximo. "Esse deve ser um bom livro para mim."

Isso foi o suficiente. Essa foi toda a permissão necessária do Outro Lado. Agora, quem quer que estivesse atravessando veio com *força*. Fiz uma pausa, tentando decidir se eu deveria compartilhar o que estava recebendo. Mas desde que Máximo deu início à conversa, achei que tudo ficaria bem.

"Você tem um filho do outro lado, não é?", perguntei, embora a conexão fosse tão clara, que era mais uma afirmação do que uma pergunta.

"Sim, tenho", Máximo respondeu. "Meu enteado. O nome dele é Rodrigo."

Esse não era o nome que eu estava recebendo.

"Hum", disse. "O nome que eu estou vendo começa com V. Na verdade, parece muito com a palavra *virgem*.

"Ah, meu Deus," disse Máximo. "Virgil. A gente o chamava de Virgil."

E então Virgil me mostrou algo que parecia completamente aleatório.

"Por que ele está me dando uma tigela de cereal?", perguntei ao motorista. "Por que ele quer que eu fale com você sobre cereais?

Máximo respirou fundo.

"Ele era conhecido por comer cereais", disse ele com uma risada. "Café da manhã, almoço, jantar, todos os dias. Eu ficava preocupado que ele não estivesse recebendo nutrientes suficientes. Ele simplesmente amava comer cereal."

Então Máximo disse que achava que havia recebido recentemente um sinal de Virgil.

"Sabe, conversamos uma vez, do nada, sobre que sinais enviaríamos um ao outro se um de nós morresse", explicou. "E o sinal dele eram as Tartarugas Ninja. Ele as amava."

Máximo me contou como havia esquecido aquela conversa quando Virgil atravessou, com seus vinte e poucos anos. Mas então um dia a filha mais nova de Máximo chegou em casa e anunciou sua nova obsessão.

"Ela estava obcecada pelas Tartarugas Ninja", Máximo me contou. "De repente, ela tinha que ter tudo das Tartarugas Ninja. Foi do nada. Eu sabia que Virgil tinha alguma coisa a ver com aquilo e que ele estava cuidando dela. E sabia que era um sinal para mim também."

Virgil então me mostrou mais uma coisa — um homem mais velho com um nome que começava com M. Ele me mostrou que o homem era seu avô, e que eles estavam juntos do Outro Lado. Eu compartilhei isso com Máximo.

"Ah, meu Deus", disse Máximo. "Virgil apareceu em um sonho para mim, e eu o vi com meu pai, que também se chamava Máximo. Eles estavam juntos."

Naquele momento, percebi que toda mensagem que Virgil transmitia para mim era uma mensagem que Máximo *já havia recebido*.

"Você não precisa de mim", disse a ele. "Você já está se comunicando com seu filho. Ele veio apenas para validar suas experiências. Mas você já está conectado com ele o tempo todo."

Toda a minha conversa com Máximo afirmou o que ele já sabia: que seu filho ainda estava com ele, desejando profundamente se conectar. Máximo já sabia que Virgil o estava alcançando por meio dos sonhos, de sua filha e de outras maneiras. Os sinais, a linguagem, até mesmo a aceitação de Máximo pela conexão já estavam lá. Se ele tivesse alguma dúvida sobre a veracidade dessa forma de comunicação, ela foi expulsa por Virgil, que validou a comunicação através de mim.

Tudo indica que eu e você não nos encontraremos no mesmo carro. Até podemos, mas, você sabe, não é algo com que podemos contar. Então me deixe aproveitar a oportunidade, bem aqui, agora, e lhe dar o que Virgil deu a Máximo através de mim: validação.

Você *está* recebendo sinais. O Universo, a energia de Deus, seus entes queridos do Outro Lado e seus guias espirituais os estão enviando para você, estendendo a mão e tentando se conectar com você. Isso está acontecendo. Está acontecendo *o tempo todo*. E, no fundo, você já sabe que está.

———

Tudo bem, você está pensando, *mas como isso acontece?* Como um sinal se manifesta? Qual é o mecanismo que aciona esses sinais e os torna possíveis? Qual é a bateria, a fonte de energia?

Nós somos.

Quando abandonamos nosso corpo, todos nos tornamos parte da mesma força vital universal, um imenso redemoinho de luz, amor e energia. Em outras palavras, nossa energia — nossa luz e nosso amor, nossa consciência — não acaba quando morremos fisicamente. Ela resiste e se liga à luz e à energia de todos que já existiram, conectando-se a uma grande força vital universal. Essa é a energia por trás dos poderosos fios de luz que nos conectam ao Outro Lado — e a energia por trás dos sinais que o Outro Lado nos envia.

A energia somos nós. A bateria é a luz e o amor. A fonte de energia é o próprio Universo infinito.

E o resultado é uma força que pode nos enviar uma laranja — ou mil laranjas — exatamente quando precisamos.

3

TIME DE LUZ

Todos temos um Time de Luz do Outro Lado. Esses times nos enviam sinais, e esses sinais vêm de três forças distintas:

1. Recebemos sinais da energia Divina, que é o que quero dizer quando falo de sinais do Universo. Essa é a suprema e mais poderosa fonte de amor, e cada um de nós está diretamente conectado a ela, e uns aos outros, por meio dela;
2. Recebemos sinais de nossos guias espirituais/do reino angelical;
3. Recebemos sinais de nossos entes queridos que atravessaram.

Embora possamos estar mais familiarizados com a ideia da energia Divina e do Universo interagindo conosco, você pode estar se perguntando quem — ou o quê — são nossos guias espirituais.

Minha experiência me ensinou que todos temos professores, mentores e protetores do Outro Lado, cujo objetivo é nos vigiar e nos guiar em direção ao nosso melhor e mais elevado caminho de vida. Alguns os chamam de anjos da guarda. Eu os chamo de guias espirituais. Esses guias não são ninguém que conhecemos durante esta vida, como amigos ou parentes que atravessaram (embora esses amigos e parentes com certeza nos guiem também). Os guias espirituais se inserem no que eu chamo de contratos de alma, que atuam em nossa vida antes mesmo de nascermos.

Nosso relacionamento com eles é simples. Eles estão lá apenas para nos ajudar, e pronto, sem pedir nada em troca. Eles não têm nenhuma outra missão. Fazem parte da vasta e afetiva energia do Universo e foram especificamente designados para nós. Eles estão conectados com a forma mais pura e mais elevada do amor e energia que constitui o Universo, que abrange tanto este lado quanto o Outro Lado. Eles estão encarregados e dedicados a garantir que tudo o que acontece em nossa vida seja voltado para o desenvolvimento de nossa alma.

Como comentei antes, nossos guias espirituais, em conjunto com a energia Divina e com nossos entes queridos, compõem nosso Time de Luz do Outro Lado.

Se o conceito de guias espirituais lhe parecer um pouco estranho, saiba que não é um conceito novo, existe desde o nascimento da humanidade. Diferentes culturas têm nomes diferentes para eles, mas sempre fizeram parte da trama da existência humana. No cristianismo, eles são chamados de anjos, ou anjos da guarda, e desempenham um papel de destaque na Bíblia.

No hinduísmo, eles são chamados de devas ou devis, e são considerados seres celestiais que não podem ser vistos pelos olhos humanos, mas podem ser percebidos por aqueles que abriram o "olho divino" e foram acordados.

No islã, a crença em anjos feitos de luz e mensageiros de Alá é um dos seis pilares da fé.

Os gregos antigos também acreditavam em anjos. Na realidade, a palavra anjo vem da palavra grega ἄγγελος, ou *angelos*, que significa "mensageiro".

Podemos saber quem são nossos guias espirituais? Sim. Um de meus guias espirituais veio até mim em um flash enquanto eu tomava banho, e pude ouvir seu nome e sentir uma conexão com ele. Mas isso nem sempre acontece. Acho que precisamos estar em um ambiente altamente receptivo e de consciência aberta, muito mais do que normalmente estamos em nossa vida agitada e conturbada para que esse tipo de interação possa acontecer.

Contudo, não precisamos saber quem são nossos guias espirituais, porque eles sabem quem *nós* somos. Por fim, será sempre preciso um pouco de confiança para aceitarmos inteiramente e apreciarmos nossos guias espirituais, até mesmo se, como eu, você souber o nome de um deles. O importante é você saber que pode chamá-los a qualquer momento para ajudá-lo (sim, mesmo para encontrar uma vaga de estacionamento!).

Estive aberta ao Outro Lado por grande parte de minha vida, e vi o impacto que os guias espirituais tiveram na vida de centenas e centenas de pessoas. Minha experiência me ajudou a apreciar a intensa devoção e poder que nosso Time de Luz tem no Outro Lado.

Estamos conectados à energia Divina. Estamos conectados ao reino angelical e aos nossos guias espirituais que estão no Outro Lado. Estamos conectados aos nossos entes queridos que já atravessaram. Juntas, essas forças de amor compõem o nosso Time de Luz.

E eles nos enviam sinais e mensagens o tempo todo.

As pessoas me procuram em eventos e compartilham suas histórias de conexão porque sabem que sou um "lugar seguro", ou seja, que não vou zombar ou rir; eu vou honrar suas histórias. De fato, isso não acontece apenas quando estou em um evento. Um de meus médicos, por exemplo, recentemente me confidenciou algo no meio de um exame.

Dr. G é meu médico há anos. Ele até mesmo participou do parto de uma de minhas filhas, mas nunca soube que eu era médium psíquica. Quando contei a ele que estava escrevendo um livro, perguntou-me sobre o que era, e foi assim que descobriu o que eu faço. Ele fez uma pausa, ficou um pouco pensativo e depois, meio relutante, compartilhou a história de algo "estranho" que havia acontecido com ele.

Ele me disse que, alguns anos antes, estava pescando em um barco na Flórida, quando, de repente, sentiu uma impressionante onda de energia passar por seu corpo. Uma torrente de eletricidade que passou através dele. Quando isso aconteceu, ele imediatamente sentiu a energia e a presença de seu pai. Sentiu um profundo amor atravessando-o, bem ali no meio do mar. Nada disso fazia sentido para ele.

Seu primeiro pensamento foi: *Eu estou louco ou será que meu pai está vindo me dizer adeus?* Seu pai estava doente, mas ninguém sabia que sua morte era iminente. Então ele olhou para o relógio e anotou a hora. Ele tentou ligar para a mãe, mas não havia sinal ali. Cerca de uma hora e meia depois, ele chegou à costa e ligou para sua mãe novamente.

Antes que pudesse falar alguma coisa, ela gentilmente lhe informou que seu pai havia falecido.

Ele perguntou a que horas exatamente havia acontecido e ficou sabendo que fora no exato momento que em que ele havia sentido a onda de eletricidade no barco.

"Eu nunca contei essa história a ninguém", disse ele. "Para ninguém mesmo. Não pensei que alguém acreditaria que realmente aconteceu, e eu também lutei para aceitar. Mas foi tão poderoso, que aconteceu no exato momento em que meu pai faleceu. Eu acho que foi ele se despedindo."

"Acredite", disse a ele. "Foi real. Que belo adeus seu pai lhe deu."

Eu o encorajei a compartilhar a história com outras pessoas, começando por sua mãe. Era um presente que *deveria* ser compartilhado.

Às vezes, quando recebemos sinais do Outro Lado, os descartamos ou deixamos nossa mente racional os ignorar. Nós não falamos deles para ninguém, porque temos medo de que pensem que somos loucos.

Mas, no fundo, reconhecemos que eles são reais. Essas são histórias para compartilhar, honrar e celebrar. Depois de aceitá-las como verdades, sua vida se transforma.

4

EU CARREGO SEU CORAÇÃO

Pouco antes de um garotinho chamado Caleb completar 6 anos, ele fez uma pergunta estranha a sua mãe:

"Mamãe, quanta vida me resta?"

Sua mãe, Eliza, respirou fundo. Ela sabia que seu filho tinha um tipo de obsessão por essa idade. Ela sabia que ele não *queria* fazer 6 anos. Algo sobre isso o assustava — ele já havia falado sobre isso antes. Eliza levantou a manga direita da blusa e esticou o braço.

"Esta é a sua vida", disse ela a Caleb, apontando para o braço inteiro. Então ela apontou para um ponto perto do ombro. "E é aqui que você está agora", disse. "Sua vida está apenas começando."

Caleb perguntou a ela o que acontece com as pessoas quando elas morrem.

Eliza disse que as pessoas têm crenças diferentes sobre isso e que ela optou por acreditar que as pessoas que morrem voltam de uma maneira diferente.

"Como você gostaria de voltar?", ela perguntou a Caleb. "Você voltaria como Salami?" Salami era o gato da família.

Caleb pensou por um momento.

"Eu não gostaria de voltar como um gato", ele finalmente disse, "porque aí eu tenho que lamber meu próprio bumbum".

Então, Eliza e Caleb fizeram um acordo: quando ela voltasse, voltaria como sua mãe e, quando ele voltasse, voltaria como seu filho.

"Apertamos as mãos", disse Eliza. "Era um contrato."

"Caleb, ah, bom, ele é um garoto muito especial", disse Eliza ao descrever o filho. "No começo, ele ficava muito com a gente, porque era tímido e um pouco ansioso, então ficava no ombro do pai ou nos meus braços o tempo todo, nos abraçando. Ele era muito carinhoso, gostava de contato físico, era muito doce e amoroso. Perto de outras pessoas, ele poderia até ficar quieto e reservado, mas ao nosso redor ele falava pelos cotovelos. Era tão cheio de ideias! Na verdade, ele *borbulhava* de ideias. E ele contava histórias, inventava algumas muito elaboradas, e construía pequenos mundos com seus blocos ou com qualquer material de montar, e ele fazia uns quartéis de bombeiros e cinemas com assentos e partes que se mexiam, sempre com uma explicação para aquilo que construía, como o fato de o helicóptero ter que ir para baixo se a ponte quebrar, então é aqui que o helicóptero aterrissa, e muito mais. Ele adorava contar histórias e construir coisas. Um garoto realmente incrível."

Quando ele tinha 5 anos, Caleb estava aprendendo a escrever. Mas havia uma história extensa que ele queria contar, então seus pais compraram um caderninho com uma capa dura, e se sentavam os três juntos enquanto ele ditava a história inteira para eles. O nome era *A Lhama e Dominina*, e a história desdobrou-se por muitos dias e noites. Era sobre o gato da família, Salami, e os animais de borracha do banheiro de Caleb indo acampar juntos. Eliza e Tim gravaram a história enquanto Caleb contava. Cada palavra pertencia a ele.

No final, eles tinham preenchido as 90 páginas do caderno.

Quando Caleb tinha seis anos e meio, seus pais o levaram ao dentista. Ele tinha um dente extra entre os dentes permanentes que tinha de ser removido. Quando o dentista lhes disse que precisaria perfurar o osso no palato de Caleb para remover o dente, Tim e Eliza escolheram sedá-lo para a cirurgia. O dentista colocou Caleb sob anestesia geral — mas algo deu errado.

De repente, o coração de Caleb parou de bater.

"O dentista finalmente percebeu o que estava acontecendo, mas nessa altura já havia falhado em todas as técnicas básicas de salvar vidas — RCP, intubação", disse Eliza. "Eles ressuscitaram Caleb, mas ele sofreu falência de órgãos."

Caleb passou os dois dias seguintes no hospital. Seu coração parava repetidamente, e os médicos o reviviam vez após outra. Outros órgãos também estavam falhando, incluindo os pulmões. "Ele não passou em nenhum dos testes neurológicos", disse Eliza. "Na manhã do terceiro dia, os médicos nos disseram que tínhamos que deixá-lo ir."

Foi quando Eliza me ligou. Tínhamos uma amiga em comum que a pediu para falar comigo. Finalmente, ela me ligou do hospital, e assim que atendi, vi Caleb e vi onde ele estava.

"Ele já está do Outro Lado", eu disse. "Estou tentando levá-lo de volta ao corpo, mas tem algo impedindo. O corpo dele está no gelo?"

De fato, os médicos o haviam cercado com gelo, a fim de diminuir sua temperatura. Durante a ligação, tentei convencer Caleb a voltar, mas nada estava funcionando.

"O que posso fazer por você, Caleb?", perguntei a ele. "O que você precisa que eu faça?"

Por um momento, pensei que Caleb pudesse voltar. Em seu quarto de hospital, Eliza notou que as pupilas do filho, que haviam começado a ficar desiguais, subitamente se igualaram. Foi um momento de esperança — uma pequena indicação de que ele poderia estar tentando voltar. Mas não durou. Caleb havia se distanciado.

"Ficou claro que Caleb não conseguiria", disse Eliza. "Pouco tempo depois, nós o perdemos."

A perda foi devastadora. A única coisa que possibilitou a Eliza continuar foi a necessidade de cuidar da filha e da família. Eu disse a ela que poderia me ligar quando quisesse, mas não tive notícias por um tempo. Eu esperava que ela entrasse em contato quando estivesse pronta. "Eu estava presa em areia movediça", Eliza me disse depois. "Senti que queria morrer. Tudo o que eu conseguia pensar era em como o mundo de

Caleb havia ficado escuro. Será que ele estava preso em algum lugar? Tudo simplesmente acabou? Onde ele está? Eu passei semanas com essa intensa tristeza e desesperadora depressão. Procurava por Caleb em toda essa escuridão, e não conseguia encontrá-lo."

O que Eliza não percebeu foi que Caleb estava procurando por ela também.

Ele estava alcançando-a. Estava tentando enviar uma mensagem para sua mãe. Nossa amiga em comum encaminhou a Eliza uma mensagem minha, em que eu havia escrito: "Caleb não se foi. As almas continuam. Elas continuam a crescer no Outro Lado. Caleb atravessou cercado de amor e não estava sozinho. Ele está bem, te ama e está tentando enviar mensagens para você."

Quando Eliza leu minha mensagem, ela paralisou.

"Era como se, no meio de toda aquela escuridão, uma luz viesse de repente", disse Eliza.

Nós conversamos logo depois. Eliza explicou que já suspeitava de que Caleb estava enviando mensagens, mas ela não conseguia se convencer de que eram reais. Por exemplo, Caleb sempre foi muito interessado em sequências numéricas específicas, particularmente 1111 — quatro números 1 enfileirados. Sempre que ele encontrava um relógio que mostrava 11:11, fazia seus pais tirarem uma foto dele. Duas semanas depois que Caleb faleceu, Eliza encontrou uma amiga no parque. Depois de conversar um pouco, a amiga saiu para almoçar, e enviou a Eliza uma foto do recibo: US$11,11. No dia seguinte, essa mesma amiga foi a um restaurante diferente, e enviou outra foto a Eliza, desta vez do número do endereço do restaurante, 1111.

"1111 estava em todo lugar", Eliza me contou. "E aí eu estava tendo uns sonhos muito vívidos de Caleb montado nos ombros de Tim. Tão, tão vívido! Parecia que Caleb estava realmente feliz, como se fosse isso que ele quisesse me dizer. Mas eu não sabia no que acreditar."

Nossa leitura foi poderosa. Caleb veio com muita força. Toda a energia e paixão que havia marcado sua vida na Terra ainda estavam lá, mas intensificadas. Ele estava cheio de amor e emoção.

"Ele quer que eu lhe explique como é a sensação do Outro Lado", eu disse a Eliza. "Ele diz que parece o maior amor que você pode sentir, multiplicado por 8 bilhões por cento."

Havia muito mais — um fluxo constante de impressões e ideias.

"Mamãe, papai, é incrível aqui", disse Caleb. "É como o espaço sideral, mas melhor. Eu posso estar em todos os lugares ao mesmo tempo. Eu posso ser tanto escuro quanto claro. Vocês não acreditariam em como é incrível.

"Estou em casa agora", disse Caleb à mãe. "E aqui é sua casa também, você só não se lembra."

A mensagem de Caleb foi muito específica. Ele queria que seus pais soubessem que o trabalho deles era dar a ele amor incondicional e que eles haviam feito isso de maneira bonita e completa. Ele disse que seu tempo na Terra deveria ser breve, e que nunca deveria sofrer, e que realmente não sofreu. Ele continuou dizendo como morrer se parecia com adormecer e acordar no melhor sonho de todos os tempos. Acima de tudo, ele queria que seus pais soubessem que ele estava bem — e que eles também ficariam bem, porque, afinal, não o perderam. Ele ainda estava com eles, e sempre estaria.

"Após a leitura, parte da dor e do terror desapareceu, porque eu realmente acreditava que Caleb estava neste lugar bonito", disse Eliza. "A perda ainda era mais devastadora do que eu conseguia descrever, mas agora eu entendia que todos fazíamos parte dessa profunda coisa cármica que aconteceu — esse plano para nós e para Caleb. A percepção de que estamos todos conectados, e que, por isso, nunca podemos realmente morrer. O que aconteceu deveria acontecer sem dor ou sofrimento, e isso me permitiu me livrar da raiva."

No entanto, Eliza reconhecia que "ainda estava hesitante". Ainda não estava pronta para confiar plenamente nessa conexão duradoura com seu filho. E Caleb sabia disso. Ele sabia que precisava fazer mais.

Então decidiu enviar mais sinais.

Eles apareceram na minha leitura com Eliza. Sinais projetados especificamente para convencer seus pais de que ele ainda estava aqui. Em sua cerimônia fúnebre, os pais de Caleb soltaram 600 balões. Eliza nunca mencionou esse detalhe, mas durante a leitura Caleb me pediu para dizer a sua mãe que recebera todos os balões — e que ele iria enviá-los de volta para ela como sinais.

"Ele diz que até pegou o balão vermelho", eu disse a Eliza. "Tinha um balão vermelho?"

Ela não entendeu. Os balões eram de cores diferentes, então por que Caleb mencionaria apenas um vermelho? E então ela se lembrou: a memória de um jovem Caleb recebendo um balão vermelho de um vendedor em uma concessionária, mas deixando-o escapar de sua mão e chorando enquanto assistia-o flutuar. Ele havia chorado por horas por ter perdido aquele balão.

"Ele está comigo agora", disse Caleb.

Nos dias e semanas seguintes após a leitura, Caleb devolveu seus balões. Eliza e Tim estavam sentados no deck de seu quintal uma noite, pensando em Caleb e chorando juntos, quando um balão lentamente passou flutuando.

"É Caleb", disse Tim.

Alguns dias depois, em um passeio de fim de semana, Tim e Eliza fizeram um desvio em uma rua pela qual nunca haviam dirigido antes. Quando dobraram uma esquina, viram um enorme mural pintado na parede lateral de um prédio: balões coloridos gigantes. Na semana seguinte, outro balão flutuou em seu quintal, pairou por um longo tempo, depois lentamente foi para longe.

"Não importa para onde vamos, vemos um balão ou um monte de balões flutuando em nossa direção", disse Eliza. "Eles estão em todo lugar."

Eu também disse a Eliza que Caleb estava enviando um poema para ela.

Eu não conseguia entender qual era o poema, mas estava claro que era um. Eliza disse que nas semanas após a morte do filho, eles receberam muitos presentes de amigos e familiares, mas nenhuma deles era um livro de poemas ou mesmo um único poema. Alguns dias após a leitura, Caleb veio até mim novamente e me pediu para enviar à mãe dele uma pulseira para o Dia das Mães, que estava chegando. Ele queria o verso de um certo poema inscrito na pulseira.

O verso era: "Eu carrego seu coração comigo."

Pedi a pulseira e enviei para Eliza, com um cartão explicando o que havia acontecido. "Você já deve ter recebido este poema de Caleb", escrevi. "Ele disse que já o enviou para você." Ela pensou muito, mas ainda não conseguia entender como Caleb havia enviado o poema.

E, então, a ficha caiu.

Eliza correu para uma estante de livros no corredor de sua casa. Ela examinou as prateleiras e depois pegou um livro. Foi um presente de um amigo nos dias após Caleb atravessar. Era um livro infantil ilustrado com um poema bem conhecido de E. E. Cummings, chamado "Eu carrego seu coração comigo".

Eu carrego seu coração comigo
(carrego-o no meu coração)
nunca estou sem ele (não importa aonde vou, meu amor;
e tudo que faço é por você, querida)

Não temo destino algum
(pois você é o meu destino, meu amor)
Não quero mundo algum (pois você é meu mundo, minha verdade)
pois você é tudo que a lua significa
e tudo aquilo que o sol canta

Vou contar o segredo mais profundo que ninguém sabe
(aqui está a raiz da raiz e o botão do botão da flor
e o céu do céu de uma árvore chamada vida;
que cresce mais alto do que a alma imagina ou a mente esconde)
e esse é o encanto que mantém as estrelas longe
eu carrego seu coração (carrego-o no meu)

Havia mais um sinal que Caleb estava determinado a enviar.

Ele tinha uma mensagem muito específica para seu pai, Tim, que durante a leitura estava deitado ao lado de Eliza na cama de Caleb, ouvindo.

"Caleb está dizendo: 'Papai, você tem algo no bolso ou na carteira que tem um significado especial'", eu disse a eles. Tim estava de pijama no momento e não estava com a carteira, mas usava um colar e perguntou se era isso que Caleb queria dizer.

"Não é um colar", falei. "É como uma pequena obra de arte. E Caleb quer que você saiba que ele está tão perto de você quanto aquela pequena obra de arte na carteira do papai."

Contudo, Tim sabia o que havia na carteira, e não havia nenhuma obra de arte nela. Tinha tanta certeza de que não estava lá, que nem se deu ao trabalho de olhar.

Foi só mais tarde naquele dia que Tim se sentou e esvaziou a carteira, apenas para checar.

E lá, encontrou o que parecia um pequeno recibo, um pedacinho de papel dobrado. Tim o abriu com cuidado e arquejou.

Era um desenho de Caleb de três flores amarelas perto de uma árvore, e eu lhes disse que as três flores amarelas e a árvore seriam outro sinal que Caleb enviaria.

Na manhã seguinte, Eliza sentou-se na sala de jantar e olhou pela janela. Havia árvores e flores amarelas em todos os lugares, então como ela poderia saber quais foram enviadas por Caleb?

Um pequeno adesivo em uma das três janelas da cozinha chamou sua atenção, e ela se levantou para removê-lo. Caleb havia colocado dezenas de adesivos de flores, borboletas e folhas nas janelas; com o tempo, algumas caíram e outras haviam sido tiradas. Quase não havia mais nenhum adesivo lá. Só restavam três.

De repente, Eliza ficou paralisada. Ela deu um passo atrás para olhar os últimos três adesivos. Cada um era de uma flor amarela.

Eliza recostou-se na cadeira, chamou Tim e mostrou a ele as três flores amarelas.

"Isso é bem parecido", disse Eliza. "Tudo o que falta é a árvore."

Tim riu. Então ele se sentou ao lado de Eliza e apontou.

"Olhe *pela* janela", disse ele.

E ali no quintal da frente, emoldurada perfeitamente pelas janelas e pelos três adesivos de flores amarelas, havia uma grande árvore verde e arqueada.

E os sinais continuaram. Em uma viagem para acampar, a irmã de Caleb, Jenna, de 3 anos, inocentemente entregou à mãe um pequeno buquê de flores que ela havia acabado de colher — exatamente três narcisos amarelos.

"Por que você está me dando isso?", Eliza perguntou.

"Eu não sei", respondeu Jenna. "Algo só me disse para dar elas para você."

E balões — *sempre* balões. E números consecutivos também. "Ontem, o alcance do meu carro elétrico mostrava 111 milhas", Eliza disse. "Eu pensei, *Puxa, que legal*, mas deixei minha mente racional me convencer de que não tinha a ver com Caleb. No dia seguinte, depois de dirigir para algum lugar completamente diferente, cheguei em casa e liguei no carro, e o alcance era de 111 milhas novamente. Os sinais continuam vindo, e se algum dia eu tiver dúvida, algo incrível acontecerá para me dar um tapa na cara."

Tim, que sempre foi o mais cético dos dois, decidiu pedir a Caleb um sinal secreto só deles, e manteve segredo sobre isso. Na manhã seguinte ao pedido do sinal, Eliza disse-lhe para ir buscar os gatos no quintal.

"Por quê?", Tim perguntou.

"Porque eu estou sentindo cheiro de gambá."

Tim sentou-se na cama.

"O que aconteceu?", perguntou Eliza.

"O gambá", ele respondeu. "Eu também estou sentindo o cheiro. Pedi a Caleb para enviar um gambá. E agora, bem aqui, um gambá."

Caleb me disse outra coisa durante minha leitura com Eliza: seus pais lutariam por uma lei que teria seu nome.

Hoje, a lei de Caleb — que requer que dentistas tenham um anestesista presente durante todas as cirurgias, em vez de administrar eles mesmos a anestesia — está a caminho de ser aprovada no estado de nascimento de Caleb.

"O domínio dos dentistas é poderoso, por isso tem sido uma luta difícil", disse Eliza. "Mas Caleb está lutando ao nosso lado. A primeira vez que a irmã de Tim, que é médica, enviou um e-mail para os parlamentares sobre o projeto de lei, eram 11h11 da manhã."

Apesar de todos os sinais e mensagens de Caleb, há momentos em que seus entes queridos ainda sentem a dor de sua partida desta terra. Em algumas noites, Eliza e Tim se sentam juntos e leem *A Lhama e Dominina*, para que a voz de Caleb — tão cheia de amor, paixão, entusiasmo e ideias — possa ganhar vida em sua casa mais uma vez.

"Sinto falta dele todos os segundos de todos os dias", disse Eliza. "Mas também há muita alegria em saber que ele ainda está aqui conosco. Quando meus amigos perguntam sobre Caleb, sempre perguntam 'Como ele está?', como se ele ainda estivesse por aqui."

> ...mesmo na dor indescritível,
> coisas extraordinárias acontecem.
> **— A.R. TORRES, "The Lessons of Loss"**

5

LIBÉLULAS E CERVOS

Eles se autodenominavam os Quatro Cs — Carla e Chris e seus dois filhos pequenos, Calder e Caleb. Eram um time, sempre juntos, sempre rindo, sempre se divertindo. "A alegria de Calder na vida é brincar", diz Carla, que se casou com Chris em 2003 e iniciou uma produtora de TV com ele. "Caleb é muito brincalhão. Calder e Caleb dividiam um quarto e adoravam rir um do outro."

A felicidade deles era como um sonho bonito e perfeito — até que, inesperadamente, o sonho terminou.

Quando Calder tinha apenas 7 anos, foi eletrocutado por uma lâmpada defeituosa em uma piscina e atravessou.

Era impensável, impossível — por que todas as risadas tinham de parar? Carla e Chris procuraram respostas, procuraram consolo, mas nada parecia ajudar. No entanto, nos dias e semanas após a morte do filho, Carla não conseguiu eliminar a sensação de que Calder ainda estava, de alguma forma, presente.

"Eu tinha uma sensação de que ele estava me mandando mensagens", Carla me contou. "Mas nada fazia sentido, então a única explicação era a de que eu estava ficando doida."

Uma tarde, Carla estava dirigindo seu carro quando uma pequena libélula voou em torno de sua cabeça e pousou ao lado da janela do motorista. Ela não tinha ideia de como ou quando ela havia entrado no carro. Continuou dirigindo, e a libélula não se mexeu. Carla parou no sinal vermelho, abaixou a janela, mas o animalzinho continuava lá. "Quando finalmente cheguei ao meu destino, saí do carro, e a pequena libélula saiu comigo, voou ao meu redor por um tempo e depois foi para longe."

E, naquele momento, Carla fez uma reflexão.

"Eu me perguntei, *Será que era Calder?*" conta ela. "A dor ainda era muito recente, e percebi que eu havia chorado o caminho todo. Então parei e tentei descobrir o que havia acontecido. Parecia que Calder estava tentando me enviar uma mensagem, mas eu simplesmente não conseguia entender se era real."

Durante o resto do verão, Carla viu libélulas por toda parte. Na maçaneta da porta, na parede, no banheiro. "Eu estava em uma piscina, e minha cunhada disse: 'Sabia que tem uma libélula pousada na sua cabeça faz um tempo?'", relata Carla. "E havia muitas crianças ao meu redor, espirrando água e fazendo muito barulho, mas a libélula estava pousada na minha cabeça e não queria ir embora." Mas como uma libélula poderia ser uma mensagem de alguém?

Carla chegou a mim por meio de um amigo em comum e veio à minha casa em Long Island para nossa leitura. Eu me certifiquei de que minha mãe levasse nosso cachorro Roscoe para a casa dela, para que ele não interrompesse a leitura, mas deixei nosso gato vagar livremente. Então Carla e eu nos sentamos à mesa da cozinha. Momentos depois, Calder apareceu e me mostrou algo que me levou a lhe fazer uma pergunta.

"Você é alérgica a gatos?"

Sim, ela respondeu.

"Tudo bem. Bom, eu tenho um gato que sempre senta comigo na cozinha e Calder está me dizendo: 'Você não deveria ter mandado o cachorro embora, você deveria ter mandado o gato'. E agora ele vai mantê-lo longe da cozinha por você."

E assim, nosso gato — que sempre se senta com quem vem para a cozinha — não foi visto em nenhum lugar durante a leitura.

Calder continuou a aparecer da maneira mais notável: cheio de energia, emoção e amor.

Normalmente, quando me conecto com alguém do Outro Lado, peço que me envie seu nome como validação. No entanto, nem sempre obtenho o nome completo. Eu posso receber um som forte ou a imagem de uma única letra. No caso de Carla, reconheci um grande C, referindo-se a alguém do Outro Lado. Então reconheci que havia outro C, e outro, e mais um, todos eles aqui na Terra — quatro Cs no total. Eu falei a Carla sobre os quatro Cs, e ela me falou o que eles significavam — ela, Chris e seus filhos, Caleb e Calder. O núcleo, a unidade, a equipe.

Então uma coisa incrível aconteceu na leitura.

Calder me mostrou que sua família estava prestes a viajar, e Carla confirmou que era verdade. Calder então me mostrou a maneira exata que pretendia mandar uma mensagem para sua mãe durante a viagem para ela saber que ele estava lá o tempo inteiro. É muito raro alguém que já atravessou ser específico com algum sinal que enviará, mas Calder foi bem claro.

"Calder vai lhe enviar um cervo", revelei. "Consigo ver muito claramente. E ele quer que saiba que você terá um encontro direto com o animal. Carla, ele está dizendo que isso é para você, então saberá que ele está contigo e ao seu redor o tempo todo. Calder quer lhe enviar uma mensagem direta, para que o encontro entre você e o cervo seja direto."

E Calder tinha outra mensagem importante para compartilhar com sua mãe.

"Ele está lhe enviando mensagens o tempo todo e vê que você as recebe, mas as questiona imediatamente", contei.

"Calder está lhe dizendo: 'Pare de fazer isso. Pare de questionar.'"

Após a leitura, Carla manteve a mensagem sobre o cervo para si mesma. Ela não sabia o que fazer com essa informação. Um encontro direto? O que isso significava?

Poucas semanas antes de a família partir para a Inglaterra, Chris e Carla decidiram passar o fim de semana em Florida Keys. Na longa viagem de carro, Carla adormeceu, e acordou assustada com Chris dizendo: "Ah! Uau!"

"O que foi?", Carla perguntou.

"Acabamos de passar por eles", respondeu ele. "Na beira da estrada. Eu nunca os havia visto antes!"

"Quem são eles? O que você viu?"

"Quatro cariacus[1]", disse Chris.

Os cariacus são uma subespécie de cervos rara e ameaçada de extinção que vive somente em Florida Keys. Eles são menores que os cervos comuns e muito esquivos. Chris já estivera em Florida Keys muitas vezes, mas nunca havia visto um deles. E agora, de repente, havia quatro na beira da estrada.

"Fiquei arrasada", confessou ela. "Eu não os vi. Chris me acordou um segundo tarde demais. Eu disse a ele por que estava chateada, que Laura havia dito que a mensagem dos cervos deveria ser para mim. Chris se ofereceu para virar o carro e procurá-los, mas pensei: *não seja tão chata*. Aliás, quais são as chances de ver não um, mas quatro cariacus na estrada? Nós éramos os quatro Cs, e havia quatro cervos. Mas deixei para lá, e tivemos um fim de semana maravilhoso. No entanto, por dentro, eu ainda estava devastada."

Eles saíram de Key West no domingo de manhã e começaram a longa viagem para casa. Poucos minutos depois, Chris parou o carro em um bar chamado No Name Pub. Disse a Carla que precisava usar o banheiro, e entrou.

No entanto, Chris não tinha sido totalmente sincero. Ele foi ao banheiro, mas não pelas razões óbvias. Chris tinha ouvido falar sobre o bar e uma de suas tradições: os clientes escreviam o nome de alguém em uma cédula de dólar e colavam-na na parede ou no teto, para honrar essas pessoas. Com uma caneta permanente, Chris escreveu CALDER em uma nota e escolheu um local na parede para colá-la. Depois ele saiu do bar e foi em direção ao carro, mas ficou paralisado. Não podia acreditar no que via.

---

1 Na presente edição, optamos por usar nome vulgar "cariacu" como tradução de "key deer", uma espécie rara de cervo que vive em Florida Keys, EUA, mas que migrou para a América Central e parte da América do Sul, incluindo o Norte do Brasil. [N. da T.]

Enquanto Chris estava no bar, Carla ficou no carro com Caleb. Ela olhava diretamente pela janela da frente, perdida em pensamentos, pensando sobre Calder. Uma chuva leve caía, e o estacionamento estava vazio, exceto por alguns outros carros e algumas mesas de piquenique. Um movimento chamou sua atenção, e ela se virou em direção à extremidade do estacionamento.

Ali, saindo do meio de uma fileira de arbustos, estava um cervo.

Carla ofegou. Ela saiu do carro lenta e cautelosamente, tomando cuidado para não assustar o animal, mas ele não parecia assustado. Ele olhou direto para Carla e então — incrivelmente — começou a caminhar sem pressa em sua direção. Foi nesse momento que Chris saiu do bar.

"Não se mexa", disse Carla a ele. "Apenas tire uma foto." O cervo chegou a três metros dela, perto o suficiente para que Carla olhasse em seus olhos claros e bonitos. Então ele se aproximou um pouco mais. E aí ficou mais perto ainda. Ela prendia a respiração e não se movia. O cervo chegou ainda mais perto.

E então, apenas dois passos separavam Carla e o cervo. Lentamente, ela estendeu a mão, a palma para cima. O cervo deu um passo à frente e gentilmente colocou o nariz na mão dela. E ficou lá por bastante tempo, permitindo que Carla acariciasse seu rosto. Então o cervo inclinou a cabeça e olhou para ela. Seus olhares se encontraram. Muito tempo pareceu se passar, até que finalmente o cervo se virou e foi embora. Carla, Chris e Caleb permaneceram imóveis, observando-o voltar para os arbustos, onde ele deu uma última olhada para trás antes de desaparecer entre as folhagens.

Carla estava sem reação. Exceto por cães ou gatos, ela nunca havia estado tão perto de um animal antes, muito menos de um animal selvagem.

Quando o cervo se aproximou dela, ela ficou nervosa, mas quando ele deitou a cabeça em sua mão, ela sentiu apenas carinho e alegria.

"O que aconteceu?", ela perguntou a Chris. "Isso foi real?"

"Foi real", disse Chris. "Muito real."

Carla fez um balanço de suas emoções. Ela pensou que choraria, mas não chorou. "Não havia nada triste sobre o que havia acontecido", ela contou. "Naquele momento, tudo o que eu e Chris sentíamos era admiração. Pura admiração."

Parados no estacionamento, Chris foi o primeiro a falar.

"Bem, se essa não foi uma mensagem de Calder, eu não sei o que é", afirmou ele.

Dentro do carro, Carla chorou. "Não foi por tristeza ou luto ou qualquer coisa assim", ela falou. "Foi mais um alívio. Alívio por eu não ter perdido meu grande momento com Calder. Eu tinha ficado tão chateada por não ter visto os quatro cariacus. Tentei não demonstrar, mas durante o fim de semana inteiro eu estava bem chateada. Mas então Calder... ele nunca me deixaria perder esse momento."

Depois disso, o cervo se tornou um dos sinais que Calder usa para fazer seus pais saberem que ele ainda está por perto, com eles, que ainda faz parte da família.

"Nós os vemos em todos os lugares, mas de maneiras incomuns", explicou Carla. "Uma vez, levamos Caleb em um tobogã no parque aquático. Enquanto esperávamos na fila para descer no escorregador, comecei a pensar em Calder, porque descer o tobogã com o irmão sempre foi uma de suas coisas favoritas. Foi então que olhei para cima, e o homem em pé na nossa frente na fila estava vestindo uma camiseta com músculos desenhados com uma grande tatuagem em seu bíceps. Era a tatuagem de um cervo grande e bonito."

E Carla completou: "Eu sabia que Calder estava ali no escorregador com Caleb e eu."

Para ela, receber aquele sinal notável e aceitá-lo como comunicação de Calder mudou sua vida.

"Isso me deu força e abriu meu coração e minha mente para perceber os sinais de Calder", disse ela. "Isso me convenceu de que Calder realmente está sempre conosco. Eu nem consigo explicar o quão difícil é perder um filho tão de repente. E realmente acho que receber aquela mensagem de Calder me ajudou a superar isso. Foi uma bênção. Os quatro Cs ainda estão juntos, e sempre estaremos."

6

AMIGOS NO OUTRO LADO

Mais uma coisa notável aconteceu em minha leitura com Carla.

Bem no início da leitura, quando Calder apareceu, antes que eu soubesse o nome de seu irmão, ele insistiu muito em apresentar outro garoto que havia atravessado recentemente. Ele me deu muitas informações sobre esse garoto — seu nome, como ele morreu, como ele estava agora —, e compartilhei tudo com Carla.

"Ele está me mostrando um garoto do Outro Lado chamado Caleb", disse a ela. "Esse é um garoto que foi ao dentista e, por causa da anestesia, atravessou. Calder está me dizendo que ele e Caleb estão juntos e trabalhando como uma equipe do Outro Lado." Eu soube imediatamente quem era Caleb: Calder havia trazido o filho de Eliza e Tim para mim.

Carla e Eliza não se conheciam, mas seus filhos sim. Os filhos, que haviam atravessado em momentos diferentes e em circunstâncias diferentes, eram amigos no Outro Lado. Carla não sabia o que fazer com essa informação. Então Calder contou mais.

"Espere um pouco, tem um garoto chamado Caleb aqui também?", perguntei.

Sim, respondeu Carla. O irmão mais novo de Calder se chama Caleb.

"É o que Calder está dizendo", continuei. "Ele está rindo e está dizendo que tem um Caleb aqui e outro Caleb lá."

Para Carla, era uma bela validação, não apenas o fato de que seu filho ainda estava com ela, mas de que não era a única a sentir tristeza e luto. A amizade entre Calder e Caleb confirmou que *todos* nós estamos conectados e destinados a ajudar um ao outro na cura e crescimento neste mundo. E que aqueles que estão do Outro Lado trabalham juntos para facilitar isso.

Calder disse à mãe que ele e seu novo amigo Caleb tinham um plano: eles queriam que suas mães se conhecessem.

Após a leitura, Carla procurou a mãe de Caleb, Eliza, e as duas se tornaram realmente boas amigas. Elas tinham algo em comum com que normalmente outras pessoas não podiam se identificar: ambas tinham um filho pequeno do Outro Lado. De fato, Calder e Caleb haviam atravessado com apenas alguns meses de diferença. Carla e Eliza foram capazes de compartilhar seus sentimentos e ajudar uma a outra a lidar com a dor. De certa forma, Eliza era uma das poucas pessoas que poderiam fornecer esse tipo de consolo para Carla — e Calder percebeu isso e apareceu, guiando-a diretamente para o caminho de sua mãe. E, claro, Caleb fez o mesmo por Eliza.

Imagine só! Esses dois meninos que atravessaram se reuniram no Outro Lado e guiaram suas mães na direção uma da outra, como uma maneira de ajudá-las a se curar. Que demonstração poderosa da presença e orientação contínuas de nossos entes queridos que atravessam! E que testemunho poderoso da interconectividade de nossos caminhos aqui na Terra.

De fato, já vi isso acontecer bastante — almas se unindo no Outro Lado para planejar eventos importantes aqui na Terra. Elas trabalham juntas no que chamo de Time de Luz expandido e nos pressionam a estabelecer e valorizar conexões com outras que podem enriquecer nossa vida e nos ajudar a crescer.

Calder foi capaz de planejar a conexão de sua mãe com Eliza através de mim, mas, como eu disse, você não precisa de um médium psíquico para receber e agir com base nesses sinais e mensagens. Muito provavelmente, você já os está recebendo, porque nossos Times de Luz são persistentes quando o assunto é chamar nossa atenção.

Entretanto, como informei antes, a desorganização e o caos de nossa vida agitada frequentemente sobrepõem esses sinais e essas mensagens. Nós não os vemos, ou vemos, mas eles não nos marcam, ou nós os descartamos. É por isso que é tão importante estarmos atentos a eles, estar em um alto estado de alerta para as amorosas conexões que estão disponíveis para nós aqui nesse mundo. Precisamos estar abertos para as pessoas que estão sendo direcionadas para nosso caminho, porque elas podem ter sido enviadas para ajudar em nossa cura e crescimento.

Mais adiante no livro, falaremos sobre como alcançar esse estado de maior conscientização. Mas, por enquanto, espero que as histórias interconectadas de Caleb e Calder demonstrem para você o incrível poder de nossos trabalhadores do Outro Lado e como eles proporcionam mensagens que transformam vidas.

7

CORAÇÕES E CARTAS

Nancy Miller estava andando por uma pequena vila de pescadores na remota zona rural do Vietnã como parte de uma visita turística em grupo, quando viu algo incomum no chão. No meio de nada além de colinas, lagos e florestas densas, sem moradores à vista, várias cartas de baralho estavam espalhadas pelo chão em uma pequena área em um caminho de terra. Nancy perguntou ao guia por que elas estariam lá e se tinham algum significado cultural.

"Não, nenhum significado", respondeu o guia. "Não sei o que elas estão fazendo aí. Não faz sentido para mim."

E, então, por algum motivo, Nancy pensou em sua mãe, também chamada Nancy.

"Esse pensamento apenas surgiu na minha cabeça", ela me diz agora. "Eu pensei, *se minha mãe fosse uma carta de baralho, ela seria a Rainha de Copas, por causa de seu grande coração.*"

O grupo continuou andando, e Nancy esqueceu completamente as cartas.

Os pais de Nancy foram namorados no ensino médio e se casaram aos seus vinte e poucos anos. Ficaram casados por 64 anos e tiveram quatro filhos: Nancy e suas três irmãs mais novas, Linda, Kim e Meg, e sete netos. Eles eram uma família excepcionalmente próxima.

"Família era *tudo* para minha mãe", diz Nancy. "A coisa mais importante em sua vida era ter todos nós ao seu redor. Ela amava cozinhar para nós, decorar a casa para as datas comemorativas e viajar em família. Quando saía de férias sem nós, tudo o que ela fazia era comprar algo para nos dar de presente. Todos nós tínhamos uma conexão muito profunda com ela."

Alguns anos atrás, a saúde da mãe de Nancy começou a piorar. Na cadeira de rodas, ela tinha de ser ajudada pelo marido, Kenny, e por auxiliares de hospital em sua própria casa em Long Island. Nancy, que vive na cidade de Nova York, ligava todos os dias para saber da mãe.

"Na manhã em que meu marido e eu deveríamos sair de férias para o Vietnã, liguei e perguntei a meu pai como ela estava", lembra Nancy. "Ele disse: 'Não muito bem, mas não se preocupe. Ela vai melhorar.' Então embarcamos no avião e viajamos por 12 horas para Hong Kong."

Durante o voo, no meio da noite, Nancy levantou-se para usar o banheiro. Quando ela trancou a porta atrás de si, começou a chorar. "Eu estava com uma dor horrível no ombro que me fez acordar, e de repente, comecei a chorar", ela contou. "Eu não sabia por que estava tão emotiva."

Quando eles desembarcaram em Hong Kong, várias horas depois, ela verificou o telefone e viu uma mensagem de texto de sua irmã Meg. "Ligue para mim", era tudo que dizia.

Meg contou à irmã que sua mãe havia falecido. "Ela se foi no momento em que eu estava com a dor no ombro. Meu pai me contou que suas últimas palavras foram 'Eu te amo, Kenny', enquanto ele estava em outro cômodo."

Com o coração pesado, Nancy continuou sua viagem pelo Vietnã. Quando ela chegou na vila de pescadores e viu o baralho no chão sujo, pensou em sua mãe e no quanto já sentia sua falta.

No dia seguinte, o grupo fez uma árdua caminhada por um caminho poeirento que os levou a um templo budista a mais ou menos quatro horas da vila de pescadores. E ali, no meio do caminho, havia *outro* monte de cartas espalhadas. *Foi uma coincidência estranha*, Nancy pensou.

No dia seguinte, o grupo viajou para uma cidade remota, a vários quilômetros de distância, e seguiram um caminho em direção a um museu de arroz. E ali, a poucos metros ao lado do caminho de terra, havia mais um conjunto de cartas de baralho espalhadas.

"Desta vez, parei para olhá-las", diz Nancy. "O ditado favorito de minha mãe era: 'A terceira vez é sorte'. E essa era a terceira vez que eu via as cartas de baralho no chão."

Nancy deu um único passo em direção às cartas e parou.

"Uma delas estava sozinha", diz ela. "Todas as outras cartas estavam com a face para baixo. E aquela estava virada para cima."

Nancy se abaixou para pegá-la. Era a Rainha de Copas.

A probabilidade estatística de se retirar qualquer carta específica de um baralho padrão é de 52 para 1. Em outras palavras, há menos de 2% de chances de pensar em uma carta e pegá-la do baralho. Se você é um apostador, essas não são grandes chances.

Mas, ainda assim, é *possível*. Poderia acontecer. Alguns podem dizer que o fato de Nancy ver a Rainha de Copas no interior do Vietnã é apenas uma coincidência aleatória.

"Para mim, era claramente minha mãe enviando uma mensagem", acentua ela. "E, quando vi a carta, pensei: 'Ok, mãe, eu sei que você está bem. Obrigado por me avisar.'" Nancy tirou uma foto da carta, mandou uma mensagem para sua irmã Meg e escreveu: "Você não acredita no que aconteceu."

"E Meg apenas disse: 'Ok, vou pedir para mamãe me enviar uma Rainha de Copas também.'"

De volta a Nova York, Meg ficou atenta a qualquer sinal de uma Rainha de Copas, mas uma semana se passou sem sinal da carta da sorte. Ela tinha esquecido seu pedido completamente, enquanto ia para o trabalho mais cedo do que de costume. Estava sentada à sua mesa, se preparando para o dia, quando ouviu alguém em outra sala do escritório gritar três palavras.

As três palavras eram "Rainha de Copas".

Meg pulou e correu para a sala mais adiante no corredor. Duas mulheres estavam sentadas lá, e Meg perguntou qual delas acabara de gritar "Rainha de Copas". A mulher atrás da mesa disse que fora ela.

"Por que você disse isso?", Meg perguntou.

"Ah, eu só estava tentando lembrar o nome de uma loja de roupas para minha amiga Nancy aqui, e eu não estava conseguindo me lembrar, mas finalmente consegui", explicou ela. "É Rainha de Copas."

E o nome da amiga era Nancy, para início de conversa!

Depois disso, outros membros da família queriam receber seus *próprios* sinais de Nancy. A Rainha de Copas se tornou uma linguagem compartilhada para se conectar com ela.

"Minha irmã Kim estava fazendo compras em uma loja de antiguidades, o que é algo que minha mãe adorava fazer conosco", conta Nancy. "Ela estava prestes a sair da loja, quando viu uma única carta no topo de uma escrivaninha — a Rainha de Copas."

Kim imediatamente mandou uma mensagem para Nancy: "Eu consegui meu coração!" Logo depois, a filha de Kim, Ali, ia de carro para a casa de um de seus clientes e foi apresentada a uma mulher com uma grande tatuagem da Rainha de Copas no ombro esquerdo.

"Consegui meu coração!", ela enviou em uma mensagem para suas tias. Então a tia de Nancy, Sue, foi assistir a um show da Broadway. Ela sentou-se perto do palco, e enquanto estava esperando a cortina subir, notou uma carta de baralho bordada no canto inferior da cortina. Era a única coisa bordada ali e parecia totalmente aleatório, e era a Rainha de Copas. "Consegui meu coração!", informou ela a todos. Fatos como esses aconteceram muitas e muitas vezes. No caminho para a celebração do memorial de sua mãe, Nancy viu uma lancha em uma garagem na estrada. O nome: *Rainha de Copas*. Então ela viu o sinal de sua mãe em um cartão comemorativo, depois em uma pintura. E em uma revista. Sempre a Rainha de Copas.

"Eu sei que algumas pessoas dirão que é coincidência", diz Nancy. "O que eu diria é, 'mas é uma tremenda quantidade de coincidências, não é?'"

Dois meses depois da travessia de sua mãe, Nancy entrou em contato comigo e me pediu para fazer uma leitura para ela, seu pai e sua irmã no aniversário de Meg. Inicialmente, eu viajaria para um evento naquele dia, mas no último minuto ele foi remarcado, e pude fazer a leitura. Na verdade, me senti *impelida* a fazê-la. Quando me sentei com Meg, Nancy e seu pai, eu disse a eles o quão forte e poderosa a mãe de Nancy estava do Outro Lado.

"Ela está realmente fazendo coisas acontecerem por lá", expliquei. "Mal posso acreditar em como ela é forte!"

Embora a mãe de Nancy tivesse atravessado apenas dois meses antes, ela já era uma profissional experiente na entrega de sinais e mensagens. Imediatamente ela me transmitiu o que estava usando para se conectar com seus entes queridos na Terra.

"Estou vendo que ela está enviando um grande coração para todos vocês", comentei. "Corações, corações e mais corações."

"Quando ouvi isso, eu só conseguir dizer 'Uau!'", recorda Nancy. "Nós já sabíamos que estávamos recebendo corações de minha mãe, então, quando ela confirmou, foi incrível. Até meu pai estava impressionado."

O pai de Nancy era o cético do grupo. Kenny era médico, tinha um espírito científico e não acreditava que a família era capaz de se conectar com sua esposa. No entanto, quanto mais ele ouvia sobre suas filhas "conseguindo corações", mais intrigado ficava. Quando Nancy perguntou se ele queria acompanhar a leitura de Meg, esperava que ele dissesse "não", e ficou surpresa quando ele aceitou. "Sempre que falávamos sobre todas as Rainhas de Copas, ele dizia: 'Fala sério!'", conta Nancy. "Mas, lentamente, ele estava começando a mudar de opinião."

Nancy acreditava que o pai precisava era de um sinal próprio.

O aniversário de 86 anos de Kenny caiu no Dia de São Patrício, apenas algumas semanas depois de sua esposa ter atravessado. Toda a família se reuniu para comemorar, com um bolo, cartões e presentes.

Na manhã seguinte, Nancy desceu as escadas até a cozinha e encontrou o pai sentado à mesa, lendo. A cozinha estava silenciosa, exceto por um som musical fraco. Ela tentou descobrir de onde vinha, mas não conseguia identificá-lo. Parecia alguém cantando "Parabéns para você", como um daqueles cartões com um chip musical dentro.

"Pai, você está ouvindo isso?", perguntou ela.

"Ouvindo o quê?", respondeu ele. Nancy sabia que a audição de seu pai não estava muito boa, então deixou para lá.

Alguns minutos depois, seu marido, Stu, entrou na cozinha. "Que som é esse?", perguntou.

Kim entrou e ouviu também, mas ninguém conseguiu descobrir de onde estava vindo, e o pai de Nancy continuava sem ouvir.

Finalmente, o grupo decidiu rastrear a fonte do fraco e misterioso coro de "Parabéns para você". Eles abriram todas as gavetas e armários, abriram o fogão e a geladeira. Em algum momento, alguém abriu o armário embaixo da pia.

"De repente, o canto ficou mais alto", revela Nancy. "E meu pai disse: 'Ah, agora eu consigo ouvir'. E logo depois que ele disse isso, a música parou."

Nancy e sua irmã pegaram a lata de lixo e procuraram o cartão. Mas não estava no lixo. Não estava em lugar nenhum. Não estava em nenhum armário também. "Olhamos todos os envelopes no lixo, cada pedaço de papel de embrulho, tudo", diz Nancy. "Finalmente, desistimos. Nós nunca descobrimos de onde a música estava vindo."

Mas isso não significa que eles não soubessem *por que* a música tocou.

"Assim que meu pai ouviu, a música parou, e foi quando eu percebi", relata Nancy. "Era minha mãe, cantando 'Parabéns para você'. Ele precisava ouvir e finalmente ouviu. Era o sinal especial dela para ele."

A família continua vendo corações em todos os lugares. O formato de coração na espuma de uma xícara de café; o badalo de um sino em forma de coração; uma gravura em formato de coração acima da entrada de uma antiga igreja em Barcelona, para onde Nancy e seu marido viajaram recentemente; e os balões de hélio em forma de coração que 12 turistas carregavam ao passar em frente à mesa de café de Nancy.

"No último minuto, decidimos ficar em determinado hotel na nossa viagem a Barcelona", conta Nancy. "Foi o hotel em que minha mãe e meu pai ficaram em 2008, e quando chegamos lá imediatamente notei algo na janela da frente. Era impossível não ver. Havia uma coleção de corações de metal coloridos em torno do nome do hotel. Perguntei ao concierge: 'Qual é o significado de todos esses corações?', e ele respondeu: 'Eu não tenho ideia, eles apenas chegaram ontem e alguém os colocou aí.' Então todos aqueles corações chegaram bem a tempo da minha visita."

Para Nancy, todos os corações fazem parte do belo vocabulário que a mãe utiliza para permanecer conectada à família que tanto ama. Eles são sua linguagem secreta compartilhada.

"Não tenho dúvidas de que minha mãe está sempre conosco", diz Nancy. "Sempre, *sempre* aqui. E quando eu tenho um dia ruim e sinto muita falta dela e preciso dela um pouco mais, digo: 'Mãe, preciso de você, me envie outro sinal.' E então vejo um coração em algum lugar. Ainda sinto falta dela todos os dias, mas saber que ela ainda está conosco é uma ótima fonte de conforto."

Agora, até mesmo o pai dela acredita completamente e procura — e acha — sinais da mulher com quem ele viveu sua vida.

"O grande presente de minha mãe para ele foi fazê-lo perceber que morrer não é o fim", diz Nancy. "Ele acredita agora. Ele entende que há algo muito, mas muito bonito nos esperando do Outro Lado."

8

BEIJA-FLOR E LUZ

Quem não gosta de ver beija-flores? Para mim, são criaturas realmente incríveis, mesmo que não os veja com muita frequência. Quase nunca, para falar a verdade. Mas, quando vejo um, fico maravilhada. Eu me pergunto como algo tão pequeno pode trazer tanta felicidade e alegria. O beija-flor comum não pesa nem dez gramas, na verdade, ele pesa entre dois e três gramas.

Mas esse pacotinho é uma grande explosão de magia.

Você sabia que os beija-flores existem há 42 milhões de anos? E que o coração de um beija-flor bate mais de 1,2 mil vezes por minuto? São cerca de 20 batimentos cardíacos *por segundo*! As minúsculas asas desse animal podem bater até 90 vezes por segundo! Tudo isso faz do beija-flor o único pássaro que pode pairar no mesmo local por um longo período. É por isso que, quando vemos um beija-flor, costumamos dar uma boa olhada nele, já que eles adoram parar para dizer oi e ficar por um tempinho.

Talvez seja por isso que tenham um papel tão simbólico em tantas culturas. Os indígenas norte-americanos, por exemplo, veem os beija-flores como curandeiros e ajudantes que trazem sorte e amor àqueles que eles visitam. Os astecas antigos acreditavam que esses pássaros foram encomendados pelos deuses para realizar tarefas que exigiam uma leveza excepcional, como entregar bênçãos de uma pessoa para outra. "Beija-flores levam daqui para lá os pensamentos dos homens", diz um ditado asteca. "Se alguém lhe deseja o bem, o beija-flor leva esse desejo até você."

Na minha experiência, os beija-flores desempenham todos esses papéis — ajudante, curandeiro, mensageiro, portador de amor —, mas com um toque especial: essas criaturas excepcionais são frequentemente mensageiras do Outro Lado.

Priya Khokhar era uma das quatro filhas de um homem que ela carinhosamente chamava de Abba — palavra urdu para "pai". Seu pai, Shahid, tinha uma profunda influência sobre todos seus filhos. "Ele era uma força com que você podia contar," relata Priya sobre Shahid, que trabalhava como paisagista. "Uma personalidade muito forte, sempre no comando. Ele também era extremamente criativo e solidário. Muitos pais no Paquistão querem que suas filhas se casem com 21 ou 22 anos, mas meu pai nunca nos tratou como inferiores ou desiguais. Ele nos criou para ter uma mente aberta e para ser nosso próprio povo. Ele nunca disse: 'Você não pode fazer isso.' Ao invés disso, dizia: 'Você pode fazer isso e muito mais'."

Depois da faculdade, Priya se mudou para os Estados Unidos para trabalhar no setor de tecnologia. Sua irmã Natasha morava nas proximidades, na Costa Oeste, e as duas se falavam todos os dias. Um dia, Priya recebeu uma visita inesperada de Natasha e seu marido, John.

"John olhou para mim e disse: 'Abba foi baleado'", lembra Priya. "Eu tive problemas para entender o que isso significava."

"Ele está bem?", Priya perguntou.

"Não", disse John. "Não está."

Shahid havia sido baleado e morto do lado de fora de sua casa no Paquistão, na frente de sua esposa.

"O Paquistão é um país muito violento", explica Priya. "Muitos crimes, brigas de família, política, rispidez. Nossa família experienciou conflitos e dramas ao longo dos anos, então meu pai sempre carregava uma arma. Mas naquela manhã, pela primeira vez em 40 anos, ele saiu de casa sem ela. Um homem vestido de preto apenas chegou e atirou nele."

As irmãs estavam em choque. Não parecia possível.

"Tudo o que eu queria era voltar para o Paquistão para poder vê-lo antes do enterro", confessa Priya. "Mas na fé muçulmana, os enterros acontecem rapidamente, então não seria possível. De qualquer jeito, voltei para casa e fiquei lá por dois meses. Eu não chorei e não processei realmente o que tinha acontecido. Mas, quando voltei para os EUA, tive um colapso — eu me demiti e não saí da cama por um mês."

No aniversário de Shahid, Priya e sua família se reuniam para brindar em sua memória com um shot de Johnnie Walker Black com um único cubo de gelo — a bebida favorita do pai. "Nós também íamos no supermercado Costco para comprar flores — que ele amava — e comer um daqueles cachorros-quentes de um dólar que vendem lá", conta Priya. "Esse era o nosso ritual, uma forma de mantê-lo vivo — lembrando, contando histórias e rindo."

Ainda assim, a ausência de seu pai pesava sobre ela, especialmente depois que ela começou a namorar um colega de trabalho, Dave, e os dois finalmente decidiram se casar. "Eu vivia pensando: *O que Abba diria sobre isso?*", afirma Priya. "Tudo que eu queria era o conforto do meu pai, do jeito que ele sempre me deu."

Eu tenho uma conexão com Priya — sua irmã Natasha é casada com meu irmão John. Quando a mãe de Priya veio nos visitar, eu me ofereci para fazer uma leitura para ela. Na manhã da leitura, algo me acordou com um sobressalto às 5h da manhã. Algo *forte*. Foi Shahid, que mal podia esperar para se conectar com sua família. "Seu marido tem uma personalidade muito forte", revelei à mãe de Priya durante nossa leitura, mais tarde no mesmo dia. "Ele está me atormentando a manhã toda."

Na leitura, Shahid foi bem claro sobre o que queria transmitir para sua família. Ele gostaria de que elas soubessem que, quando ele atravessou, não sentiu dor, foi muito rápido e que, na verdade, ele estava se sentindo cansado, e, apesar de sentir muito por ter deixado sua família, estava em um lugar bom agora, cercado por pessoas que o amavam. Ele estava *feliz*. A sobrinha de Shahid havia morrido jovem, e agora ele estava com ela no Outro Lado.

Ouvir isso foi um grande conforto para a esposa dele. Priya, no entanto, era mais cética. "Eu acho que não sou uma pessoa muito espiritual", confessa ela. "Eu não acreditava que podíamos nos conectar com o Outro Lado."

Priya nunca me pediu uma leitura, e nunca fiz uma para ela, mas a família teve a gentileza de me convidar para o seu casamento, que foi realizado no jardim de rosas de uma antiga e bela mansão em Fremont, Califórnia, no dia em que, à noite, houve uma lua vermelho-sangue surpreendente.

Pouco antes do início da cerimônia, a mãe de Priya se aproximou de mim. Ela me disse que estava muito feliz por Priya, mas também se sentia mal, porque o pai de Priya não estava lá.

"Sinto muito a falta dele", disse ela. "É tão triste!"

Então ela abaixou a voz e me perguntou: "Ele está aqui?"

E *boom* — sua energia empurrou com força minha mente.

Eu disse a ela que Shahid definitivamente estava presente. Não só isso, ele estava me dizendo que faria sua presença ser notada durante a cerimônia. "Ele não está me deixando saber como", expliquei, "mas ele está muito empolgado, porque diz que fará um show. Mas ele quer que seja uma surpresa."

O rosto da mãe de Priya se encheu de emoção. Para ser sincera, também fiquei curiosa em ver o que Shahid havia planejado para nós. Alguns dos convidados ouviram minha conversa com a mãe de Priya, e logo a notícia se espalhou: Shahid tinha uma surpresa de casamento preparada. Estávamos sem fôlego, esperando o show começar.

A cerimônia em si ocorreu sob um céu nublado. Um imame regeu o serviço. Em seu discurso, ele falou sobre a visão islâmica da vida após a morte e a comparou a um cone. Se você tivesse feito muitas conexões e trouxesse luz a muitas vidas, na vida após a morte você estaria no topo do cone, onde existe mais luz. Ele falou sobre a intensa conexão entre Priya e Dave, e disse que eles eram um feixe de luz, que se conectaram antes desta vida, se conectaram de novo nesta vida e que estariam juntos na vida após a morte.

Ouvindo o imame falar, fiquei impressionada com a proximidade de suas palavras com as lições que aprendi do Outro Lado — o que eu chamo de a luz entre nós, os brilhantes fios de luz que nos conectam. A crença de que somos corpos de luz, viajando através do tempo e espaço, mundos cruzados, eternamente conectados um ao outro e a uma vasta e superior força de energia.

Enquanto o imame falava, Priya e Dave estavam de frente um para o outro, mãos entrelaçadas. De repente, as nuvens se moveram no céu, com raios de sol as atravessando. "Eu senti antes de ver — eu senti o calor na minha pele", lembrou Dave. "Eu olhei para cima e vi um único feixe de luz brilhando diretamente em Priya. Ela estava cintilante, enquanto todo o resto ao seu redor estava escuro."

Era verdade, o raio de sol estava sobre Priya e mais ninguém. Fotos tiradas durante essa parte da cerimônia confirmam: tudo estava escuro e sombrio, exceto Priya, que estava resplandecente. "Eu senti o sol mudando, e então percebi que estava brilhando bem em cima de mim", conta Priya. "Eu não dei significado àquilo no momento, mas isso foi apenas a primeira de muitas coisas incríveis que aconteceram."

Alguns momentos depois, enquanto Priya e Dave ainda estavam frente a frente, alguns dos convidados começaram a arfar. No começo, eu não sabia o que estava acontecendo, mas logo vi.

No espaço acima de onde Priya e Dave estavam, talvez apenas alguns centímetros acima da cabeça deles, um lindo beija-flor dançou e voou até que finalmente parou e pairou, flutuando no ar quente pelo que pareceu uma eternidade.

A chegada do beija-flor na cerimônia, no momento exato que Priya e Dave se casavam, e a maneira como ele permaneceu lá, assistindo, esperando, abençoando o casal — como isso não poderia ser um sinal?

"Comecei a chorar desesperadamente", lembra Priya. "Naquele momento, percebi de verdade: meu pai estava ali. Eu podia senti-lo. Ele estava ali comigo naquele momento. E aquele beija-flor que apareceu no momento certo? Você poderia chamar isso de coincidência. Mas, para mim, não foi uma coincidência. Era meu pai me dizendo 'Eu te amo. Eu estou aqui.'"

Desde aquele dia marcante, Priya e Dave — mas especialmente Dave — têm visto beija-flores em toda parte. "Não se passam dois dias sem que eu veja um", observa Dave. "No dia seguinte ao casamento, notei um beija-flor voar até mim, olhar-me por dois ou três segundos, então se afastar. Não me lembro de isso ter acontecido antes."

Então, os beija-flores se tornaram um sinal de Shahid para sua filha e seu marido. É sua maneira de deixá-los saber que os está vigiando. "Eu os vejo o tempo todo", afirma Dave. "Nas árvores, arbustos, bancos, na passarela atrás do meu apartamento, em todo lugar. Eles se tornaram um dos pilares da minha vida. As pessoas estão cansadas das minhas histórias sobre eles."

"Tornou-se uma piada constante entre nós", frisa Priya. "Quando vemos os beija-flores, sabemos que é meu pai analisando Dave para se certificar de que ele tem sua aprovação." E Dave não é o único que os vê. Um dia, Dave estava andando de braços dados com a mãe de Priya, quando um beija-flor apareceu na frente deles e pairou por vários segundos.

"Era ele," indica a mãe de Priya. "Era Shahid nos dizendo que estava conosco."

Quando Dave e Priya estavam procurando uma nova casa, eles foram ver uma à venda perto de Natasha e John. O bairro era bom, mas Priya e Dave não amaram a casa. Então Dave saiu na varanda, e um beija-flor voou bem na frente de seu rosto e pairou por cinco segundos.

Conte cinco segundos. É mais tempo do que você imagina. Dave correu para dentro e disse a Priya: "Isso é um sinal. Precisamos comprar esta casa."

Eles tiveram de trocar o agente imobiliário, fazer malabarismos financeiros e, basicamente, passar por maus bocados, mas no final compraram a casa, e estão muito felizes com isso.

"Estamos tão perto de minha irmã e de sua família", explica Priya. "Meu pai gostaria que ficássemos juntos. Família era a coisa mais importante para ele. Ele sempre dizia 'Uma família deve se manter unida.' Então ele garantiu que nós comprássemos a casa."

Há pouco tempo, Priya e Dave compareceram ao *Burning Man*, o evento anual de uma semana em um local do deserto de Black Rock, em Nevada. Eles estavam sentados no acampamento com mais ou menos dez amigos, quando o assunto do casamento surgiu. "Contamos a eles sobre o beija-flor, e como vemos beija-flores em todos os lugares, e alguém comentou como seria ótimo ver um naquele dia.

"Mas estávamos no meio do deserto", destaca Dave. "Não havia árvores ou arbustos. Basicamente, não havia chance de vermos um beija-flor."

O grupo pegou suas bicicletas e percorreu a curta distância até um acampamento próximo, a Casa de Chá Skinny Kitty. "Eu fui para o balcão e pedi um chá, então olhei para cima e gritei alto."

O resto do grupo se aproximou para ver o motivo do grito de Priya.

"Eu não conseguia acreditar", diz Dave. "O acampamento estava repleto de coisas de taxidermia, e bem ali no balcão havia um beija-flor empalhado. Todo mundo ficou tipo, 'Uau, isso é loucura'. E *foi* uma loucura. Quer dizer, encontramos um beija-flor no meio do *deserto*.

Dave entende que algumas pessoas não ficarão tão impressionadas quanto ele com todas essas aparições de beija-flores. "Eu estou acostumado às pessoas revirando os olhos quando conto minhas histórias", diz ele. Mas ele não se importa com o ceticismo. "Não posso discutir com pessoas que dizem que é uma coincidência. Tudo o que sei é que, para *mim*, os beija-flores significam muito."

"Quando as pessoas me dizem que não acreditam nessas coisas", informa ele, "eu sempre penso *Tudo bem, mas se você não estiver pelo menos um pouco aberto para isso, pode estar perdendo algo realmente incrível.*"

Para Priya, essas pequenas criaturas voadoras se tornaram uma parte de sua vida. "Você pode dizer que é uma coincidência, mas não é uma coincidência para mim", afirma. "É o meu pai me dizendo que está comigo e que está cuidando de mim. E isso me conforta muito."

"O que eu diria para as pessoas que não têm tanta certeza é para permanecer abertas à possibilidade. Fiquem abertos aos seus entes queridos. Há muito mais coisa acontecendo no Universo do que sabemos."

> A morte encerra uma vida, não um relacionamento.
> — **MITCH ALBOM,** *As terças com Morrie*

9

GIRAFAS, TORRES EIFFEL E UMA MÚSICA SOBRE GATOS

Quando Alexander era criança, ele tinha uma estranha curiosidade sobre o que acontece depois que morremos. "Era uma coisa estranha para uma criança de 8 anos fazer enquanto joga basquete — pensar sobre para onde vamos quando morremos", revela ele. "No entanto, era o que eu fazia. Eu pensava muito sobre isso. Cresci com medo da morte, com medo de perder meus pais e com medo de não poder mais jogar basquete com meu pai."

Ao longo dos anos, essa curiosa obsessão permaneceu. Ele leu livros sobre a vida após a morte e experiências de quase morte. Nunca realmente entendeu por que se interessava tanto por morte e em morrer, mas então, em 2013, de repente tudo ficou claro.

"Se você olhar para o ciclo da minha vida, era como se o universo estivesse me preparando desde cedo para o que aconteceu em 2013", diz Alexander. "Foi o ano mais sombrio da minha vida."

Alexander cresceu com os pais mais amorosos e encorajadores que alguém poderia desejar. "Minha mãe era tudo para mim", conta ele. "Ela era a pessoa mais extraordinária e altruísta e tinha um entusiasmo incrível pela vida e paixão por aprender." Seu pai, um empresário de muito sucesso, era seu mentor e seu melhor amigo. "Eu falava com ele praticamente todos os dias", acrescenta Alexander. "Ele foi uma parte importantíssima de minha vida."

Alexander fez faculdade de Direito, mesmo assim, sabia que queria seguir seu pai no mundo dos negócios. Então, Alexander também se tornou um empresário de sucesso, inspirado por seus pais em todo o processo. Quando ele se casou, no início de 2013, sua mãe e seu pai estavam lá para conduzi-lo ao altar.

Alguns meses depois, Alexander ligou para a mãe para dar boa noite. "Tínhamos planejado de nos ver no dia seguinte", revela ele. "Eu me lembro que ela não parecia bem, mas não achei que fosse algo muito sério. No dia seguinte, ela teve um derrame grave e entrou em coma."

Sua mãe saiu do coma por apenas algumas horas após dez dias no hospital, e, em seguida, seu quadro foi revertido para um estado minimamente consciente. Cinco meses depois, ela faleceu.

Nos meses seguintes, Alexander e sua esposa tentaram ter filhos, mas não tiveram sucesso. Depois de alguns meses, o casal começou tratamentos de fertilidade. No dia em que eles deveriam viajar para a praia para passar o fim de semana com o pai de Alexander, tiveram de cancelar o passeio por causa do cronograma de fertilização in vitro. "Eu liguei para meu pai e disse que sentia muito por não conseguirmos, mas iríamos tentar dar um neto para ele", explica Alexander.

Naquela noite, o telefone tocou às 22h30. Era a assistente de seu pai, ligando para lhe dizer que o avião no qual o pai estava havia caído. O pai dele se fora.

"Minha esposa e eu estaríamos naquele avião", esclarece ele. "E agora meu pai estava morto."

A notícia o deixou de joelhos. "Eu estava devastado", diz ele. "Isso me destruiu. Destruiu todas as fibras do meu ser. Nada fazia sentido, e chorei até dormir, todas as noites. Foi uma quantidade inexplicável de dor."

Um amigo íntimo o conectou a mim, esperando que uma leitura trouxesse a ele algum conforto. O amigo ocultou todas as informações sobre Alexander, e, de fato, apenas me deu a inicial *errada* de seu primeiro nome — acredito que era um teste pelo qual eu tinha que passar para superar o ceticismo de Alexander.

Minha leitura com Alexander foi extraordinária. Seus entes queridos no Outro Lado deviam saber que ele precisaria de muita afirmação para se convencer de que estava se conectando com os pais.

Seu pai veio primeiro. Ele me contou como tinha atravessado para o Outro Lado e me deu os primeiros nomes das outras pessoas que tinham falecido no avião junto dele. O pai dele me informou que não teve um funeral, mas dois. Ele até me deu o nome de um dos políticos que falou no funeral.

Contudo, Alexander ainda precisava de um pouco mais de afirmação.

Nos meses seguintes, conversamos e trocamos mensagens algumas vezes, e em uma de nossas conversas, ele pediu um sinal muito específico de seu pai.

"Tínhamos uma música", atesta Alexander. "Era a nossa música. Talvez cinco pessoas no mundo sabiam que compartilhávamos essa música — minha esposa, minha irmã, duas pessoas que já atravessaram e eu. Nem meu melhor amigo sabia disso. Então, pedi ao meu pai para enviar à Laura a letra da música. Seria um sinal de que ele estava comigo."

Alexander me pediu para contatá-lo novamente quando recebesse a letra da música deles.

Semanas se passaram, depois meses, e nada aconteceu. Nenhuma música veio até mim. O pai de Alexander me contatou várias vezes, incluindo durante as leituras que eu estava fazendo com outras pessoas e que eu não fazia ideia de que ele conhecia, até ele aparecer nas leituras delas, é claro. Ele sempre aparecia primeiro, como se tivesse status VIP. Meus guias espirituais — ou, eu acho, meus guarda-costas espirituais — claramente não conseguiam mantê-lo desconectado.

Ele também veio a mim em momentos aleatórios, em dias aleatórios. Era uma presença tão forte e bonita, como se ele tivesse se tornado parte da minha vida. Eu informava Alexander sobre quando seu pai me visitava, e ele adorava ouvir sobre essas invasões bem-vindas, mas, ainda assim, nenhuma música.

Uma noite, depois de um dia difícil, Alexander e sua esposa saíram para jantar em um restaurante mexicano. Eu mandei uma mensagem enquanto eles jantavam, porque havia recebido uma mensagem de encorajamento que o pai dele pediu que passasse para seu filho. Alexander leu o texto, sorriu e, em seguida, entregou o telefone à esposa.

Ela leu o texto e começou a chorar. "Você viu isso?" perguntou ela.

"Vi o quê?"

Quando Alexander leu o texto pela primeira vez, lera penas as primeiras linhas. Mas a mensagem era longa. A parte que ele conseguiu ver terminava com uma seta, que abria o restante do texto em seu telefone. Então ele só leu a parte superior do texto e não viu a seta. Mas sua esposa leu o texto todo. A mensagem continha a letra de "Cat's in the Cradle", de Harry Chapin — a música que Alexander e seu pai compartilhavam!

Eu senti o pai de Alexander quando estava quase dormindo naquela noite, e recebi a letra da música na minha mente. Pesquisei a letra completa e a copiei para enviar para Alexander.

Desde então, a música se tornou um sinal da presença de seu pai para Alexander. Um dia, ele tinha uma importante reunião de negócios, em que se encontraria em um café com três pessoas que nunca havia conhecido. No caminho, estava ansioso. Quando se sentou à mesa, tudo o que desejava era poder conversar com seu pai antes da reunião.

Naquele exato momento, "Cat's in the Cradle" começou a tocar nos alto-falantes do café. Exatamente quando ele precisava ouvir. Alexander abaixou a cabeça enquanto lágrimas enchiam seus olhos. Ele pediu licença, foi ao banheiro e chorou.

"Foi um momento tão bonito de conexão com meu pai!", confessa ele. "Foi meu pai me avisando que eu estava fazendo a coisa certa, fazendo um ótimo trabalho, e que ele estava lá, cuidando de mim."

A projeção de Alexander quanto à necessidade do apoio do pai e sua resposta instantânea — a música tocando no momento exato — é precisamente como a linguagem secreta do Universo funciona.

Após a travessia de sua mãe, Alexander também criou um sinal específico incomum para ela usar.

"O animal favorito da minha mãe era a girafa", diz Alexander. "Ela adorava girafas, e sempre fazíamos brincadeiras com isso. E a cidade favorita dela no mundo era Paris — ela falava francês fluentemente." Então, qual era o sinal que ele pediu? Uma girafa e uma Torre Eiffel juntas. Não separadamente, mas juntas, ao mesmo tempo.

Quando Alexander me contou, eu ri. Eu me lembro de ter achado que era um sinal muito peculiar, mas eu também sabia que quando conversamos com nossos entes queridos do Outro Lado, eles escutam. E o Universo tem maneiras mágicas de trazer nossos sinais para nós.

Não muito depois, fui fazer uma leitura em grupo na casa de alguém que não conhecia. Logo antes de começar, pedi para usar o banheiro. Quando entrei lá, algo na parede chamou minha atenção — e naquele mesmo instante senti a energia da mãe de Alexander entrar na minha mente. Eu olhei para a coisa que chamou minha atenção e depois me inclinei para olhar mais de perto.

Podia ser?

Sim, era.

Era um desenho a lápis emoldurado chamado *Metamorphosis*. Do lado esquerdo do desenho, havia uma girafa. À medida que o desenho passava da esquerda para a direita, a girafa começava a mudar de forma. No lado direito do desenho, a girafa havia sido completamente transformada... *na Torre Eiffel.*

Tirei uma foto do desenho e enviei imediatamente para Alexander. "Foi exatamente o que eu pedi", afirma ele. "E, desde então, eu vejo girafas e torres Eiffel juntas em cartões na papelaria, em lojas de brinquedos, em lojas de presentes. Às vezes, sou atraído por elas. Toda vez, é uma sensação mágica."

Assim como quando menino, Alexander passou muito tempo pensando sobre o significado dos sinais e o que ele havia aprendido sobre a vida após a morte.

"Olha, se você mora neste mundo físico, sempre terá dúvidas e ceticismo em relação ao que acontece depois", argumenta ele. "Você sempre se perguntará se realmente continuamos a existir depois que morremos. Quer dizer, eu fazia essa mesma pergunta desde que tinha 8 anos. Talvez seja por isso que pedi aos meus pais tanta validação. E, claro, eles a enviaram para mim. Eles a enviaram para mim várias e várias vezes.

"Para mim", completa Alexander, "não poderia existir nenhuma outra explicação para a música, para a torre Eiffel e para as girafas, a não ser sinais de minha mãe e meu pai, que me falavam que estavam comigo."

Não passa um dia em que Alexander não sinta falta dos pais, porque não importa quantos sinais tenhamos, a sensação de perda física está sempre lá. Seu coração está partido pela ausência deles, e isso é arrasador. Alguns dias, ele pega um par de sapatos de seu pai, que guardou — eles usavam o mesmo tamanho —, e os calça para fazer uma longa caminhada. "Caminho com seus sapatos e penso em todas as perguntas que quero fazer, e as respostas que ele quer me dar geralmente apenas se formam na minha cabeça. É assim que eu me comunico com ele, andando com seus sapatos."

Hoje em dia, Alexander não vê muitas girafas e torres Eiffel como antes, mas ele ainda as vê de vez em quando, e sempre que isso acontece, é especial.

"Aprendi a confiar nesses sinais e me tornei uma pessoa mais intuitiva", revela ele. "Eu entendo completamente como os céticos se sentem, porque eu costumava ser um. Mas há muito sobre a vida e a morte que não entendemos, e estou aberto a todos os tipos de possibilidades agora."

O casal tem dois filhos pequenos lindos: uma menina com o nome em homenagem à sua mãe e um menino em homenagem ao pai. "Eu quero que eles saibam tudo sobre os avós", informa Alexander. "Tudo o que aconteceu me ensinou que precisamos tirar o máximo proveito da vida que levamos na Terra. Temos de aproveitar ao máximo o tempo que temos aqui."

Suas experiências, boas e más — e todos os sinais significativos que ele recebeu — também lhe ensinaram outra coisa.

"Eles me ensinaram que, quando lançamos energia no Universo, ele responde", acentua ele. "E eles me fizeram acreditar que minha mãe e meu pai ainda estão muito 'vivos' e sempre comigo todos os dias."

> Seis semanas após sua morte, meu pai apareceu em um sonho meu... Foi uma experiência inesquecível que me obrigou a pensar na vida após a morte pela primeira vez.
> — **Carl G. Jung**

10

SINAIS SIMPLES, SONHOS E INTUIÇÃO: SINTONIZANDO COM A LINGUAGEM SECRETA

Mesmo que o conceito de uma linguagem universal secreta seja novo para nós — mesmo que sejamos céticos quanto à existência de uma linguagem assim —, o Outro Lado já a está usando e já a usou para falar conosco.

Nosso Time de Luz quer muito nos guiar, e ele está tão empolgado em nos ver felizes, que muitas vezes simplesmente não consegue esperar que cocriemos uma linguagem de sinais. Eles optam por nos enviar sinais próprios, na esperança de que possamos reconhecê-los e agir de acordo com eles. Nosso Time é engenhoso e implacável, e usará todos os recursos que tem para chamar nossa atenção. Eles continuarão tentando até que não possamos mais ignorá-los. Mesmo o maior cético encontrará um sinal ou um evento que ele ou ela não poderá facilmente ignorar. Deixe-me dar um exemplo.

Michael Shermer é historiador da ciência e fundador da Sociedade de Céticos (*The Skeptics Society*), um grupo que investiga o que chama de alegações pseudocientíficas e paranormais. Em palestras e debates, Michael passou quase três décadas desafiando publicamente a crença de que eventos inexplicáveis e estranhos podem acontecer. Ele disse que não acredita em Deus. Na minha opinião, ele é um cético com C maiúsculo.

Em junho de 2014, Michael se casou com uma mulher chamada Jennifer. Três meses antes do casamento, Jennifer enviou caixas com seus pertences para a casa dele na Califórnia. Muitas das caixas continham heranças preciosas que ela herdara de seu amado avô Walter, que fora a principal figura paterna em sua vida e que atravessou quando ela tinha 16 anos. Infelizmente, muitos desses itens foram danificados ou perdidos durante o processo de envio.

Uma caixa, no entanto, chegou intacta. Continha o rádio transistorizado Philips 070 de 1978 de Walter. Não funcionava há décadas, mas Michael decidiu abri-lo e tentar trazê-lo de volta à vida. Ele mexeu no aparelho por horas, mas o rádio não funcionou, então ele o colocou no fundo de uma gaveta no quarto deles e deixou para lá.

Três meses depois, no dia do casamento, Jennifer sentia profundamente a falta de sua família, que morava na Alemanha. Ela também queria que seu avô estivesse lá para levá-la ao altar.

Ela estava tão chateada, que precisou ir ao quarto com Michael para que pudesse se recompor. Quando se aproximaram, eles ouviram música tocando no quarto. Michael escreveu sobre esse incidente em um artigo mais tarde. "Não temos um sistema de som lá", relata ele, "então procuramos notebooks ou iPhones e até abrimos a porta dos fundos para ver se os vizinhos estavam ouvindo música."

De repente, Jennifer virou-se para Michael. "Isso não pode ser o que eu acho, pode?", perguntou.

Jennifer abriu a gaveta da mesa, e as notas de uma bela canção romântica encheram o ar. A música vinha do antigo rádio transistorizado do avô.

"Meu avô está aqui conosco", disse ela a Michael. "Não estou sozinha."

O que foi especialmente interessante para Michael foi que a música só começou a tocar *depois* que Jennifer expressou sua solidão. O rádio continuou a tocar música durante a noite, mas parou de funcionar no dia seguinte. Nunca mais fez qualquer outro som.

"Se isso tivesse acontecido com outra pessoa", escreveu Michael, "eu poderia sugerir uma chance de anomalia elétrica e a lei dos grandes números como explicação — com bilhões de pessoas tendo bilhões de experiências todos os dias, é provável que haja um punhado de eventos extremamente improváveis que se destacam por acontecer no momento certo e por seu significado." Mesmo assim, continua ele, "a conjunção estranha desses eventos profundamente evocativos deu a Jennifer a sensação distinta de que seu avô estava lá e de que a música era seu presente de aprovação. Eu tenho que admitir, isso me chocou e abalou meu ceticismo ao máximo."

Os seguidores de Michael costumam perguntar se ele já encontrara um evento que ele simplesmente não conseguia explicar de maneira lógica. Após o presente de casamento especial de Walter, Michael escreveu: "Minha resposta é sim, já encontrei."

O Outro Lado não espera até que estejamos perfeitamente abertos a receber sinais. Nossos entes queridos e guias espirituais nos enviarão sinais e mensagens sempre que realmente precisarmos, estejamos prontos ou não. O que significa que, antes de criarmos uma linguagem própria, o Outro Lado usará sinais simples para tentar se conectar conosco.

SINAIS SIMPLES

Aqui estão alguns dos sinais simples mais comuns enviados pelo Outro Lado:

- Pássaros e borboletas;
- Cervos;
- Eventos elétricos (geralmente com telefones celulares);
- Moedas em nosso caminho;
- Arco-íris;
- Fotos;
- Slogans;
- Outdoors;

- Revistas;
- Placas de carro;
- Sinais de trânsito;
- Músicas;
- Penas;
- Joaninhas;
- Sequências numéricas.

Há uma razão para o Outro Lado usar essas coisas como sinais: elas tendem a ser mais fáceis de reconhecer — e mais fáceis de manipular e colocar em nosso caminho.

A força condutora por trás de qualquer sinal é a energia. O Universo é feito de matéria, e toda matéria é essencialmente energia condensada. O Outro Lado engloba a luz e a energia de nossas almas reunidas. Energia, portanto, é a unidade que une todos nós — o tecido que conecta todo o Universo. Até Albert Einstein citou a conexão entre matéria e energia, afirmando: "Massa e energia são apenas manifestações diferentes da mesma coisa — uma concepção estranha para a mente comum." Nosso Time de Luz do Outro Lado pode manipular campos de energia de uma maneira que os torna ideais para o envio de sinais.

Eu suspeito de que eles fazem isso utilizando o campo magnético da Terra. Esse campo é um amontoado maciço de partículas carregadas que se estende desde o interior da Terra até as profundezas do espaço mais distante. Estudos científicos mostraram que muitos animais usam o campo magnético da Terra para se orientar e navegar no mundo. Um estudo no *Journal of Experimental Biology* se referiu a esse fenômeno como "GPS natural".

Além disso, todos os seres vivos geram energia eletromagnética — uma forma de energia emitida por objetos por meio de ondas elétricas e magnéticas. Os animais podem sentir os campos eletromagnéticos, ou CEM, um do outro. As borboletas enviam sinais ultravioletas, enquanto muitos pássaros têm bússolas embutidas que são guiadas pelo campo magnético da Terra. E os caçadores reclamam há muito tempo de um sexto sentido que os cervos possuem, porque eles são extremamente sintonizados com os CEM.

SINAIS SIMPLES, SONHOS E INTUIÇÃO   67

É por isso que o Outro Lado normalmente nos envia animais ou insetos como sinais, como você pode ter notado nas histórias que já leu.

O Outro Lado também usa fenômenos elétricos estranhos e improváveis: celulares fazendo coisas estranhas ou recebendo textos e chamadas inexplicáveis, lâmpadas piscando ou queimando e rádios transistorizados quebrados tocando de repente uma música, para citar alguns.

As moedas também, como são feitas de metal, têm um nível de condutividade que parece torná-las alvos fáceis para o Outro Lado. Procure moedas que apareçam em lugares improváveis ou em momentos improváveis, especificamente quando estiver pensando em alguém que você ama e que já atravessou, tendo de tomar uma decisão importante ou tendo um dia difícil. Certa vez, encontrei uma moeda de dez centavos se equilibrando na secadora — no momento exato em que estava pensando em meu pai, que já havia atravessado. O Outro Lado encontra uma maneira de chamar nossa atenção, então interpretei esse comportamento incomum da moeda como um sinal — um olá e um abraço de meu pai.

Arco-íris são outro sinal poderoso e popular. Um arco-íris é basicamente uma refração e dispersão da energia da luz, e o Outro Lado *adora* brincar com a energia da luz. O aparecimento de arcos-íris e até de arcos-íris duplos, em momentos perfeitamente cronometrados, é um sinal que nosso Time de Luz geralmente escolhe enviar.

Contudo, o Outro Lado é extremamente inteligente e criativo, então você pode ganhar um sinal de arco-íris que não tem nada a ver com um arco-íris real. Por exemplo, se um arco-íris é um de seus sinais e parte da linguagem secreta que seu ente querido escolheu usar, você poderá ver um adesivo de arco-íris em um carro, um arco-íris impresso em um saco de papel ou um inflável em algum estacionamento. O mesmo se aplica aos animais — em vez de um cervo de carne e osso, você pode se deparar com uma ilustração, uma tatuagem ou uma foto, exatamente no momento certo. É também aí que outdoors, jornais e revistas entram em cena — eles podem conter imagens destinadas a você e serão mostrados de forma para que não haja dúvidas de que são sinais.

Placas de carro e de rua também costumam aparecer como sinais. Acredito que isso ocorre porque, quando dirigimos, nossa mente muda para um tipo de estado que nos torna mais abertos. Portanto, é um bom momento para o Outro Lado nos alcançar! Da mesma forma, nosso Time também usa música para se comunicar conosco — por meio de celulares, iPads, o rádio do carro, aparelhos de som e até mesmo a música de elevadores.

Eles têm um talento especial para nos fazer escutar a música de que precisamos no momento perfeito.

Sequências numéricas são outro sinal simples comum. Números consecutivos, datas de nascimento, endereços, números de telefone, números que têm uma soma significativa — todos podem ser considerados tentativas do Outro Lado para chamar nossa atenção. Mais uma vez, esses números geralmente aparecem em dispositivos eletrônicos, como relógios, celulares e TVs, e às vezes também em placas de carros. Isso facilita para o Outro Lado colocar números significativos à nossa frente e nos alertar sobre o sinal que eles estão enviando.

Existem muitos outros sinais simples — penas, joaninhas, balões, cores, nuvens, fotos enviadas pelo correio e até pessoas que encontramos. Você já pensou em alguém que não via há muito tempo e, um dia depois, você vira uma esquina, e lá está a pessoa? A aparição de um sinal simples em um momento excepcionalmente oportuno é frequentemente chamada de *sincronicidade* — uma "coincidência significativa", a ocorrência de eventos que parecem não ter relação causal entre si, mas também parecem estar significativamente relacionados.

Como falei anteriormente, foi Carl Jung quem criou o termo sincronicidade. A editora Princeton University publicou seu livro *Sincronicidade* em meados do século XX. Fenômenos misteriosos têm sido estudados desde então, com vários termos usados para descrever eventos que desafiam práticas científicas simples — como *CESP* (Conjunto de Eventos Significativamente Paralelos), *simulpatia* (sentir a dor de outra pessoa de longe) e *supersincronicidades* (casos extremos de conexões inexplicáveis entre eventos). Não há consenso científico sobre nenhum desses eventos e experiências, mas a ciência não fechou as portas à possibilidade de que esses fenômenos tenham significado além do que pode ser racionalmente explicado.

Eu já ouvi falar e experienciei milhares de sincronicidades notáveis. Além disso, vi como extrair o significado desses eventos pode mudar a vida das pessoas de maneiras muito substanciais. Eles são importantes demais, poderosos demais e *significativos* demais para simplesmente serem negados ou ignorados.

Portanto, esteja ciente dos muitos sinais simples que nosso Time de Luz usa para se conectar a nós. Porque, mesmo que não prestemos atenção adequadamente, o Outro Lado continuará enviando-os até que finalmente percebamos.

OS SINAIS DESAFIAM AS PROBABILIDADES

Uma boa maneira de saber se um evento ou incidente é um sinal é considerar o quão improvável ele é. Ver um elefante em um zoológico, por exemplo, é muito menos surpreendente do que ver um dançando na Quinta Avenida em Nova York. Coisas que estão fora do lugar, fora de época ou são de outra forma incomuns em sua aparição são boas candidatas a serem sinais.

Nossa mente inconsciente e nosso corpo frequentemente nos alertam para esses sinais antes que nossa mente racional os perceba. Podemos ter uma reação física — um sentimento de espanto, admiração ou talvez calafrios percorrendo nossa espinha. Podemos experimentar uma explosão de emoção, uma onda de alegria, um sorriso ou riso instintivos.

E, quando isso acontece, precisamos parar e procurar as conexões ocultas entre o que acabou de acontecer, ou o que acabamos de ver, e as circunstâncias de nossa vida naquele momento. Se um belo cavalo selvagem corre ao lado do seu carro em uma estrada rural, talvez seja uma mensagem sobre liberdade e empoderamento. Se você está pensando se deve ou não sair do emprego e abrir seu próprio negócio naquele exato momento de sua vida, talvez seja *essa* a conexão oculta que dá um significado especial ao cavalo selvagem.

Preste atenção aos acontecimentos da vida que provocam uma resposta involuntária em você. O Outro Lado é permanentemente inventivo e criativo, e o nosso Time de Luz adora, de certa forma, se exibir. Eles *amam* nos maravilhar. E, se conseguem nos deixar chocados, melhor ainda. Se algo que desafia as probabilidades lhe acontecer, as chances são de que o Outro Lado tenha acabado de fazer sua mágica.

CONSIDERE O MOMENTO

Nem todo sinal precisa ser impactante. Uma coisinha, um ser ou um evento, os mais comuns e menos glamorosos, podem ser sinais importantes. Uma formiga pode ser um sinal; uma bola de algodão ou um botão também. Às vezes, o que é excepcional em um sinal não é o sinal em si, mas o *momento* em que ele acontece.

Sua música favorita toca no rádio exatamente quando você está se sentindo mal; o número 100 aparece no seu recibo da Starbucks justamente quando você está preocupado com a reprovação em um teste; a resposta que faltava em um jogo de palavras cruzadas é falada aleatoriamente por alguém na TV quando você está prestes a desistir. Todas essas ocorrências simples e surpreendentes podem ser sinais do Outro Lado, porque o momento delas nos faz sentir conectados ao mundo de uma maneira que não conseguimos explicar — como se tudo que tivéssemos de fazer fosse liberar o medo e a dúvida para o Universo, e ele responderá com reafirmações divertidas e maravilhosas.

E isso, de fato, é exatamente o que acontece! O Universo responde muito bem às nossas necessidades — o Outro Lado *sabe* quando precisamos receber um sinal. Mais adiante, quando falarmos em pedir sinais específicos ao Outro Lado, você verá que o momento correto também é importante. Mas por enquanto, mesmo quando não pedimos sinais, nosso Time de Luz sabe quando precisamos deles e os enviarão para nós de maneiras pequenas, mas poderosas. Portanto, se o momento de uma ocorrência parecer estranhamente perfeito, preste atenção: o Outro Lado entende que o momento é tudo.

REPETIÇÕES

E se um evento continuar acontecendo repetidamente em nossa vida? E se continuarmos vendo um determinado objeto ou ouvindo uma determinada frase várias vezes? Seriam apenas ocorrências aleatórias ou são algo mais?

Uma das principais verdades sobre os sinais é que eles nem sempre cumprem o que querem na primeira vez, então não é incomum o Outro Lado nos mandar o mesmo sinal diversas vezes. Ou talvez o Outro Lado queira apenas reforçar a mensagem ou a saudação que está enviando. Ver um balão roxo passar por nós uma vez não é muito impressionante. Mas ver balões roxos por toda parte — no céu, em cartões comemorativos, em anúncios — é meio que especial. A finalidade de um sinal pode estar na maneira como ele se repete: esse pode ser o método que o Outro Lado está usando para chamar nossa atenção.

As repetições também podem sugerir que examinemos algum padrão prejudicial em nossa vida que também seja recorrente. Uma das principais funções de nosso Time de Luz é nos ajudar a aprender as lições da vida de que precisamos para ter uma vida superior e melhor. E se não as aprendermos em uma primeira oportunidade, o Outro Lado nos dará chances adicionais.

Talvez nos deixemos entrar em relacionamentos tóxicos, ou permitamos que a dúvida nos impeça de ser as pessoas corajosas e cheias de luz que devemos ser. Talvez continuemos ouvindo — e nos cercando de — pessoas que nos derrubam, em vez de nos levantar. Sinais repetitivos podem estar diretamente ligados a essas questões — o balão roxo, por exemplo, pode ser o Outro Lado nos incentivando a escapar — ou podem ser repetidos estímulos nos incentivando a examinar um padrão não saudável em nossa vida.

Então, se algo continua acontecendo com você — se o balão roxo não para de segui-lo —, preste atenção. Seu Time está querendo lhe dizer alguma coisa.

LEVAMOS O QUE AMAMOS

O amor que temos em nosso coração neste mundo não desaparece e simplesmente se transforma em nada quando atravessamos — ele viaja conosco e se torna parte da força vital universal e imensa que é o conjunto de *todo* o nosso amor e luz.

Do mesmo modo, nossas paixões, nossos dons e nossa personalidade individual também nos acompanham. Alguém que é artista na Terra também será artista no Outro Lado. Alguém que era um brincalhão sem limites aqui, também será assim quando atravessar. Se adorávamos elefantes quando estávamos em nosso corpo, ainda os adoraremos quando nossa consciência se transformar em pura energia luminosa.

O que amamos, nós levamos.

É por isso que, ao procurar sinais, devemos estar cientes de que nossos entes queridos costumam usar exatamente as coisas que amavam ou em que eram bons aqui na Terra como uma maneira de se conectar conosco. Eles fazem isso porque ainda prezam por essas coisas, mas também porque sabem que as reconhecemos como as coisas que suas almas amavam.

Por exemplo, se a cor favorita de um ente querido era o amarelo, procure sinais que de alguma forma envolvam amarelo. Se um ente querido sempre andava de bicicleta vermelha enferrujada, fique de olho nas bicicletas vermelhas enferrujadas. Se a reação de um ente querido a uma tempestade repentina era dançar alegremente na chuva, não se surpreenda se vir a imagem de alguém dançando na chuva em um dia em que você está se sentindo deprimido e desanimado.

Nossos entes queridos do outro lado nos enviam sinais projetados para nos fazer pensar neles. Eles fazem isso para nos lembrar de que ainda estão conectados a nós de maneiras muito reais e poderosas. O amor que nos unia aqui na Terra continua a nos conectar depois que eles atravessam. Os interesses que compartilhamos, as alegrias que tínhamos em comum, as lembranças que nos fazem rir — tudo isso faz parte da conexão contínua e eterna entre nós e o Outro Lado. Todos fazem parte dos fios de luz que passam entre todos nós na Terra, bem como entre nós e o Outro Lado. E são ferramentas que nosso Time de

Luz usa para chamar nossa atenção e nos guiar em direção ao nosso caminho superior.

Portanto, se você vir, sentir ou ouvir algo que o lembre de um ente querido que já atravessou e faça você pensar no quanto ele significa para você, esteja pronto para aceitá-lo como um olá amigável, um lembrete gentil, uma piscadela cósmica — um sinal especialmente bonito do Outro Lado. E então diga obrigado a eles em sua mente, como uma maneira de reconhecer que você recebeu a mensagem, e também para honrá-la.

SONHOS

O estado de sonho é mais uma maneira de nossos entes queridos que atravessaram se conectarem conosco. Não é incomum sonharmos com alguém que atravessou. Podemos reconhecê-los facilmente em nossos sonhos e, quando acordamos, experimentamos os mesmos sentimentos intensos de amor que tínhamos por eles quando estavam aqui. Também podemos interagir por meio dos sonhos com os entes queridos de maneiras que alterem ou desenvolvam nossos relacionamentos mundanos com eles. O processo de cura geralmente pode ocorrer durante as visitas dos sonhos.

As visitas em sonhos são uma coisa muito real. Como já disse, acredito que todos temos a capacidade de experimentar a energia espiritual e não física das almas que atravessaram, mas a cacofonia de nossa vida ocupada nos domina e dificulta a passagem de uma mensagem. É como estar preso em uma frequência de rádio que não produz nada além de estática. Muitas vezes, estamos irremediavelmente presos no lobo frontal do cérebro, o painel de controle que lida com nossas habilidades de linguagem e matemática e nosso pensamento analítico, em suma, todas as nossas habilidades cognitivas.

Contudo, não quando estamos dormindo.

Quando dormimos, nosso cérebro desliga, afastamo-nos da consciência. O barulho e a estática silenciam. Nosso cérebro se desloca para dentro e para fora do lobo frontal. Entramos em algo chamado sono de ondas lentas e também no sono REM — o nível mais profundo do sono, o estado em que sonhamos. Ironicamente, nosso cérebro é quase tão ativo durante o sono REM como quando estamos acordados, com impressionantes explosões de atividade elétrica. O REM também é o nível em que nosso corpo e nosso cérebro estão mais distanciados um do outro — nosso corpo está basicamente paralisado, deixando nosso cérebro dedicar todo seu poder a experiências não físicas.

O cientista do cérebro Jeff Tarrant explicou que, quando faço leituras, meu cérebro literalmente muda de um estado de consciência para algo que se assemelha à meditação profunda ou mesmo a um estado de inconsciência — mesmo estando acordada, alerta e atenta. Essa mudança é muito semelhante ao que acontece quando todos estamos profundamente adormecidos.

Quando dormimos, podemos alcançar um estado em que experimentamos mais facilmente a energia espiritual das pessoas que fazem parte de nossa vida, tanto na Terra quanto no Outro Lado. É por isso que esses sonhos costumam parecer vívidos, como se estivessem realmente acontecendo.

Refiro-me a esses sonhos como sonhos 3D e penso neles como vislumbres da realidade invisível da existência. As coisas que acontecem nesses sonhos estão, de certa forma, realmente acontecendo. Podemos nos encontrar e receber mensagens de nossos entes queridos em sonhos e podemos experienciar novas facetas de nossos relacionamentos com eles. O que acontece nesses sonhos 3D definitivamente importa para nós. É como fazer um *download* do Universo, com informações extremamente úteis que, de outra forma, poderíamos estar ocupados ou distraídos demais para receber.

Portanto, preste atenção nos seus sonhos vívidos 3D, nas visitas de seus entes queridos e nos sinais e mensagens que o cérebro adormecido transmite tão bem. Eles são todos parte de nossa interconectividade, e honrá-los nos fortalece da tal maneira que poucas outras coisas podem.

FORÇA INTUITIVA

Há um tipo de sinal que você não pode ver ou ouvir, mas apenas sente profundamente por dentro — uma atração intuitiva.

Temos esses sentimentos o tempo todo. Nós os chamamos de sentimentos instintivos, instintos ou sexto sentido — uma força orientadora que existe além da nossa mente racional e lógica. Vire à esquerda, não à direita. Desça esta rua, não aquela. Vá embora, tem algo estranho. Se eu ficar aqui, algo ruim pode acontecer. Vá dizer olá para aquela pessoa ali, porque uma conexão maravilhosa pode acontecer. De alguma forma, entendemos as coisas instantaneamente, sem raciocinar conscientemente sobre elas.

Isso é intuição. E estes sentimentos são nossa força intuitiva.

A energia por trás dessa força está ligada a um grande dom de luz e ao que chamo de energia Divina. É o poder arrebatador do Universo que nos guia e intervém em nossa vida. É nosso Time de Luz do Outro Lado conduzindo os brilhantes fios de luz que nos conectam. E precisamos nos lembrar de que nosso instinto nunca estará errado.

É por isso que é tão importante para nós prestar atenção em nossa força intuitiva. Porque, quando a ouvimos, nós a honramos.

E quando honramos nossa conexão interminável com a energia Divina do Universo, todas as bênçãos da existência fluirão mais facilmente para nós.

A força intuitiva é a maneira como o Outro Lado tenta nos proteger de decisões erradas ou prejudiciais na Terra. Muitas vezes, elas são, na verdade, contraintuitivas. Por exemplo, podemos acreditar que realmente queremos algo, mas ao mesmo tempo experimentamos uma hesitação incômoda. Eu fiz uma leitura para uma mulher que obteve muito sucesso em um trabalho de destaque e esperava avançar ainda mais na empresa. Mas ela também tinha a sensação persistente de que deveria deixar o emprego e seguir um novo caminho que a interessava. Era completamente contraintuitivo ao que ela acreditava ser sua melhor decisão.

Então ela optou por não prestar atenção à sua força intuitiva e, em vez disso, permaneceu no trabalho. Pouco depois, a empresa se fundiu com outra, e um novo colega de trabalho assumiu sua posição. Ela foi dispensada.

Isso acabou sendo uma bênção disfarçada. Quando deixou o emprego, ela abraçou o maravilhoso e poderoso novo caminho para o qual havia sido atraída anteriormente — e sua vida se abriu e se transformou de maneiras que ela não poderia imaginar. Muitas vezes, nossa intuição está um passo à nossa frente!

De fato, às vezes pode até salvar vidas. Recentemente, eu mesma experienciei três situações assim em sequência.

O primeiro episódio aconteceu em uma tarde comum de quarta-feira. Eu estava com meus filhos, resolvendo coisas. Nosso destino era a Target. Quando entrei no estacionamento, notei uma vaga livre perto da entrada, então virei para pegá-la, mas algo me fez diminuir a velocidade. Não tive tempo de processar o porquê, simplesmente parei o carro em frente ao local. "Mãe, por que você está parando? O que está acontecendo?", perguntou meu filho no banco de trás. "Você não vai estacionar?" No exato momento em que ele perguntou, uma menininha, cabelos pretos com maria-chiquinha, disparou para frente do carro. Meus filhos ofegaram. Eu ofeguei. A mãe da garotinha ofegou — ela estava na vaga em frente de nós, lutando com a cadeirinha de bebê quando a filha fugiu. Rapidamente, ela agarrou a menina pela mão e a levou de volta para o carro. O ar ao nosso redor parecia paralisado.

"Mãe, o que aconteceu?", perguntou minha filha. Estávamos todos abalados. Se eu não tivesse parado o carro, se tivesse entrado na vaga exatamente naquele momento, teria atropelado a garotinha. Fiz uma oração silenciosa ao Meu Time de Luz, agradecendo-o por me alertar por meio da minha intuição, agradecendo-o por me ajudar a evitar uma tragédia que teria marcado para sempre nossa família.

Uma semana depois, eu estava dirigindo para casa. Ao dobrar uma esquina, de repente diminuí a velocidade. "Mãe o que você está fazendo? Por que você está parando?", perguntou minha filha no banco de trás.

"Não sei, só tenho um pressentimento", comecei a dizer. E, com isso, uma bola de basquete saltou na frente do meu carro, e um garoto que parecia ter cerca uns 14 anos correu atrás dela — bem na frente do meu carro —, alheio ao trânsito iminente.

"Meu Deus, mãe!", exclamou minha filha. "Que loucura! Aconteceu de novo!"

"Sim", disse a ela, "é por isso que é tão importante prestar atenção à nossa força intuitiva e honrá-la. Esse é o Outro Lado, cuidando de nós." De certa forma, acho que o Outro Lado também estava usando essas experiências para ensinar meus filhos sobre a importância da intuição. Mais uma vez, agradeci silenciosamente ao meu Time de Luz.

O último caso ocorreu poucos dias depois. Minha filha mais velha, Ashley, e eu estávamos no carro, e ela se sentou ao meu lado no banco da frente. Paramos em um semáforo. Desde que Ashley era pequena, brincamos nos semáforos: ela espera a luz ficar verde e, quando isso acontece, diz "Ping!" Com uma voz alta e aguda — que é o meu sinal de partida. Nesse dia em particular, a luz ficou verde e Ashley disse: "Ping!" — só que eu não fui. Algo me parou. Senti algo que me dizia para ficar parada. Então Ashley disse de novo, mais alto — "*Ping!*" — e depois: "Mãe, por que você não está indo?" Naquele exato momento, um caminhão enorme ultrapassou o sinal vermelho e passou por nós a 80 quilômetros por hora. Estávamos surpresas — se eu tivesse ido, não há dúvida de que o caminhão teria batido em nós. Ashley olhou para mim, boquiaberta. Nós duas respiramos fundo. "É por isso que eu não fui", respondi. Eu pude sentir. Algo dentro me disse para ficar parada. E eu sabia o que era aquilo: meu Time de Luz.

A intuição é um dos grandes presentes que temos como seres humanos, mas só funciona se prestarmos atenção. Quando começamos a olhar para a força intuitiva como evidência de nossa conexão com uma fonte de poder superior e começamos a honrá-la de uma maneira que nos leva a melhores decisões, encontramos nossos caminhos superiores e alcançamos uma felicidade mais gratificante.

CAMINHOS BLOQUEADOS

Existe um famoso ditado: "Cuidado com o que você deseja." O Outro Lado me ensinou outra versão dessa frase: Às vezes, é uma bênção não conseguir o que se deseja.

O Outro Lado tenta muito, mas muito mesmo nos guiar para a decisão correta. Às vezes, nosso Time de Luz até coloca obstáculos para nos impedir de conseguir o que *achamos* que queremos.

Podemos, por exemplo, ser constantemente frustrados em nossos esforços para conseguir um certo emprego ou fazer certa coisa. Se for o caso — se parece que o Universo está determinado a trabalhar contra nós —, devemos considerar que há uma *razão* pela qual não estamos conseguindo o que pensamos que queremos: na verdade, não é do nosso interesse. Isso não nos ajudará em nosso superior e melhor caminho de vida.

Pense nisso como o Outro Lado organizando uma intervenção. Ele nos ajuda a evitar algo que não nos traga verdadeira satisfação, ou algo que possa nos levar a um caminho de tristeza, raiva ou mesmo perigo. Se continuarmos tentando obter alguma coisa e mesmo assim nossas tentativas são bloqueadas de todos os ângulos e não podemos descobrir o porquê, considere que esse pode não ser o caminho certo para nós. Às vezes, entregá-lo ao universo e seguir em frente é a coisa mais poderosa que podemos fazer: estamos seguindo nosso caminho superior e melhor.

Caminhos bloqueados são uma das muitas maneiras pelas quais o Outro Lado intervém em nossa vida e tenta nos guiar na direção certa. Isso também pode ser verdade em relação às pessoas trazidas para os nossos caminhos. Algumas são bênçãos; outras, lições; e às vezes somos uma lição para outra pessoa. Frequentemente, uma vez que uma lição é concluída, o Outro Lado afastará essa pessoa do nosso caminho. Entender isso e deixar essas pessoas irem pode ser uma ferramenta muito poderosa para nos ajudar a alcançar nosso melhor caminho. Também abre nossa energia para novas e belas conexões e lições.

OLHAR PARA TRÁS

Por mais que nosso Time de Luz tente encher nossa cabeça com sinais, podemos não os ver ou receber. Independentemente de nosso grau de conexão com o Outro Lado, existe uma diferença essencial entre nossa existência na Terra (como almas em corpos físicos) e o que acontece com nossa energia depois (quando deixamos nosso corpo físico para trás). São passos distintos na jornada de nossa alma, e, assim, o processo de comunicação nem sempre é direto, mas acontece de forma elíptica, quase como um Código Morse cósmico.

E, por causa disso, todos perderemos alguns sinais às vezes. Eles podem ser sinais grandes — ousados, grandiosos, inconfundíveis. Mas não os perceberemos, ou estaremos ao telefone e não os veremos, ou os vemos, mas não de fato. Isso acontecerá. Portanto, se você está sentado pensando *eu nunca recebo nenhum sinal*, garanto que seu Time de Luz os enviou a você. Você apenas não os percebeu. Nosso Time de Luz entende isso, e é por isso que continua nos enviando sinais repetidas vezes, até que finalmente os vemos.

Mas há uma maneira de ajudá-los. Nós podemos *olhar para trás*.

Podemos pensar nos eventos que aconteceram em nossas vidas e procurar ver um padrão detectável — um fio cósmico de luz e conexão tecida através deles. Em retrospecto, podemos ser capazes de fazer conexões que perdemos na primeira vez.

Pergunte a si mesmo: "Isso já aconteceu comigo antes?"; "Que sinal ou momento de conexão eu neguei ou guardei em minha mente?"; "Houve alguma ocorrência milagrosa que eu talvez tenha jogado fora casualmente?" Podemos olhar mentalmente para trás e transformar uma conexão perdida em uma conexão *estabelecida*.

> *Sobre meu túmulo não chore*
> *Eu não estou lá, pois nada aqui dorme*
> *Eu sou o vento a soprar*
> *Eu sou a neve a brilhar*
> *Eu sou a luz nas colheitas de abril*
> *Eu sou no outono a chuva gentil*
> *Se acordar em um dia não tentador*
> *Eu sou o ímpeto inspirador*
> *De pássaros quietos*
> *Na noite, estrelas com brilhos secretos*
> *Não chore sobre minha sepultura*
> *Eu não estou lá, mas sim nas alturas.*
>
> — Mary Elizabeth Frye

PARTE DOIS

CRIANDO SUA PRÓPRIA LINGUAGEM

> O universo sempre fala conosco... nos manda mensagens, causa coincidências e serendipidades, nos lembra de parar, olhar ao redor, acreditar em algo a mais.
> **— Nancy Thayer**

IMAGINE QUE VOCÊ ESTÁ EM UM RESTAURANTE CHEIO E VÊ alguém que conhece do outro lado do estabelecimento. Você quer que essa pessoa o veja, então chama o nome dela. Apesar do barulho, ela ouve seu nome e se vira. Vocês acenam, sorriem e se sentem bem com seu doce momento de conexão.

Eu quero que você entenda que se conectar com o Outro Lado é tão simples quanto chamar o nome de alguém em um restaurante.

Nossos mensageiros do Outro Lado estão prontos e ansiosos para que reconheçamos essa conexão. Sim, eles nos enviam sinais e são muito bons nisso, mas ainda precisam que interajamos com eles para expandir as possibilidades de comunicação, criando novos símbolos de significado — e fortalecendo os fios de luz entre nós.

Esta próxima seção está repleta de histórias e ideias que ajudarão você a criar sua linguagem própria, única e especial com o Outro Lado. Ao fazer isso, duas coisas surpreendentes acontecerão: (1) você achará muito mais fácil receber os sinais que podem afetar e elevar significativamente sua vida; e (2) você trará uma enorme alegria não apenas para sua própria vida, mas também para seus Mensageiros de Luz do Outro Lado.

11

LEVANDO PARA CASA

Os sinais podem nos transformar. Podem mudar nosso estado de espírito. Eles podem nos levar do desespero à esperança, do desamparo à segurança, do fundo ao topo. Pense em como esse poder é impressionante! Quantas coisas neste mundo podem ser tão completa e positivamente transformadoras em tão pouco tempo? E tudo sem receita médica!

Mas é isso que os sinais fazem: eles iluminam o caminho e nos dão uma maneira nova e mais poderosa de ver o mundo ao nosso redor.

Os sinais nos dão sentido em momentos nos quais parece não haver sentido nenhum a ser encontrado.

Uma das maneiras mais bonitas pelas quais os sinais podem nos transformar tem a ver com a dor que sentimos quando perdemos alguém que amamos. É muito fácil ficarmos presos em nossa dor — nos sentirmos extremamente tristes, vazios e solitários. Mas nossos entes queridos do Outro Lado não querem que nos sintamos assim, então eles nos enviam sinais que podem transformar nossa dor em algo bastante profundo — a sensação de que continuamos, e de que sempre estaremos conectados com aqueles que amamos, mesmo depois de eles atravessarem para o Outro Lado.

Isso não é tudo. Eu vi como pessoas que tinham dificuldade em se comunicar com seus entes queridos aqui na Terra *se tornaram comunicadoras muito melhores depois que atravessaram*. O que significa que nossas relações não apenas continuam, mas também podem *melhorar*. Pense nisso! Podemos encontrar novos níveis de proximidade e felicidade com nossos entes queridos depois que eles atravessam. Podemos até sentir um amor ainda mais genuíno do que quando estavam aqui.

Podemos perdoar velhas mágoas e curar velhas feridas.

Esse é o extraordinário poder dos sinais — e por isso digo que eles têm o potencial de nos transformar.

Eu sei que isso é verdade porque experienciei isso não faz muito tempo.

A morte de um dos pais é uma perda profunda, e foi isso que vivi em 2016, quando meu pai atravessou. A questão era: ser médium psíquica e saber tudo o que aprendi sobre o Outro Lado me ajudaria em meu próprio processo de luto? Eu estava prestes a ser testada — tudo que eu aprendi estava prestes a ser colocado à prova.

Meu relacionamento com meu pai, John, era difícil. Eu o amava intensa e incondicionalmente, mas ele tinha muitos problemas. Ele bebia demais e podia ficar com raiva e isolado. Quando eu era criança, ele passava muitas noites do fim de semana no porão, tocando sua guitarra. De seus três filhos, era eu quem descia as escadas para vê-lo, atraída pelos sons de sua guitarra elétrica. Meu pai adorava tocar e gravar a si mesmo tocando e cantando suas músicas favoritas. Isso se tornou algo que fazíamos juntos. Tornou-se nossa coisa. Cantávamos, ríamos e cantávamos um pouco mais, até minha mãe descer para me colocar na cama.

Com o passar dos anos, meu pai começou a beber mais e a ficar mais distante. Depois que me mudei e fui para a faculdade, ainda ligava para ele com frequência e visitava quando podia. Mas com o tempo, as ligações diminuíram. A vida ficou tão ocupada! Dias, semanas, se passavam sem que nos falássemos.

Então um dia, do nada, recebi uma mensagem muito forte do Outro Lado: *Ligue para seu pai*. Apenas isso, ligue para ele. E no caos de todos os dias, fazendo e resolvendo coisas, eu me esqueci de ligar para ele. Eu tinha a sensação de que havia uma razão pela qual o Outro Lado ficava me dizendo para ligar para meu pai, mas afastei o sentimento.

Naquela época, um dos amigos de golfe de meu pai ligou para minha mãe.

"Há algo errado com John", ele disse a ela. "Ele não está bem."

Minha mãe dirigiu para o apartamento de meu pai (eles eram divorciados, mas continuavam amigos). O amigo dele estava certo — ele estava horrível. Minha mãe levou-o ao médico, que o enviou diretamente ao hospital, mas os médicos não foram capazes de determinar o que havia de errado com ele. Ele teve que permanecer lá durante a noite para observação, e fui visitá-lo no dia seguinte.

Ao entrar no quarto do hospital, pude perceber instantaneamente que a energia vital de meu pai não estava boa, ela estava fraquejando. Ele não sairia de lá. Sua alma estava se preparando para atravessar. Fiquei com ele por muitas horas e, embora seu corpo estivesse fraco, sua mente ainda estava afiada. Seus assuntos favoritos enquanto estava deitado na cama do hospital? Literatura francesa e o sentido da vida.

Com o passar das horas, ele ficava cada vez menos coerente.

Os médicos fizeram exames, mas não conseguiram descobrir o que estava errado. Nesse momento, meu pai não estava mais consciente ou se comunicando. Mesmo assim, uma enfermeira nos disse que tinha certeza de que ele se recuperaria e seria liberado, mas isso parecia totalmente errado para mim. Meu pensamento principal, meu *conhecimento*, dizia-me: *Ele não sairá deste hospital. Ele está se preparando para atravessar.* Ainda assim, eu esperava que a enfermeira estivesse certa.

No mesmo dia em que a enfermeira fez a suposição, meu pai piorou. Seus sinais vitais caíram. Ele foi levado às pressas para a unidade de terapia intensiva e colocado em um respirador. Eu estava em casa quando isso aconteceu, tomando banho. Quando saí do banheiro, como acontece com frequência, a minha mente ligou, e o melhor amigo de meu pai apareceu para mim. Eu o chamava de tio Nick, e ele havia atravessado alguns anos antes. Foi ótimo vê-lo e ver que ele estava contente. Tio Nick disse que estava feliz e animado porque veria meu pai novamente.

Outro amigo íntimo de meu pai, tio Lee, também apareceu para mim, e ele estava igualmente feliz.

Os velhos amigos de meu pai queriam que eu soubesse que eles estariam lá para recebê-lo quando ele atravessasse.

Assim que eles começaram a desaparecer, eu me perguntei se poderiam me dizer quando meu pai atravessaria, para que pudesse preparar minha família para esse momento. Disse a eles: *Esperem! Vocês podem me dizer quando meu pai vai atravessar?* Uma resposta muito específica veio: *Nesta quinta-feira*. E então eles desapareceram. Era dali a quatro dias.

Naquele mesmo dia, eu tinha de comparecer a um evento em um grande teatro de Long Island que havia sido agendado meses antes. Centenas de pessoas compraram ingressos, e eu não queria decepcioná-las. Além disso, sabia que meu pai, que não estava mais consciente, não faleceria agora. O gerente do teatro, que sabia sobre a situação de meu pai, disse: "Você tem certeza de que consegue fazer isso? Eu sei que você quer estar perto de seu pai quando ele atravessar."

"Está tudo bem", respondi. "Ele vai atravessar na quinta-feira."

Eu tinha certeza.

Liguei para meus irmãos, que vivem em outro estado, e disse que eles precisavam ir ver nosso pai, porque ele atravessaria logo. Naquela noite, após o evento, fui ao hospital, e a enfermeira me disse que sentia que meu pai estava melhorando e que poderia ser liberado em breve. Eu respondi que não achava que era verdade, mas ela afirmou que eu estava errada.

"Ele está bem", disse ela. "Ele vai se recuperar."

No dia seguinte, os órgãos vitais de meu pai começaram a parar. Os exames mostravam que não havia esperança.

Por causa da mensagem do Outro Lado, estávamos todos com ele no hospital naquela quinta-feira — meu irmão, minha irmã, minha mãe, a irmã de meu pai, Ann, e eu. Seu corpo estava falhando, e ele não conseguia mais respirar sem um respirador. Os níveis de amônia no sangue estavam altíssimos. Ele estava sofrendo. Nós sabíamos que meu pai não gostaria que sua vida fosse prolongada artificialmente, então tomamos a difícil decisão de desconectá-lo dos aparelhos.

Cada um de nós teve um momento particular com ele, para que todos pudéssemos dizer nossas palavras finais. Eu disse ao meu pai o quanto o amava e o quanto sempre o amei, e que perdoava tudo o que precisasse de perdão, que entendia o quanto ele havia tentado fazer a coisa certa pela família dele. Todos nós dissemos a ele o quanto era amado e que podia ir em paz.

Mas meu pai não foi.

O médico nos disse que, uma vez que o tubo respiratório fosse removido, meu pai provavelmente atravessaria em 20 minutos. Meu primeiro pensamento foi: *Bem, você não conhece meu pai. Ele não irá tão facilmente.* Todos nós nos reunimos em torno da cama dele, e minha mãe segurou sua mão. Seus sinais vitais não mudaram. Ficamos sentados ao redor de sua cama pela hora seguinte, e depois por duas horas, mas sua condição permaneceu a mesma. Finalmente, decidimos fazer algo para mostrar a ele o quanto o amávamos — cantamos para ele.

Meu irmão pegou seu iPhone, e tocamos todas as músicas favoritas do meu pai. Cantamos "Sloop John B", dos Beach Boys; "Folsom Prison Blues", de Johnny Cash; "That'll Be the Day", de Buddy Holly. Cantar e ouvir música com meu pai era uma das maneiras de nos conectarmos com ele — talvez até a *melhor* maneira. Todos costumávamos cantar juntos em família em longos passeios de carro. E agora, mais uma vez, era o que fazíamos, e foi tudo incrível e cheio de amor.

Estávamos levando-o de volta para casa por meio da música.

"Você deveria colocar algo do Elvis", sugeriu minha mãe. "Seu pai ama o Elvis."

Quase em uníssono, meus irmãos e eu dissemos: "Ele ama?" Nenhum de nós se lembrava de meu pai ouvindo Elvis. Então, em vez disso, continuamos tocando músicas que sabíamos de que ele gostava.

Cerca de uma hora após a sugestão de Elvis da minha mãe, recebi uma mensagem de texto de minha amiga Bobbi Allison. Ela também é médium psíquica, e muitas vezes recebemos mensagens uma para a outra. É assim que funciona quando os médiuns psíquicos se tornam amigos e saem juntos — acabamos nos metendo nos negócios um do outro. Bobbi sabia que meu pai estava morrendo e que eu estava no hospital com ele. Ela também sabia que o Outro Lado havia me dito que ele atravessaria naquela noite. Imaginei que Bobbi queria apenas me dar apoio.

"Sei que parece muito estranho", o texto dizia, "mas seu pai está falando comigo. Ele está se preparando para deixar seu corpo, mas ainda não está pronto para partir. Ele continua me enviando uma música. Eu estou ouvindo essa música. Ele diz que é uma mensagem para sua mãe."

Era incrível o suficiente que meu pai fosse até Bobbi e mostrasse a ela uma música no momento preciso que estávamos todos sentados ao redor de sua cama, cantando para ele. Mas Bobbi disse que era uma música específica, e eu queria saber qual.

"Love Me Tender", respondeu ela de volta. "A música do Elvis."

"Toque 'Love Me Tender'!", eu quase gritei com meu irmão. Ele colocou a música, e eu observei o rosto do meu pai, esperando qualquer reação.

Vi uma única lágrima se formar no canto do olho esquerdo.

Nenhum de nós, filhos, havia compartilhado uma música de Elvis com ele, mas essa não era a questão. As músicas de Elvis eram algo que ele compartilhou com minha mãe. Elvis era a coisa *deles*.

"Mãe, esta é a mensagem dele para você", disse a ela.

Quando a música terminou, todos estávamos chorando em silêncio. Assistimos a um momento muito poderoso. Um minuto depois do final da música, os sinais vitais do meu pai começaram a falhar. Seu batimento cardíaco, sua respiração — tudo — mudou. Colocamos nossas mãos sobre ele. Seu batimento cardíaco caiu para zero, aumentou até 100, depois parou completamente. Com toda sua família ao seu redor, tocando-o e envolvendo-o em amor, meu pai atravessou.

Elvis tinha sido seu último desejo. Essa tinha sido sua mensagem final de amor que nutria pela minha mãe — uma afirmação de que, apesar de todas as dificuldades, ele a amava profundamente e sempre a amou. Meu pai aguentou desesperadamente até que ele pudesse transmitir a mensagem final, e com a ajuda de Bobbi, ele o fez. Então, finalmente se foi.

E naquele belo momento, meu pai também fez outra coisa. Ele estabeleceu um sinal que usaria para se comunicar conosco do Outro Lado.

Seu sinal seria Elvis. E ele não esperou muito.

Na manhã seguinte à travessia de meu pai, minha mãe, meus irmãos e eu fomos à funerária para fazer todos os arranjos necessários. Foi um momento bastante difícil para todos nós. Apesar do milagre do último gesto de meu pai e de todo o amor que sentimos, perdê-lo foi terrivelmente doloroso. Todos nós tínhamos questões pendentes com ele de maneiras diferentes, e isso fez com que o sentimento de perda fosse ainda mais profundo. Todos sentíamos um vazio e tristeza. Nossa próxima tarefa era escolher flores, mas decidimos que todos iríamos almoçar primeiro, para respirar.

"Para onde devemos ir?", perguntou minha mãe.

"Que tal uma lanchonete?", sugeri.

Havia vários outros restaurantes mais próximos, mas me senti fortemente impelida para ir a uma lanchonete, e uma em particular — o Dix Hills Diner. Quando chegamos, estava lotado, como sempre. Pegamos a última vaga no estacionamento. Lá dentro, esperávamos haver uma longa espera por uma mesa. Em vez disso, a anfitriã apareceu e disse: "Ainda temos uma mesa na parte de trás. Pode ser?"

Sorrimos pela sorte que tivemos e seguimos a anfitriã até a mesa vazia. Sentamo-nos e começamos a conversar sobre todas as outras coisas que precisávamos fazer. Voltei a me sentir triste e desolada, e sabia que minha mãe e meus irmãos se sentiam da mesma maneira. Nós quatro sentamo-nos lá com um peso terrível sobre nós. Mexíamos nos talheres e olhávamos distraidamente para o cardápio, mantendo a cabeça baixa e lutando contra as lágrimas.

E então eu ouvi minha irmã dizer: "Uau! Olhem para cima."

Minha irmã estava apontando para a parede logo acima da nossa mesa, onde havia uma grande imagem emoldurada chamada *Restaurante do Paraíso*. Ela retratava um restaurante com três pessoas famosas nele: Marilyn Monroe, James Dean e Elvis.

Elvis — exatamente quando mais precisamos dele! E no *Restaurante do Paraíso!*

E instantaneamente fomos transformados. Eu podia ver isso nos rostos da minha família. Meu pai nos mostrara que ainda estava conosco. Era o seu jeito de dizer: "Eu estou bem. Estou aqui. Não fiquem tristes por mim. Amo todos vocês."

Mas meu pai, que não tinha sido a pessoa mais comunicativa em sua vida, não parou por aí. Ele queria ter certeza de que todos sabíamos que ele ainda estava conosco.

Um dia depois, minha mãe e minha irmã dirigiam para uma loja de bebidas — a favorita de meu pai — para comprar vinho para a recepção do funeral. No momento em que estavam prestes a entrar no estacionamento, um carro freou bruscamente na frente delas e as cortou. Ambas conseguiram dar uma boa olhada na placa do veículo:[1]

Elvis4U[2]

No momento em que minha mãe e minha irmã estavam na loja de bebidas, eu estava na minha cozinha, dirigindo meus pensamentos para meu pai e tendo uma pequena conversa com ele. Todos nós imaginávamos o que ele precisaria fazer, em termos de karma, para compensar o quão duro ele fora com minha mãe por tantos anos.

Não sei como você pode consertar isso, pensei. *Você terá que fazer algo espetacular, como fazê-la ganhar na loteria.*

E então, na loja de bebidas a quilômetros de distância, minha mãe estava finalizando a compra, que totalizava US$97. Ela entregou uma nota de cem dólares, e o atendente colocou a nota na caixa registradora, que, em vez de mostrar os 3 dólares de troco de minha mãe, mostrou que minha mãe deveria receber 8 *milhões de dólares!*

"Uau, isso nunca aconteceu antes", disse o atendente, surpreso, com um sorriso. "Bem, acho que tenho que lhe dar 8 milhões de dólares agora."

---

[1] Em alguns estados dos EUA, permite-se usar apenas a placa traseira de registro do carro, sendo que a dianteira é geralmente personalizada pelo proprietário. [N. da T.]

[2] Elvis for you — Elvis para você. [N. da T.]

Todos riram, e quando minha mãe voltou para o carro ela me ligou para contar sobre a placa do Elvis e o que havia acontecido no caixa.

Então, contei a ela sobre minha conversa com papai.

Talvez ele não tenha feito minha mãe ganhar na loteria de verdade, mas, da melhor forma que pôde, ele enviou 8 milhões de dólares para ela de qualquer maneira.

* Ele sempre teve senso de humor.

No dia seguinte ao funeral, tive de viajar para a Califórnia a trabalho. Durante o voo, estava infeliz. Tudo ainda parecia tão recente e doloroso! Afivelei o cinto de segurança e fiquei sentada, atordoada. O monitor no encosto do banco à minha frente estava ligado, e a tela mostrava um mapa dos Estados Unidos. No lado direito, listava as músicas que estavam sendo tocadas na estação "50 dos anos 50".

Enquanto olhava para a tela, notei que as músicas que estavam tocando eram as favoritas de meu pai: Buddy Holly; Johnny Cash. Música após música que ele amava. Olhei em volta para todas as outras telas que pude ver, mas nenhuma delas estava sintonizada naquela estação.

Eu sabia que as músicas eram outro sinal de meu pai e o agradeci por enviá-las para mim. Uma das últimas a aparecer foi "The Battle of New Orleans", de Johnny Horton. É uma música sombria, mas meu pai e eu costumávamos cantar juntos *o tempo todo* quando eu era mais jovem. Até me lembro dele cantando para mim quando eu era criança. Ouvi-la novamente trouxe de volta lembranças felizes e encheu meu coração de amor e paz.

"Pai, estou realmente impressionada", comentei. "Foi uma atração e tanto."

O avião começou a descer e, pouco antes de pousar, a estação de rádio tocou uma última música.

" Don't Be Cruel," de Elvis.

Depois de voltar da Califórnia, fiquei em casa apenas um dia antes de ir de avião novamente para a Flórida, para voluntariar-me na conferência anual da Fundação Forever Family. Meu amigo Joe Perreta estava lá. Ele sabia que meu pai havia atravessado, mas nada mais.

"Hum, Laura", expressou ele em certo momento, "tenho uma mensagem para você do seu pai, mas não estou entendendo, ele não explicou direito. Ele apenas disse para lhe dizer, para validar, que ele estava no avião com você."

Eu ri.

"Eu sei que ele estava", respondi, e depois contei a Joe tudo sobre as músicas.

As coisas mudaram. Eu senti satisfação e um sentimento de conexão instantâneo com meu pai. De certa forma, eu me sentia mais próxima dele do que jamais fora aqui na Terra, pelo que consigo me lembrar. E isso era incrível!

"Eu ouvi você, pai", afirmei a ele. "Estou bem, eu entendo. Eu sei que você está comigo."

Três semanas depois, fui até a loja de bebidas onde minha mãe e minha irmã viram a placa do Elvis. Dessa vez, não vi ou ouvi nada que tivesse a ver com Elvis. Tinha música tocando na loja, mas eram todas mais recentes. Enquanto eu estava na fila para pagar, a música "Crazy Little Thing Called Love", do Queen, tocava.

Com uma voz muito alta, o caixa virou-se para seu colega de trabalho e perguntou: "Ei, essa música é do Elvis?"

"Cara, como assim?", respondeu o amigo. "Por que você está perguntando isso? Todo mundo sabe que é do Queen."

"Ah, é", exclamou o caixa. "Eu sabia. Não sei por que pensei que fosse do Elvis."

Mas eu sabia.

Mesmo quando meu pai não podia me enviar uma imagem, placa ou música do Elvis, ele encontrava uma maneira de eu ouvir o nome "Elvis". Era estranho, improvável e até vergonhoso (para o caixa, claro), mas também era incrivelmente poderoso.

Obrigado, pai, pensei.

Percebi que meu pai se comunicava melhor do Outro Lado do que quando estava aqui.

Havia outros sinais além de Elvis, músicas dos anos 1950 e 8 milhões de dólares.

No dia seguinte à passagem do meu pai, minha mãe me enviou uma mensagem perguntando se eu achava que os problemas dele haviam desaparecido agora que estava no Outro Lado. Quando fui responder, ao digitar a palavra "envolvido", o corretor automático do meu celular mudou para: "Eu estou bem."

E depois vieram os pinguins.

Meu pai amava todos os animais e todas as coisas da *National Geographic*. Mais ou menos uma hora depois que ele faleceu, quando eu estava prestes a deixar o hospital, minha amiga Nancy D'Erasmo — que também é médium psíquica — me enviou uma mensagem dizendo que meu pai estava lhe mostrando pinguins para mim. Ela perguntou se os pinguins tinham algum significado especial, mas eu não conseguia pensar em nenhum, então disse a ela que lembraria da mensagem e tentaria descobrir o que isso significava.

Dirigindo da casa para o hospital naquela noite, tive um momento que costumo chamar de *percepção*.

Eu me senti compelida a ir para casa e olhar na gaveta da minha cômoda. Entendi que tinha de procurar uma carta que estava lá, uma carta do meu pai. Não sei por que esse pensamento surgiu na minha cabeça, nem sabia sobre o que a carta tratava. Tudo que eu sabia era que estava atraída pela gaveta da cômoda e tinha de procurar algo lá.

Quando cheguei em casa, corri para meu quarto e abri a gaveta. Havia, de fato, duas cartas lá. A primeira era de 2010. Na carta, meu pai me disse como estava agradecido por ter a mim na vida e como eu tinha sido uma filha maravilhosa para ele. Sentei-me na cama e comecei a chorar. Então olhei para a próxima carta. Tirei-a do envelope e arfei.

Era um cartão do dia das mães que mostrava dois pinguins — um pinguim adulto com seu bebê.

E de repente me lembrei de meu pai me dizendo como os pinguins pais cuidam e protegem seus filhotes ativamente, como são bons em cuidar dos bebês. Ver o cartão trouxe tudo de volta para mim.

E dentro do cartão, meu pai escreveu que eu era uma ótima mãe, que sempre mantive meus filhos seguros, acolhidos e cercados de amor. Eu tinha guardado os cartões, e agora eles estavam de volta em minhas mãos na mesma noite em que meu pai atravessara.

Meu pai me enviou pinguins.

E não foi a única vez.

Nove meses depois que meu pai faleceu, fui de avião para Tóquio para participar de um programa de TV japonês. Dizer que eu estava fora da minha zona de conforto é eufemismo. Apesar de estar animada e honrada por ser convidada a aparecer no programa, eu estava um pouco preocupada. Eu tentaria entregar mensagens do Outro Lado usando um fone de ouvido enquanto um intérprete transmitiria minhas declarações às pessoas. Apesar de minha oração para o Outro Lado sempre ser "Use-me da melhor maneira como veículo de amor e cura neste mundo", acho que nunca esperava ser enviada ao Japão, com *jet lag* e usando um fone de ouvido para compartilhar mensagens de amor e cura por meio de um intérprete. Parecia que havia algum tipo de confusão cósmica.

Pouco antes de sair para o estúdio, meu marido, Garrett, que estava viajando comigo, me garantiu que tudo ficaria bem.

"Você está aqui por uma razão", disse ele, "e vai ser ótimo".

Cheguei ao estúdio de TV e os produtores me informaram o que aconteceria: eu seria levada para uma sala preparada de modo que se parecesse com um escritório de Nova York. Então minha imagem seria transmitida durante o programa japonês — como uma maneira de induzir o público a pensar que eu estava nos Estados Unidos — antes que eu aparecesse de surpresa para todos. Segui o produtor até a sala, onde eles montaram o falso escritório de Nova York.

Quando ele me levou para a sala, fiz uma pequena oração para que o Outro Lado fosse alto e claro, e pedi apoio ao meu Time de Luz.

Na sala, notei que eles haviam colocado uma estante de livros genéricos como acessório para o escritório e algumas bugigangas nas prateleiras, para dar um toque caseiro.

As bugigangas? Eram todos *pequenos pinguins de cerâmica*.

Tudo bem, pai, disse para mim mesma. *Entendi. Você está aqui comigo. Vai ficar tudo bem.*

Toda a minha energia mudou. O programa correu muito bem. O Outro Lado veio alto e claro, e as traduções foram fluidas. Os pinguins me lembraram de que eu não estava sozinha. Eles eram exatamente o que eu precisava no momento certo.

Entretanto, meu pai não havia terminado. Ele não enviou apenas sinais de apoio, mas também fez questão de me enviar uma mensagem informando que estava orgulhoso de mim. Quando terminei o programa e entrei no táxi para voltar ao hotel, algo brilhante no chão chamou minha atenção. Vi que era um centavo americano. Eu estava encontrando moedas de dez centavos aleatoriamente desde que meu pai atravessara, sempre que eu me sentia triste com sua morte, ou quando precisava tomar uma decisão difícil, ou apenas queria senti-lo ao meu redor. *Uau, pai*, pensei. *Um centavo americano no chão de um táxi no Japão! Muito bem.*

Devemos sempre estar atentos a sinais de nossos entes queridos que atravessaram. Sinais de que eles estão nos apoiando, estão presentes e nos amando, exatamente quando mais precisamos deles. Podem ser pinguins, Elvis, moedas de dez centavos — qualquer coisa.

Nossos entes queridos do Outro Lado sempre encontrarão uma maneira de se comunicar.

Eu poderia continuar falando sobre todos os sinais que meu pai continua nos enviando.

Por exemplo, ele adorava qualquer coisa que fosse feita com banha de porco, por isso continuávamos vendo coisas que tinham a ver com banha, acredite se quiser. Vi alguém vestindo uma camiseta de um restaurante chamado *A banha* quando eu estava em Los Angeles. Meu irmão, em um avião, viu que ele estava sobrevoando uma cidade chamada Manteca — "banha" em espanhol—, e quando o cara no banco ao lado se levantou para usar o banheiro, ele tinha uma grande tatuagem no braço que dizia: *In lard we trust*.[3]

Sempre que um de nós recebe um desses sinais, enviamos uma mensagem para todos os outros. Essas mensagens engraçadas, alegres e amorosas acontecem o tempo todo, e cada uma delas nos aproxima. Não tenho a menor dúvida de que esses sinais são a maneira de meu pai se comunicar conosco e nos informar de que ele nos ama e está cuidando de nós. A verdade é que, depois que ele faleceu, teria sido fácil ficar presa na minha própria tristeza e perder esses sinais. Mas meu pai foi tão persistente, e tão bom em enviá-los, que eu não os perdi, afinal. E como abri meu coração para recebê-los, fui transformada. Eu fui tirada da dor esmagadora. Consegui me conectar com ele de uma maneira nova e bonita.

Por meio de sinais, nossos entes queridos podem ser muito mais comunicativos do que quando estavam na Terra. Meu pai se tornou a alma mais conversadora do Universo! De muitas maneiras reais, ele está mais presente para mim agora do que jamais esteve. Ele é mais amoroso, mais atencioso, e mais *responsivo*. Se eu enviar o amor que tenho por ele para o Universo, meu pai o enviará de volta para mim imediatamente, e muito mais.

E se eu pedir ajuda a ele com alguma coisa ou pedir um sinal para me informar que está tudo bem, meu pai responderá de maneiras maravilhosas e mágicas.

Ele me ajudou a entender que precisamos abrir totalmente nossa mente e nosso coração para receber essas mensagens poderosas. Foi só quando passei pelo processo traumático de perder um dos pais que realmente percebi o quão difícil era e quão importantes esses sinais poderiam ser — se permitirmos que eles nos envolvam. Do Outro Lado, ele se tornou não apenas meu protetor, mas também meu professor. Nós não nos separamos, nosso relacionamento continua a crescer e evoluir.

Não era tarde demais para o relacionamento entre meu pai e eu, porque nunca é.

Nunca é tarde para curar e aumentar os relacionamentos que você tem com seus entes queridos que já faleceram.

---

3 Em tradução literal, a frase significa: *Em banha confiamos*. É um trocadilho entre as palavras *Lord* (Senhor; Deus) e a palavra *Lard* (banha de porco). A frase *In Lord we trust* faz alusão à frase *In God we trust*, lema nacional dos EUA, impresso também nas notas de dólar. [N. da T.]

12

1379

Brandon Hugo morava em uma pequena cidade no norte de Iowa — tão pequena, que uma placa na fronteira dizia: POPULAÇÃO: 95, MAIS OU MENOS.

Ele nasceu no Dia da Mentira, o que acabou sendo um aniversário adequado, porque Brandon sempre fazia todos rirem. "Ele adorava pregar peças, mas ninguém nunca ficava bravo com ele", conta sua mãe, Angela. "Ele era o melhor amigo de todos, porque era muito amoroso, sensível e sincero." Brandon tinha uma magia especial que atraía pessoas — ele era um bom ouvinte, que ajudava você com seus problemas, um casamenteiro que havia juntado vários amigos e um pacificador — o garoto que era popular e agradava a todos.

"Ele conectava as pessoas", acrescenta Angela. "Ele preenchia as lacunas. As pessoas iam em sua direção e ele as unia."

Na noite de 31 de janeiro, apenas 2 meses antes do 21º aniversário de Brandon, ele e um amigo viajaram 8 quilômetros para fora da cidade para verificar uma balança agrícola que seu amigo estava interessado em comprar. No caminho de volta para casa, pararam em um pequeno bar no meio do nada. "Ele não tinha idade suficiente para entrar, mas entrou mesmo assim", revela a mãe. "Ele era muito responsável no que dizia respeito a beber e dirigir, mas naquela noite ele decidiu tomar alguns drinques."

Brandon e seus amigos finalmente deixaram o bar às 2h da manhã. Mais ou menos naquele momento, sua mãe acordou assustada de seu sono profundo. "Eu não sabia o porquê", lembra ela, "apenas tive uma sensação estranha".

Alguns minutos depois, o telefone tocou.

Os números dão ordem à nossa vida — a que horas acordamos, quanto pesamos, nosso orçamento mensal. Eles estão entre as primeiras coisas que aprendemos e dão valor às coisas mais significativas em nosso cotidiano. Aniversários, comemorações, números da sorte — tendemos a dar mais significado aos números do que estatísticos e matemáticos nos dizem que eles têm. Podemos tomar nota de números que sempre aparecem quando verificamos aleatoriamente as horas — 6h31, 2h22, 11h47 —, ou podemos observar a mesma sequência de números ao longo de nossa vida. Nós não estamos sozinhos nisso.

Santo Agostinho de Hipona, por volta do ano 400 d.C., estabeleceu-se como um dos primeiros defensores do poder dos números. "Os números são a linguagem universal oferecida pela divindade aos seres humanos como confirmação da verdade", afirmou. O modo como chegamos a essa verdade, ele acreditava, era investigando os números que aparecem em nossa vida e descobrindo seu significado secreto. Através dos tempos, a numerologia sugeriu que os números têm relações místicas em nossa vida cotidiana.

Na minha experiência, os números são uma das ferramentas mais poderosas usadas pelo Outro Lado para se comunicar conosco. O segredo, como St. Agostinho de Hipona acreditava, está em estarmos abertos ao poder oculto dos números e à sua capacidade de revelar verdades que, de outra forma, não poderíamos ver.

Brandon cresceu como um bom garoto do campo, trabalhando na fazenda da família. Ele adorava ficar embaixo de capôs e consertar motores, e tinha na oficina vários carros de corrida inutilizados, que adorava desmontar.

No ensino médio, ele foi eleito como o Rei da Primavera, entre outras coisas. Ele brilhava como esportista, era bombeiro voluntário e orientador de seu amigo Bert, que o idolatrava e o amava como a um irmão.

Naquela noite no bar, Brandon bebeu mais do que deveria. Bert tinha planos de olhar alguns porcos criados de forma orgânica com Brandon no dia seguinte, e estava preocupado que ele estivesse de ressaca e não pudesse manter o compromisso. Então ele e outro amigo foram ao bar para garantir que Brandon ficasse bem.

Às 2h da manhã, quando o bar fechou, um vizinho concordou em levar Brandon e Bert para casa em sua caminhonete. Infelizmente, esse vizinho também havia bebido demais. Bert pediu as chaves, mas o vizinho se recusou a entregá-las — ninguém dirigia sua caminhonete, a não ser ele. A casa de Brandon ficava a menos de 6,5 km do bar, mas ao longo do caminho, o vizinho queria mostrar a eles o quão rápido sua caminhonete conseguia ir. Quando estava dirigindo por um morro íngreme, ele perdeu o controle do veículo.

A caminhonete caiu em uma vala, andou por mais 140 metros, bateu em uma barreira no acostamento, e o carro se arrastou até capotar. O motorista foi jogado da caminhonete e não sobreviveu. Bert ficou gravemente ferido — pélvis e costelas quebradas, pulmões em colapso —, mas conseguiu se arrastar para fora dos destroços e ligar para a mãe de Brandon.

"Você tem que vir aqui", disse ele entre arfadas. "Uma coisa horrível aconteceu."

Angela e o marido foram para o local, sem saber se Brandon estivera na caminhonete ou não. Quando chegaram, não havia sinal do filho. Bombeiros e xerifes de outras cidades vieram ajudar, e Angela ouviu um deles dizer: "Tem alguém embaixo da caminhonete!" Os bombeiros pegaram vigas de madeira e as usaram para levantar o automóvel. O pai de Brandon passou de bombeiro em bombeiro, perguntando: "É Brandon?"

Era Brandon, e ele havia atravessado.

O acidente em si não machucou tanto Brandon — ele só teve duas costelas quebradas. Mas ele foi jogado de costas e ficou preso na janela da frente, e, com o peso da caminhonete em cima dele, sufocou.

Mais de 500 pessoas apareceram para visitá-lo na funerária e, no dia seguinte, 600 pessoas lotaram a igreja para seu funeral — o maior funeral já realizado na cidade. "Todo mundo estava chorando", lembra Angela. "Homens adultos, pessoas que eu nem conhecia, eles choravam. Foi a coisa mais difícil do mundo ter de dizer adeus a Brandon."

Bert ficou arrasado. Após o acidente, ele conseguir subir, de alguma forma, no topo de uma colina em um milharal, algo que os socorristas disseram que era impossível, dados os seus ferimentos. Bert acreditava que Brandon o ajudara a subir a colina — e, no seu sofrimento, começou a acreditar que Brandon ainda poderia estar vivo. "Ele começou a enviar muitas mensagens de voz para o telefone de Brandon, sobre como ele o encontraria", diz Angela. A namorada de Brandon, Lanae, conhecia o código de segurança do celular e ouviu as mensagens de voz. Ela ficou preocupada e contou aos pais de Brandon sobre elas.

Então Bert decidiu que queria apagar as mensagens que deixara para Brandon, para que ninguém mais pudesse ouvi-las, mas ele não conseguiu acessar o telefone sem o código de segurança — e ninguém sabia o código, exceto Lanae. Uma semana após o acidente, Bert ligou para Lanae e disse que sabia o código.

"Como você sabe disso?", perguntou ela.

"Bem, eu tentei de tudo", disse Bert. "O número da sua camiseta de futebol, da de basquete, placa do carro, mas nada funcionou. Então eu tive um sonho. Brandon e eu estávamos dirigindo um carro de demolição e sendo perseguidos pela polícia. Era como se eu estivesse fora do carro, olhando para a gente. E então eu vi o número da placa do carro e, quando acordei, sabia que era o código."

"Qual era o número?", perguntou Lanae.

"1379."

Ela ofegou.

1379 *era* a senha de Brandon.

A mãe de Brandon, Angela, sempre acreditou em Deus, em Jesus e na vida após a morte, e ela também teve sonhos que acreditava serem sinais lá de cima. Então, quando ela ouviu falar do sonho de Bert, não o descartou.

No dia seguinte, Angela levou a jovem irmã de Brandon, Lys, para ver um conselheiro. "Todos nós precisávamos de orientações sobre como lidar com essa perda e como seguir em frente", informa Angela. Depois, eles foram até a Target para fazer compras.

No estacionamento, Lys apontou para o chão.

"Mãe, olha!", exclamou ela.

Ali havia um pequeno pedaço retangular de plástico branco duro, com quatro números impressos em vermelho: 1379.

"Mas como isso é possível?", indagou Angela. "De todos os estacionamentos do mundo, paramos em um onde encontramos uma placa com os números exatos que Bert vira em seu sonho 14 horas antes? Quatro números que eram o código do celular de Brandon? Foi incrível."

No caminho de volta para casa, a música "I Believe", de Diamond Rio, tocou no rádio. Brandon amava o Diamond Rio e fora a muitos de seus shows. "Quando a música começou a tocar, nós sabíamos que Brandon ainda estava conosco", diz Angela.

Angela e eu nos conhecemos alguns meses depois que Brandon atravessara. Ela e seu segundo marido, Martin, se inscreveram para um retiro de luto patrocinado pela Fundação Forever Family. Na primeira noite, falei a um grupo de cerca de 60 participantes sobre o que faço e como faço. Reuniões mais íntimas de dez ou mais pessoas, onde eu realmente podia me concentrar nas mensagens do Outro Lado, estavam agendadas para a noite seguinte.

Contudo, naquela primeira noite, logo depois que comecei a palestrar, alguém se conectou. Na verdade, duas almas vieram, insistentes. Fui imediatamente atraída para onde Angela estava sentada com Martin. Olhei para Angela e disse a ela que sua mãe estava muito ansiosa para conversar com ela.

Mas, ao mesmo tempo, eu disse: "Um rapaz está tentando se conectar e está dizendo que quer ser o primeiro. Ele está dizendo para sua mãe: 'Desculpe, é a minha vez agora.'"

Brandon me disse para dizer à mãe que sua cor favorita era verde, e que ele ainda queria que ela pintasse seu quarto dessa cor, como ela prometera, mesmo sabendo que ela queria uma cor diferente. Ele também perguntou por que a árvore de Natal grande ficava com Martin e a árvore pequena ficava com ele. "Isso era verdade", disse Angela. "Tínhamos duas árvores de Natal na sala da família, uma grande, de 3,5m que Martin montou, e outra pequena em um armário. A menor era a árvore de Brandon. Eu a comprei quando ele era pequeno."

Então Brandon me disse que havia gostado da tatuagem.

"Eu não tinha tatuagens visíveis, e Martin também não", afirma Angela. "Então Martin se levantou e arregaçou a manga, e me mostrou a tatuagem que acabara de fazer. Ele tatuara o número 1379 no braço, em homenagem a Brandon. Então Brandon estava dizendo que gostou e a aprovou."

"Espere", disse eu a Martin. "Brandon também está dizendo que você está pensando em fazer outra tatuagem, desta vez na bunda?"

Martin ficou vermelho.

"Estávamos brincando sobre isso ontem à noite", explicou. "Eu disse a Angela que faria uma tatuagem com *seu nome* escrito na minha bunda, só para poder apostar com as pessoas que 'tenho o seu nome tatuado na minha bunda' e vencer."

"Bem", disse eu, "Brandon quer que você saiba que ele acha isso engraçado".

Foi uma leitura inesperada e incrível, com um número incrível de validações de Brandon para sua mãe. Mas, na verdade, Angela não precisava que eu dissesse a ela que seu filho ainda estava por perto. Ela não precisava que eu falasse que Brandon ainda estava brincando, rindo, e se conectando pessoas do Outro Lado.

Uma tarde, enquanto Angela limpava a cozinha, pensou em Brandon e ficou triste.

"Ok, filho", disse ela em voz alta, "mamãe precisa de outro sinal".

Mais tarde naquela noite, Angela subiu as escadas para a cozinha. Quando chegou na escada, ouviu o rádio Bose tocando uma música. Ela não se lembrava de tê-lo deixado ligado.

"Estava tocando uma das músicas favoritas de Brandon: 'See You on the Other Side', de Ozzy Osbourne", lembra ela. "Eu sabia que era Brandon. Pedi um sinal, e ele o enviou para mim imediatamente. Eu pensei, *Como isso é legal! Obrigado, B, amo você!* Então eu apenas fiquei lá na escada ouvindo a letra da música."

But I know I'll see you once more
When I see you, I'll see you on the other side[1]

Treze anos depois que Brandon faleceu, no aniversário de sua travessia, Angela estava voltando para casa no final de um longo dia. "Estou sempre procurando sinais, especialmente no aniversário dele e no aniversário de sua morte, e quando algo especial está acontecendo com seus amigos ou familiares. Mas eu não havia notado nenhum sinal naquele dia."

Então, no semáforo, ela olhou para o hodômetro da viagem: 134,1 milhas.

"Pensei, pelo menos isso é próximo do nosso número", diz ela. "Continuei dirigindo para casa e fiquei de olho no medidor."

Quando ela finalmente chegou na entrada de casa, perto da caixa de correio, o hodômetro indicava 137,8.

"Ah, bem", pensou ela, "isso é *muito* próximo".

Então ela dirigiu pela entrada, abriu a porta da garagem e entrou.

"Quando finalmente parei, olhei para o medidor novamente", relata ela.

Marcava 137,9.

"Fiquei um tempo no carro e disse em voz alta: '*Bom trabalho, B! Amo você também!*'"

---

[1] "Mas eu sei que o verei mais uma vez. E quando eu o vir, será no outro lado", em tradução livre. [N. da T.]

Vida e morte são um seguimento,

a mesma linha vista de lados diferentes.

13

CHAMADAS FANTASMAS

Suzannah Scully tinha um ótimo trabalho no mundo corporativo. Ela passara dez anos aprendendo os truques do ofício, trabalhando duro, impressionando as pessoas e recebendo promoção após promoção. O futuro dela parecia incrivelmente brilhante. E então... ela se demitiu.

"As pessoas olhavam para mim como se eu tivesse três cabeças", conta Suzannah. "Eu tinha sucesso, então por que jogaria isso fora?"

A resposta era simples: curiosidade.

Criada na Baía de São Francisco, Suzannah tinha muitas perguntas importantes — sobre a vida, a morte, tudo. "As pessoas ao meu redor eram todas muito lógicas e práticas", informa ela. "Mas eu tinha essa grande curiosidade, e ninguém conseguia responder às minhas perguntas."

Quando ficou mais velha, Suzannah finalmente encontrou algumas das respostas no livro *A viagem das almas*, de Michael Newton, Ph.D. Newton, mestre em hipnose, fez a regressão no tempo de 29 indivíduos para que ele pudesse acessar suas memórias de vidas passadas. Seu livro discorre sobre como as pessoas, em um estado superconsciente, podem descrever em detalhes as jornadas que suas almas fizeram entre vidas aqui na Terra.

"Quando li esse livro, era como se eu pudesse finalmente enxergar as coisas da maneira certa", afirma Suzannah. "Lembro-me de ler na cama, me virar para o meu marido e dizer: 'Este livro explica todo o sentido da vida!'"

Suzannah leu mais livros sobre a vida após a morte e as viagens de nossa alma e começou a olhar o mundo de uma maneira diferente. Com sua nova perspectiva, ela se concentrou em como escolhemos passar nosso tempo aqui na Terra.

No trabalho, Suzannah era a colega que outros procuravam para relatar seus problemas. "Eles entravam no meu escritório, fechavam a porta e me falavam sobre suas esperanças e sonhos", conta ela. "Eu descobri que realmente gostava de conversar com eles e ajudar a orientá-los em direção a algo mais gratificante." Ao longo do processo, Suzannah percebeu que podia fazer a mesma coisa por si mesma.

Então, ela largou o emprego e se tornou coach de vida.

"Minha vida mudou tremendamente", diz ela. "Acordava todos os dias animada com o que faria. Eu era apaixonada por ajudar as pessoas a fazer uma grande mudança em suas vidas."

Uma de suas habilidades mais cruciais como coach de vida, ela descobriu, é a capacidade de permanecer aberta a sinais e mensagens. "Somos treinados para explorar nossa intuição", explica ela. "Como coach de vida, tenho de confiar no que sinto. Então, se algo aparecer em minha mente enquanto converso com alguém sobre a vida dessa pessoa, aprendi a seguir esse instinto, mesmo que pareça meio estranho."

Por exemplo, Suzannah estava no meio de uma sessão com uma cliente, quando um terrível barulho estridente a distraiu. "Havia um pássaro piando e piando como louco do lado de fora da janela do meu escritório", recorda ela. "Era como se aquele pássaro estivesse reclamando, reclamando, reclamando. Tentei ignorá-lo, mas então parei a sessão e disse: 'Sinto muito, mas tenho que prestar atenção a esse pássaro — ele está piando como um louco.'"

De repente, sua cliente começou a chorar.

"Ela me disse: 'Hoje é o sétimo aniversário da morte de meu pai'", lembra Suzannah. "Ela disse que seu pai usaria a mesma palavra — *piando* — para descrever como ela estava reclamando naquele momento."

Isso levou a um importante avanço emocional para a cliente. "E se eu não tivesse falado sobre o pássaro", continua Suzannah, "todo o momento teria passado. Às vezes, nosso corpo nos diz coisas antes que nossa mente perceba. Portanto, temos de ficar abertos a sinais e mensagens que não são declarações e palavras óbvias. Quando um de meus clientes diz alguma coisa e fico arrepiada, sei que estou diante de algo realmente importante. Eu só *sei*. Então, eu digo: 'Pare. Isso que você acabou de falar. Vamos falar sobre isso.' E então eu vejo a emoção em seu rosto."

Alguns anos atrás, Scott Dinsmore também deixou seu emprego em uma grande corporação.

Scott leu o blog inspirador de Suzannah e ligou para ela em busca de conselhos. Eles perceberam que compartilhavam o interesse por coisas misteriosas e rapidamente se tornaram amigos. Pouco depois, Scott e sua esposa partiram em uma jornada de um ano ao redor do mundo, visitando 20 cidades antes de chegar à Tanzânia, onde escalariam o monte Kilimanjaro.

No sexto dia da escalada, que levaria 8 dias no total, faltavam apenas 610 metros para Scott e sua esposa chegarem ao cume do pico, de 5.891,5 metros, quando ouviram um grito vindo de cima: "Cuidado!"

Uma pedra do tamanho de um SUV caía pela montanha. A esposa de Scott se abaixou para se proteger, mas antes que Scott pudesse se mover, a pedra o atingiu. Nenhum outro alpinista sofreu nem um arranhão naquele dia.

Mas Scott foi morto.

Ele tinha apenas 33 anos.

"Foi arrasador quando recebi a ligação", revela Suzannah. "Eu literalmente caí no chão. Não fazia sentido. Como alguém tão cheio de vida, tão *apaixonado* pela vida, de repente não está mais aqui?"

Os blogs de Scott sobre sua jornada, bem como uma palestra que deu no TED Talk, com milhões de visualizações, fizeram dele uma estrela no mundo de inspiração e conquista. "Ele viveu mais em seus 33 anos do que a maioria das pessoas vive na vida inteira", relata seu pai.

Dois meses após sua morte, os amigos de Scott realizaram um evento no Palácio de Belas Artes de São Francisco, para celebrar sua vida.

"Esse dia foi muito parecido com Scott", diz Suzannah. "Todo mundo se levantou e proferiu discursos incrivelmente inspiradores. Foi uma ocasião linda e alegre comemorando Scott e seu legado."

Quando o evento acabou, Suzannah voltou para o carro e verificou o celular, que estava no silencioso durante a cerimônia. Ela viu que havia uma chamada perdida de um número que não reconhecia e um correio de voz. Ela reproduziu a mensagem.

"Ninguém falou nada", afirma ela. "Eram apenas 15 segundos da música mais bonita, pacífica e etérea que eu já ouvi. E então acabou, e não havia nada mais. Suzannah discou o número, mas uma gravação disse a ela que o número estava desconectado.

Em outras palavras, a ligação parecia vir do nada.

"Eu soube imediatamente que era um sinal de Scott", diz ela. "Eu não tinha dúvidas. Tínhamos essa conexão muito especial e nos conectávamos pelo fato de que ambos seguimos caminhos inesperados. A música na mensagem era tão reconfortante, mas durou apenas um pouco e depois acabou. Nunca nada assim havia acontecido comigo."

Desde que recebera essa ligação fantasma, Suzannah ocasionalmente via ligações perdidas de números estranhos em seu telefone, e quando ligava de volta, eles sempre estavam desconectados. "Isso só acontece quando meu telefone está no silencioso, então eu não ouço a ligação e não a atendo", explica ela. "Nunca recebi outro correio de voz com música, mas recebo muitas chamadas perdidas de números não funcionais. E eu penso: *Ok, o Scott está dizendo oi.*"

Suzannah, que tem um podcast popular, me convidou para participar do programa não muito tempo atrás. Durante nossa entrevista, ela colocou o celular no modo silencioso. Depois que terminamos, ela verificou e viu quatro chamadas perdidas, todas do mesmo número desconectado. "Nem me surpreendeu", sugere ela. "É claro que Scott tentou se conectar enquanto eu conversava com uma médium."

Hoje, Suzannah sempre fala para seus clientes sobre a importância de eles permanecerem abertos a sinais e mensagens não verbais. Os sinais, ela acredita, ajudarão você a mudar sua vida para um caminho superior e mais gratificante. Scott Dinsmore criou um inspirador movimento online chamado *Live Your Legend* (Viva Sua História).

"É isso que todos estamos tentando fazer", conclui Suzannah. "Nós sentimos o chamado de algo maior em nossa vida. Podemos não saber exatamente o que é, mas podemos sentir isso profundamente."

14

OLHA O PASSARINHO

Cathy Kudlack se considerava uma mulher de muita sorte. Ela e o marido, Frank, estavam casados havia dez anos e tinham três lindos filhos. "Frank era policial e tinha um senso de humor sarcástico, e me fazia rir o tempo todo", conta Cathy. "Ele adorava os filhos e era um ótimo pai. Eu simplesmente o amava muito."

Então, tragicamente, Frank foi diagnosticado com câncer, e atravessou 2 anos depois, aos 39 anos.

Cathy nunca se casou novamente — a perda fora muito difícil para ela suportar. "Eu nunca consegui encontrar alguém como Frank", diz ela. "Nossa comunicação sempre foi fácil, e eu não queria que ninguém além de Frank ficasse dizendo como criar nossos filhos. Então, eu simplesmente criei as crianças sozinha."

E, no entanto, Cathy conta como muitas vezes sente que não está sozinha — que Frank ainda está com ela.

"Eu sinto a presença dele", revela ela. "Às vezes, é apenas um sentimento. Às vezes, ele encontra uma maneira de dizer oi."

Uma manhã, enquanto Cathy estava se preparando para ir trabalhar e sua filha Jeanette, que morava com ela, estava colocando seus filhos no ônibus escolar, Cathy ouviu um barulho terrível vindo de fora.

"Fui para fora e vi um cardeal vermelho reluzente sentado na minha bétula", descreve ela. "E ele estava gritando, piando alto sobre algo. Jeanette veio até mim, e eu disse: 'Olhe para esse pássaro, ele está ficando louco'. E, aliás, meu marido havia plantado aquela bétula."

Jeanette voltou para dentro, mas Cathy ficou lá fora, de olho no cardeal louco. O pássaro se recusou a sair — e a se acalmar. Saltou da árvore para a caixa de correio, onde continuou a reclamar. Depois pulou no carro de Cathy e chiou mais um pouco. "Ele estava apenas olhando para mim e fazendo muito barulho", diz Cathy. "Finalmente, entrei para fazer algumas tarefas. Fui colocar o lixo para fora, e quando eu estava no quintal o cardeal voou pela casa e sentou-se no telhado da garagem. Apenas olhando para mim e gritando.

"Foi quando eu disse: 'Ok, é o Frank. Quem mais poderia ser?'"

Mais tarde naquele dia, quando Cathy estava no trabalho, ela olhou para um calendário. Quando ela viu a data, arfou.

"Era 13 de maio — o aniversário da morte de Frank", informa ela. "Fazia *exatamente* 29 anos. E do nada esse cardeal aparece e grita comigo por 20 minutos." Além do mais, o cardeal apareceu às 9h10, "que era a hora *exata* da morte de Frank", acrescenta Cathy. "Foi quando eu tive certeza de que era ele."

Dois anos antes de atravessar, Frank levou Cathy para visitar uma propriedade no lago Eagle, na Pensilvânia. "Ele já sabia que estava doente", observa Cathy, "mas realmente queria comprar a terra. Ele disse: 'Quero trazer meu filho para pescar neste lago'. Frank gostava de pescar? Não. Mas ele adorava ficar com o filho."

A família comprou a propriedade, mas antes que pudessem passar qualquer tempo lá, Frank piorou e logo depois faleceu. Nos meses e anos que se seguiram, Cathy levava as crianças para lá todo fim de semana. "Frank queria que todos nós ficássemos lá juntos, em família, e, quando eu estava lá, realmente sentia a presença dele", diz ela. "E quando nossos filhos cresceram e tiveram seus filhos, eles os levavam para o lago também. Acho que o lugar nos faz sentir mais próximos de Frank."

O vizinho da propriedade do lago, um homem maravilhoso chamado Cliff, tornou-se uma espécie de pai substituto para o filho de Cathy, Frank Jr. "Ele ensinou a ele tudo o que meu marido teria ensinado — como consertar coisas, como pintar, todas as coisas que você precisa saber quando se tem uma casa", observa Cathy. "Acho que esse era o objetivo verdadeiro de nossa família estar lá. Mesmo que Frank nunca houvesse conhecido Cliff, ele nos queria lá, para que Cliff pudesse ser esse mentor maravilhoso para nosso filho."

Depois de quase 30 anos, quando as crianças pararam de ir para lá com a mesma frequência, Cathy começou a pensar em vender a propriedade. "Mas era tão difícil! Eu estava tão dividida", conta ela. "Frank queria que tivéssemos esse lugar — ele queria que nossa família se reunisse lá. E nos reunimos. Eu precisava saber que Frank estava bem com isso."

Foi nessa época que a filha de Cathy, Jeanette, me procurou. Ela me contou a história da propriedade no lago Eagle e sobre como sua mãe acabara de tomar a dolorosa decisão de vendê-la, mas ainda não tinha certeza se era a coisa certa a fazer.

Entrei em contato com o marido de Cathy, Frank, imediatamente. Ele foi muito claro em sua opinião.

"Seu pai diz para vendê-la, com certeza", respondi. "Mais do que tudo, ele quer que as coisas sejam mais fáceis para sua mãe. Então diga a ela para parar de se preocupar. Além disso, seu pai está brincando e dizendo que vocês não conseguirão se livrar dele com tanta facilidade."

Além disso, ele queria que ela soubesse que nunca fora o lugar que o ligava à família. "É o *amor* que o liga a todos vocês", transmiti a eles. "Confiem nisso."

No dia seguinte, Cathy me enviou uma nota de agradecimento em resposta.

"Estou ansiosa pela próxima fase agora", escreveu ela. "É tão bom ter a validação de que nossos entes queridos ainda nos apoiam. Eu acredito nisso com todo o meu coração, mas ainda é bom ouvir isso de você."

Fiquei emocionada com a sincera carta de Cathy.

"Eu sei que você não precisa que eu diga que seu marido está por perto", escrevi para ela, "porque você já o sente, e ele envia sinais e mensagens o tempo todo. Ele quer que você seja feliz e esteja aberta a tudo de novo em seu próximo capítulo da vida — mas ele está dizendo que lhe enviará o sinal de uma águia para que você saiba que tem sua bênção na venda da propriedade".

O que eu não sabia era que Frank já havia enviado o sinal da águia.

Mais tarde, eu soube por Cathy que, um dia antes de tomar uma decisão sobre a venda da propriedade, ela decidira limpar um dos armários de sua casa. Havia caixas e caixas de papéis que não eram tocadas há anos. Cathy enfiou a mão no fundo do armário e retirou a primeira de muitas pastas cheias de documentos.

"Na capa da pasta havia uma foto de uma bela águia", relata ela. "Eu não tinha ideia que essa pasta existia."

E então ela percebeu: a propriedade que Frank comprara para a família era no lago Eagle.[1]

"Eu pensei que deveria ser um sinal", diz Cathy. "Essa pasta ficou escondida lá por anos e anos, totalmente esquecida, e eu a peguei exatamente quando precisava que Frank me enviasse um sinal sobre a propriedade. Quando a vi, senti que ele estava me dizendo: 'Ok, é hora de seguir em frente.'"

No dia da venda, Cathy estava indo para o dentista com Jeanette. "De repente, Jeanette disse: 'Mãe, olha!'", lembra Cathy. "Havia uma águia voando perto da janela do nosso carro, quase perto o suficiente para que pudéssemos tocá-la."

Depois disso, Cathy começou a ver águias em todos os lugares.

"Elas voavam sobre minha cabeça ou se sentavam em um galho onde as pudesse ver", observa ela. "E toda vez que eu via uma, confirmava para mim que sim, o lago Eagle era o nosso lugar especial, e sim, todos nos sentíamos próximos de Frank lá. Mas a verdade é que não precisávamos desse lugar. Porque Frank está em *todo lugar.*"

---

1 *Eagle*, em inglês, quer dizer *águia*, em português. [N. da T.]

Atualmente, Cathy fala com Frank o tempo todo. "Eu digo: 'Como você está hoje?' Ou 'Frank, preciso de sua ajuda com isso'. E Frank sempre aparece, com um sinal, pensamento ou uma palavra que aparece na minha cabeça."

Embora Cathy e sua família não tenham mais a propriedade no lago Eagle, eles ainda se reúnem. No verão passado, Cathy se reuniu com os filhos no parque Montauk Point no fim de semana. "Muitos de nós caminhamos pelo farol, e lembro-me de estar em paz com as gaivotas voando ao nosso redor e do cheiro do ar fresco do oceano. Também me lembro de tentar me equilibrar sobre as rochas para não cair no mar."

De repente, a filha de Cathy notou que uma das pedras perto deles tinha um nome escrito nela. Entre todas, era a única pedra em que havia alguma coisa escrita.

O nome escrito nela era: Frank.

"Naquele momento, pensei em todas as pessoas que estavam andando comigo pela praia — a filha de Frank; dois netos, Kingston e Caleb; sua irmã Nancy; e sua futura nora, Kim. E eu sabia que ver aquela pedra com o nome dele era a maneira de Frank nos deixar saber que ele também estava lá. Não há uma única dúvida em minha mente sobre isso."

Não importa o método, Cathy está sempre pronta para receber qualquer mensagem de Frank.

"Toda vez, os sinais me fazem sorrir", garante ela. "Frank tem muita facilidade em se comunicar comigo. Ele sempre teve. E ele ainda é o mesmo brincalhão que sempre foi, ainda está cuidando de nós como sempre. É muito reconfortante saber que Frank ainda está aqui. Ele me visita o tempo todo, e isso é realmente uma coisa maravilhosa."

15

SINAIS DE TRÂNSITO

Matthew Bittan era um garoto brilhante, engraçado e extrovertido, com uma personalidade forte e uma curiosidade incomum sobre a vida. Muitas vezes, surpreendia seus pais com perguntas estranhas que revelavam um processo de pensamento maduro. Uma tarde, quando ele tinha 8 anos, sua mãe o levou para uma loja, e Matt estava quieto.

"Sabe, mamãe", finalmente disse ele, "Não tenho certeza se quero morrer antes de você."

Sua mãe, Franciska, ficou sobressaltada. "Por que você diz isso?" perguntou ela.

"Porque eu sei que, se eu morrer antes de você, você morrerá de tristeza."

"Oh, meu amor, não se preocupe com isso", assegurou Franciska. "Você não precisa pensar nisso."

Matt nunca trouxe isso à tona novamente, mas Franciska sempre se perguntou se, de alguma forma, Matt podia sentir que não ficaria aqui por muito tempo.

Apenas duas semanas após seu 25º aniversário, Matt teve uma overdose e atravessou. Ele lutava contra o vício em analgésicos há vários anos, mas parecia ter finalmente se libertado da luta. Ele estava otimista em relação ao seu futuro, fazia bastante tempo que não se parecia tanto com seu antigo eu. Mas, então, teve uma recaída enquanto morava em um centro de convivência na Califórnia. Sua travessia inesperada foi um choque cruel e devastador.

"Durante muito tempo, me senti muito culpada", confessa Fran. "E se eu tivesse sido mais forte? E se eu tivesse visto os sinais? E se eu o tivesse criado de maneira diferente?"

Após a travessia do filho, Fran se trancou em casa por cinco semanas. Ela não queria olhar para ninguém, não queria falar sobre Matt com ninguém, não suportava retomar sua vida. Estava imobilizada pela dor e pelo desespero. Enfim, uma amiga disse que ela precisava ir à escola local ajudar a preparar mochilas para crianças carentes. Fran continua: "Eu não queria ir. Eu não queria falar com ninguém. Eu tinha medo de que, se abrisse a boca, começaria a chorar."

Mas a amiga insistiu, e Fran finalmente cedeu.

Antes de ir para a escola, no entanto, ela fez uma coisa: pediu a Matt para lhe enviar um sinal.

Ela pediu uma hamsá — um símbolo judaico com uma mão de cinco dedos que contém um olho ou a estrela de Davi na palma. O símbolo é comumente visto como um sinal de proteção contra forças espirituais negativas. Também significa força e bênçãos. "Não é algo que você vê em todos os lugares, então eu tinha medo de pedir algo muito específico, mas pedi mesmo assim", diz Fran. "Quando cheguei ao ginásio da escola, procurei, mas não o vi em lugar algum. Acho que esperava vê-lo imediatamente."

Fran passou as duas horas seguintes silenciosamente enchendo mochilas com material escolar. "Eu não conversei com ninguém", lembra ela. "Eu só enchia as mochilas como uma máquina." Finalmente, uma mulher mais velha se aproximou para dizer olá. Elas conversaram por um tempo, e, de repente, Fran deixou escapar que seu filho havia atravessado recentemente. "Apenas saiu — 'meu filho morreu'", diz ela.

"Eu até contei a ela sobre como pedi um sinal a Matt e não o havia visto ainda. Eu estava procurando por toda parte e não encontrava."

Foi quando a mulher apontou para uma das paredes do ginásio, coberta com placas colocadas pelos alunos. A placa mais próxima de Fran — praticamente bem na frente dela — tinha um símbolo inconfundível desenhado.

Uma hamsá com a estrela de David na palma da mão.

"Eu não tinha visto", afirma Fran. "Estava ali, mas eu deixei passar. E, quando vi, eu disse: 'Uau, Matthew, isso foi bastante impressionante.'"

A hamsá no ginásio parecia um sinal óbvio de Matt para Fran, e, por mais que quisesse acreditar, havia uma parte dela que questionava se era real ou apenas coincidência. Ainda assim, voltando da escola para casa, Fran sentiu como se algo tivesse mudado. Como se ela tivesse ligado um interruptor, ativando a conexão. Fran esperava que talvez recebesse mais sinais.

No carro, ela digitou o endereço no aplicativo de navegação. Fran tinha quase certeza de que sabia como chegar em casa, mas usou o aplicativo apenas para não ter dúvidas. De repente, a voz computadorizada do aplicativo estava dizendo para virar à esquerda. "Foi tão estranho", destaca ela. "Virar à esquerda me tiraria do caminho correto. Quer dizer, desviaria muito o meu caminho, eu passaria por ruas diferentes, em que eu não precisava estar. Não fazia sentido, mas virei à esquerda de qualquer maneira."

O aplicativo a conduziu por um bairro desconhecido antes de finalmente direcioná-la para uma rua sem saída. Quando ela parou no final da estrada, o aplicativo desligou inexplicavelmente. "Isso nunca tinha acontecido antes", informa ela. "Eu não sabia o que estava acontecendo."

Fran virou o carro e retirou-se do beco sem saída. No momento em que estava saindo, ela olhou para uma placa e notou o nome da rua desconhecida: O CAMINHO DE MATTHEW.

Fran parou o carro e ficou lá por um tempo. "Eu apenas pensei: *Ah, meu Deus, isso é um sinal? Quer dizer, tem que ser um sinal!*", lembra ela. "Caminho de Mathew!"

Desde então, Fran anota os sinais que Matt a envia. "Ele é extremamente bom em me enviar sinais", afirma Fran. "E, quando você os recebe, deseja receber mais. Mas eu não queria ser gananciosa, então basicamente pedia a Matthew um sinal por semana. Peço a hamsá ou sua música favorita, 'Wonderwall'. E sabe, essa música toca nos lugares mais estranhos."

Alguns meses depois que Matt atravessou, Fran participou de um evento em que fiz a leitura para alguns dos participantes. Quando ela veio até mim, senti imediatamente a presença de Matt.

"Você tem um filho que atravessou recentemente?", perguntei.

"Sim, tenho", respondeu Fran.

"Bom, ele diz que amou a braseira, e ele quer que você saiba que ele está com você o tempo todo."

Fran ficou chocada. Ela explicou que havia acabado de construir uma braseira em seu quintal, porque Matt adorava se sentar do lado de fora com a família e tocar violão.

"Ele diz que também gosta que você esteja usando o colar dele", disse a Fran.

Nenhum colar era visível no pescoço dela. Mas quando eu disse isso, ela puxou uma corrente com uma linda estrela de David de dentro da blusa.

Ficou claro para nós duas que Matt estava empolgado com a conexão que ainda existia entre ele e sua mãe.

De fato, Matt se manteve ocupado enviando vários sinais diferentes para a mãe. Ela sempre encontra moedas de um centavo de 1991 — o ano em que Matt nasceu. Por alguns dias consecutivos, ela acordou exatamente às 5h30, mas não conseguia entender o porquê. Então, ocorreu-lhe: o aniversário de Matt era dia 30 de maio, 5/30.[1] "Assim que descobri, parei de acordar naquela hora", diz Fran. "Era como se Matt esperasse que eu interpretasse o sinal antes de parar de enviá-lo para mim."

---

1 O formato "mês/dia" é comum em língua inglesa. [N. da T.]

Nove meses depois da travessia de Matt, Fran e um amigo decidiram que precisavam de férias. Contudo, assim que chegaram ao destino, Fran sentiu-se atormentada pela culpa. "Matt adorava viajar — ele foi para a Austrália, Tailândia e muito mais", conta Fran. "Eu sei que ele gostaria que eu viajasse para ver o mundo de novo, mas, ainda assim, eu me sentia culpada, porque ele amaria estar lá conosco. Então, em minha mente, eu pedi: *Envie-me um sinal para eu saber que você está aqui.*"

Nesse momento, um homem grande, de shorts de banho, se sentou na cadeira ao lado de Fran. "Eu olhei para ele, e em seu bíceps havia uma tatuagem gigante da estrela de David, com a frase EU TE AMO, MÃE embaixo", diz Fran. "O sinal não poderia ter sido mais claro."

Mais de dois anos após a travessia do filho, Fran ainda sente a conexão duradoura entre eles. Quando ela quer se sentir próxima dele, senta-se perto do braseiro no quintal e, em algumas noites, praticamente sente Matt sentado lá com ela, tocando seu violão.

"Trata-se de abrir sua mente e seu coração para a ideia de que o relacionamento não termina quando eles atravessam", conclui Fran. "Ouvi falar de pais que perderam um filho há dez anos e ainda são incapazes de seguir em frente, e eu entendo isso, mas gostaria que eles soubessem que precisam encontrar uma maneira de criar um novo relacionamento com seus filhos. É isso que estou fazendo agora — estou aprendendo sobre meu novo relacionamento com Matt. Não importa o quanto eu esperneie e grite, não posso trazê-lo de volta para mim fisicamente, mas posso encontrar uma nova maneira de me conectar com ele, e é isso que faço."

Os sinais que Matt envia a Fran, afirma ela, permitem que ela acredite que ele está bem. "E isso possibilita que eu viva a vida que sei que Matt gostaria que eu tivesse."

> O amor é isto: voar em direção a um céu secreto, fazer com que 100 véus caiam a cada momento. Primeiro, libertar-se da vida. Finalmente, dar um passo sem os pés.
>
> **— Rumi**

16

VELAS DANÇANTES

Alguns anos atrás, eu estava arrumando meu cabelo em um salão no qual nunca tinha estado antes, em Long Island. O homem encantador que estava cortando meu cabelo, Henry Bastos, não sabia que sou médium psíquica, e eu não tinha intenção de contar isso a ele. Mas, enquanto eu estava sentada na cadeira, senti alguém tentando se conectar com ele. Não era um sinal muito forte, e me perguntei se deveria dizer alguma coisa. Mas a conexão não ia embora. Finalmente, confessei que era médium psíquica.

Ele não ficou impressionado, disse que não acreditava muito nesse tipo de coisa. Expliquei a ele como recebo mensagens do Outro Lado — e que precisamos estar abertos para recebê-las para que elas sejam transmitidas. Tudo bem, disse Henry, ele tentaria ter uma mente aberta. Assim que ele expressou isso, seu avô, Hernan, apareceu com uma mensagem para ele.

"Ele está me mostrando um canivete", informei. "É um canivete em um estojo de couro. Ele está dizendo que a pessoa que tem esse canivete acredita ser a responsável por sua morte. Mas ela não é, e precisa saber que não foi culpa dela."

Henry ficou incrédulo. Como seu avô, que havia atravessado 60 anos antes, de repente estava lá conosco, enviando uma mensagem para alguém?

"Tudo bem", finalmente respondeu, "vou ligar para minha mãe na Costa Rica e perguntar sobre um canivete".

Ouvi Henry ligar para sua mãe, Elizabeth, e falar com ela em espanhol. Quando a ligação terminou, Henry parecia chateado.

"Quando perguntei sobre o canivete, ela disse: 'Como você sabe disso?'", contou Henry. Ela lhe disse que Hernan havia dado a seu tio Luis o canivete, antes de morrer. Luis havia acreditado por muito tempo que, como ele não estava em casa quando Hernan atravessara, sua morte havia sido sua culpa. Ele carregou essa culpa por 60 anos, até Hernan enviar a mensagem, por meio de Henry, de que ele havia atravessado por causa de uma doença, e não havia nada que alguém pudesse ter feito para salvá-lo.

Hernan tinha mais uma mensagem para Henry.

"Ele quer que eu lhe diga que ele está bem e que está trabalhando todos os dias para construir um paraíso para sua avó, que estará pronto quando ela chegar lá. Ele quer que ela saiba que eles ficarão sentados juntos na varanda, aproveitando o pôr do sol. Ele está me mostrando uma imagem dele cortando uma laranja para ela com uma pequena faca."

O rosto de Henry ficou branco e seus olhos começaram a se encher de lágrimas. "Meus avós moravam em uma pequena casa de frente para a praia e sempre sentavam juntos na varanda para ver o pôr do sol", revelou ele. "Meu avô ficava sentado com seu pequeno canivete e cortava fatias de laranjas para minha avó. Tudo era exatamente como você está me contando."

Henry sempre viveu sua vida de uma maneira espiritual, mas agora ele acreditada nos belos fios de luz que conectam a todos. "Eu entendo que há algo esperando por nós do Outro Lado que está além do que podemos ver aqui", afirma. "Algo que é ainda mais bonito do que toda a beleza daqui. E isso me permite ter um tipo de desfecho sobre as pessoas na minha vida que foram para o Outro Lado."

Uma dessas pessoas era sua amada avó, Emma. "Minha mãe trabalhou muito nos primeiros 14 anos da minha vida, então fui criado principalmente por minha avó, a quem chamava de Mami Emma", conta Henry. "Ela era minha confidente. Era quem realmente prestava atenção em mim."

Quando Henry tinha 20 anos, deixou a Costa Rica para perseguir seu sonho de trabalhar na indústria da moda. Demorou um pouco, mas ele conseguiu uma carreira de sucesso como cabeleireiro. Quando o conheci, sua avó Emma tinha 99 anos e estava com problemas de saúde.

Antes de Mami Emma atravessar, Henry prometera visitar o local onde acontecera o milagre de Senhora de Fátima, em Portugal, e acender uma vela em sua homenagem.

"Acreditamos que Nossa Senhora de Fátima ajuda as pessoas a se curar internamente e se reabilitar para não sentirem mais dores terríveis", diz Henry. "Minha avó sempre me dizia para orar para que ela me mantivesse no caminho certo."

Depois que a avó atravessou, Henry reservou um voo para Portugal e viajou para a Cova da Iria, onde uma pequena capela havia sido construída no local do milagre. Henry comprou duas velas pequenas e depois foi para o lado da capela onde as pessoas acendiam velas para os entes queridos. Havia centenas e centenas de pequenas velas lá, e Henry encontrou espaço para deixar mais duas.

Ele acendeu a primeira e fez uma oração pela paz mundial e por todos aqueles que precisavam de ajuda e orientação.

"Então acendi a segunda vela", informa Henry, "e ofereci a vela à Fátima apenas para minha avó. Eu disse: 'Mami, eu estou aqui. Estou cumprindo minha promessa para você. E eu sei que você está aqui comigo agora.'"

O vento não soprava. Todas as outras velas tinham chamas pequenas e trêmulas. Mas quando Henry começou a conversar com a avó, a chama em sua vela começou a tremular e a crescer, até passar de 1 centímetro para quase 20 centímetros de altura.

"Essa chama, e falo sério, estava se esticando para o céu e dançando de um lado para o outro", afirma Henry, ainda comovido e surpreso com o que testemunhara. "Tirei uma foto dela. Você consegue ver o quão alto ela estava. As centenas de outras velas... nada. Mas a minha vela, essa chama, estava se movendo e dançando. Então eu comecei a chorar, e chorei como nunca havia chorado antes em toda minha vida."

Henry não queria ir embora. A chama ainda estava dançando, ele ainda estava chorando, e a presença de sua avó estava ficando cada vez mais forte. "Finalmente eu disse, 'Mami, está tudo bem. Isso não é um adeus, vamos nos encontrar novamente.' E, quando eu disse isso, a chama se acalmou lentamente e ficou como todas as outras velas. Eu sei que não faz sentido, mas tenho fotos dela. Todo mundo lá viu. Realmente aconteceu. Foi a coisa mais inacreditável que já me aconteceu na vida. É algo em que pensarei para sempre."

Quando me encontrei com Henry depois que ele voltou de Portugal, ele me contou tudo sobre a chama milagrosa. Ele me mostrou as fotos, e de fato a chama da vela de Mami Emma se elevava acima de todas as outras. Eu disse a ele que não era incomum que a pessoa amada do outro lado usasse a luz natural do fogo e velas para nos enviar sinais e mensagens. Ar, luz, vento e fogo são todos elementos que o Outro Lado pode manipular. Acender uma vela como forma de se comunicar e se conectar com a avó deu a ela uma grande oportunidade de enviar uma mensagem em troca.

Então isso se tornou o sinal deles — uma vela tremeluzente.

"Não peço que minha avó brinque com a vela toda vez que acendo uma", explica Henry. "Mas há momentos em que eu realmente preciso sentir a presença dela, e quando isso acontece acendo uma vela e ela sempre me avisa que está lá."

Depois que uma amiga querida de Henry faleceu vítima de um câncer, ele estava particularmente triste porque ela não havia conseguido ver a árvore de Natal dele, como haviam combinado. Ele estava tão cheio de tristeza, que não teve motivação para montar sua árvore naquele ano. Em vez disso, sentou-se na sala de estar, acendeu uma pequena vela e começou a conversar com a amiga.

"Eu disse a ela que a amava e sentia falta dela e sabia que ela estava lá comigo, e então olhei para a vela", revela ele. "Eu esperava que ela começasse a se mover, mas nada aconteceu."

Então Henry enviou uma mensagem para sua avó.

"Eu disse: 'Mami, eu sei que você está aqui, então, por favor, avise minha amiga que eu montarei minha árvore de Natal apenas para ela.' E aí a vela ficou louca. A chama começou a dançar. Não havia janelas abertas, nem nada parecido. Nenhuma corrente de ar, e mesmo assim, a vela começou a dançar."

Henry não fala sobre suas velas com muitas pessoas, mas sempre que acende uma para sua Mami Emma, e ela pisca e dança no ar parado, ele se certifica de mencionar isso para mim.

"É algo muito pessoal para mim e minha crença", diz ele. "Isso me traz muita paz e certeza. Sinto que entendo como o Outro Lado funciona."

"Toda vez que recebo o sinal, é uma linda mensagem de esperança, segurança e união, de como estamos todos conectados, de como nossas famílias perduram e de como sempre podemos estar presentes um para o outro em momentos de necessidade."

17

TARTARUGAS E SEREIAS

Stephanie Muirragui trabalhava como bartender em um restaurante japonês na Flórida. Todos a amavam — clientes, colegas de trabalho, todo mundo. Ela era tão popular que, muitas vezes, pediam-lhe para trabalhar em turnos duplos, simplesmente porque ela atraía uma grande multidão para o bar. Em um período de 20 dias, Steph trabalhava mais de 120 horas. "Ela era como um ímã", informa sua mãe, Gio. "Todo mundo a conhecia, todos eram atraídos por ela. Ela trabalhava tantas horas, que parecia que nunca voltava para casa."

Depois de um cansativo turno de 14 horas no sábado, Steph entrou no carro por volta das 2h30 para voltar para casa. Ela estava cansada, mas também empolgada, porque a primeira comunhão da sobrinha seria naquele dia. Por alguma razão, provavelmente exaustão, ela se esqueceu de afivelar o cinto de segurança.

Ela adormeceu ao volante, e seu carro bateu em uma árvore. Steph atravessou instantaneamente. Um policial encontrou seu celular e ligou para sua mãe, mas Gio não o ouviu tocar. A polícia foi à casa dela, mas Gio não ouviu as batidas na porta. Um dos policiais voltou mais tarde naquela manhã, e desta vez, Gio atendeu à porta.

"Posso entrar?", perguntou ele.

Foi quando Gio soube.

"Steph era uma pessoa tão bonita, tão amorosa, carinhosa e generosa", diz Gio. "Ela colocava todos à frente de si mesma. Várias pessoas que nem conhecíamos apareceram no funeral dela."

A dor era quase demais para suportar. Tudo parecia tão abrupto, tão sem sentido. "A única coisa que me ajudou foi que nunca paramos de falar 'eu te amo'", afirma Gio. "Éramos muito próximas e compartilhávamos tudo." Na manhã do último dia em que se viram, Gio disse à filha para ter cuidado.

"Ela olhou para mim e disse: 'LudaMãe' — ela me chamava de LudaMãe porque eu gosto do rapper Ludacris — 'estou bem, vou ficar bem'. E essa foi a última conversa que tivemos."

Um mês depois, o diploma universitário de Steph — ela acabara de se formar em Comunicação e Biologia Marinha — chegou à família, um triste lembrete de um futuro que não existiria.

"Não fazia sentido", ressalta Gio. "Todo o amor que tínhamos entre nós, e de repente tudo simplesmente desaparece? Simplesmente assim? Não. Não é possível. Um amor assim não pode simplesmente desaparecer."

Eu conheci Gio e o marido dela, Pat, alguns meses depois da passagem de Steph, em um evento patrocinado pela Fundação Forever Family.

Quando a sessão começou, algo imediatamente chamou minha atenção para onde Gio estava sentada. Alguém a procurava com muita clareza e força. Era uma mulher. E Gio compartilhou a história do que acontecera.

"Ela faleceu antes do tempo e se arrepende disso", repliquei. "Mas ela está feliz. Ela está bem, e está me dizendo que escolheu sua família."

Steph continuou explicando o que ela quis dizer com isso. Os pais dela já haviam sido casados antes, e cada um deles tinha filhos do casamento anterior. "Você teve três filhos", falei, apontando primeiro para Pat, e depois para Gio, "e você, dois. E, no início, isso causou problemas."

Gio assentiu. "Nosso casamento foi muito difícil no começo", revela ela. "Foi difícil nos ajustarmos, como é, talvez, para a maioria das famílias mistas. E então tivemos Stephanie, que apareceu na hora certa e nos uniu. Como ela sempre fazia.

"Ela era a cola que unia sua família", disse a Gio na leitura. Antes de Steph me corrigir, e eu mesma me corrigi. "Na verdade, ela está dizendo que não era a cola. O *amor* era a cola."

Gio e Pat choravam. Eles acreditavam que a filha estava lá, assegurando que ela estava bem. Entretanto, como tantos pais em luto, eles precisavam de mais. Eles precisavam de uma maneira de se conectar com sua filha. Eles precisavam saber que a conexão entre eles *ainda* estava viva.

Mas o problema é que Gio já sabia.

Ela apenas não *sabia* que sabia.

Então a filha dela, através de mim, a lembrou.

"Ela está falando do seu colar", falei a Gio, que instintivamente estendeu a mão e o tocou. "Ela quer que você saiba que ela o adora e que tem uma conexão com ele."

Gio ficou surpresa. Ela sabia que Steph nunca tinha visto o colar, pois um amigo o deu a Gio depois de sua morte, em sua homenagem. Mas Gio imediatamente entendeu *por que* Steph falara do colar.

Desde pequena, Steph amava animais. *Todos* os animais "Quando criança, ela se arrastava pela terra e procurava insetos", lembra Gio. "Ela era destemida e ousada, amava qualquer coisa que estivesse viva, embora suas favoritas fossem as tartarugas. Tínhamos todos os tipos de animais de estimação — cães, gatos, petauros-do-açúcar —, mas o favorito dela era uma tartaruga chamada Pollo.

Steph amava tanto as tartarugas, que isso se tornou seu apelido: Tartaruga.

No ensino médio, ela trabalhou como zeladora em um centro de resgate de cães. Na faculdade, ela se voluntariou no Centro de Vida Marinha Loggerhead — uma organização na Flórida dedicada à conservação de tartarugas. "O sonho dela era viver uma vida ajudando tartarugas e outras criaturas", diz Gio.

Algumas semanas depois da travessia de Steph, sua família fez uma festa em sua homenagem no dia em que seria seu 30º aniversário. "Pat construiu um grande aquário com o nome dela e o encheu de corais-rosa e peixes-anjo, que ela amava."

Nessa época, um amigo de Steph contatou Gio. Steph o encorajara a seguir sua carreira artística. "Ele nunca acreditou em si mesmo, mas Steph o convenceu a pintar", explica Gio. "Quando ela atravessou, ele começou a fazer umas pinturas incríveis em homenagem a ela. Ele disse que devia toda a sua carreira a ela."

As pinturas eram representações maravilhosas de sereias com o belo rosto de Steph.

Não muito tempo depois, um grupo da vizinhança anunciou um bazar para arrecadação de fundos que incluía uma enorme pintura de uma sereia. "Comprei em homenagem à Steph", diz Gio. "Havia até uma pequena tartaruga nele."

Gio sempre comprava bibelôs de tartaruga para Steph, e depois de sua travessia, continuou comprando todas as tartarugas que via. E Gio fala: "Elas continuam aparecendo."

Gio estava desesperada para encontrar uma maneira de se conectar com a filha. Ela estava procurando a chave que destrancaria todo o amor que compartilhavam quando Steph ainda estava viva. Precisava apenas descobrir algo que a convencesse de que Steph ainda estava com ela, e estaria para sempre.

Mas o que seria? O que seria essa coisa?

Era a coisa mais óbvia do mundo.

"Quando Laura Lynne disse que Steph amara meu colar, tudo fez sentido", explica Gio. "Era apenas um simples cordão de couro preto e um pingente de ouro. Mas dentro havia uma tartaruga de prata."

O amor que sentimos na Terra, o amor que temos um pelo outro e o amor que temos por todas as coisas de que gostamos enquanto estivemos aqui nos acompanha quando atravessamos. No caso de Steph, sua paixão por animais, e por tartarugas em particular, não foi diminuída por sua travessia. E agora ela usaria tartarugas como uma maneira de se conectar com a mãe.

Tartarugas seriam o seu sinal.

No fundo, Gio com certeza já sabia disso. Toda vez que via uma estatueta, um cartão-postal ou uma camiseta de tartaruga, pensava na filha. E, naquele momento, Gio experimentava o amor novamente! As tartarugas faziam Gio sentir que sua filha ainda estava com ela. Sim, a maneira como elas se comunicavam era diferente agora, mas o amor que sentiam uma pela outra continuava real, vital e tão *assertivo* quanto antes.

Tudo ficou claro para Gio. Sua filha estava falando com ela o tempo todo! Por exemplo, ela compartilhou que, alguns meses após a passagem de Steph, ela decidiu começar a ir à igreja depois do trabalho para orar por sua filha. Sua igreja local não estava aberta a essa hora do dia, então ela encontrou outra, que ficava muito mais longe de sua casa. Na primeira noite lá, ela se sentiu triste e fora de lugar. "Eu estava naquele lugar estranho e não conhecia ninguém", conta ela. "Isso me fez sentir perdida."

Nesse momento, uma mulher entrou na igreja e sentou-se no banco bem à sua frente. Ela era enfermeira, e ainda estava de uniforme. "Eu olhei para ela e notei a estampa em suas roupas", diz Gio. "Eram tartarugas. Centenas de tartarugas! A igreja não estava tão cheia, e ela poderia ter se sentado em qualquer lugar, mas escolheu sentar-se bem na minha frente."

Gio imediatamente se sentiu melhor. "Foram as tartarugas", afirma ela. "Elas eram uma mensagem de Steph. E a mensagem era: 'LudaMãe, estou bem. LudaMãe, ainda estou aqui.'"

Não acredito que Gio precisasse de sua sessão comigo para entender que tartarugas e sereias seriam os sinais que ela compartilhava com sua adorável filha. Acho que ela teria percebido isso sozinha.

Entretanto, também acredito que foi Stephanie quem trouxe a mãe para meu caminho, para que ela pudesse acelerar o processo e informar à mãe que elas ainda estavam conectadas de uma maneira poderosa. Durante nossa sessão, Steph apresentou muitas afirmações claras. Ela disse a Gio que amava o colar de tartaruga, mas também compartilhou que se divertiu ao ver o pai usando sapatos, não sandálias ("Claro que isso a faria rir", comentou Gio). Ela adorara o aquário que seu pai construíra para ela, o bolo de chocolate que sua mãe comprara e até as lanternas chinesas que a família pendurara no quintal na festa.

"Ela queria que soubéssemos que ela estava na festa", concluiu Gio.

De fato, Steph estava informando seus entes queridos que ela *sempre* estaria com eles, não importa onde estivessem.

E mesmo que Gio e Steph não pudessem fisicamente fazer compras juntas, ou se sentar na cama e conversar por horas, como costumavam fazer, elas ainda podiam continuar dizendo uma à outra: "Eu te amo" — exatamente como faziam quando Steph ainda estava na Terra.

Só que, agora, elas usariam tartarugas e sereias, em vez de palavras.

> Se você pudesse sentir o quão importante é para a vida daqueles que conhece; o quão importante você pode ser para pessoas que você nem imagina. Você deixa algo em todos os encontros com outra pessoa.
>
> **— Fred Rogers**

18

CONECTORES

Se você está lendo estas palavras agora, é provável que já tenha salvado a vida de alguém ou um dia salvará.

É isso mesmo: pelo que o Outro Lado me mostrou, a maioria de nós tem a oportunidade de salvar a vida de pelo menos uma pessoa e, possivelmente, ainda mais.

A vida de todos nós está interconectada e, por causa disso, as coisas que fazemos uns pelos outros têm tantas consequências, que nem sempre conseguimos ver (bem, pelo menos não até atravessarmos para o Outro Lado e fazermos nossa revisão de vida, que é quando vemos e entendemos *tudo*). Enquanto estamos aqui na Terra, cada um de nós segue seu próprio caminho pela vida, mas nossos caminhos se cruzam com os de outras pessoas, e os delas com os nossos. E essas interseções são muito significativas — são oportunidades para desempenharmos papéis importantes na vida um do outro, oferecendo apoio e orientação para, de fato, salvar uma vida.

O que vi nas minhas milhares de leituras é que o Outro Lado usa esses pontos de interseção para ajudar a nos guiar ao nosso caminho superior. O Outro Lado também convoca pessoas aqui na Terra para fazer parte do nosso Time de Luz — pessoas que ajudam a nos guiar em direção a esses caminhos. Eu chamo essas pessoas de trabalhadores da luz.

Trabalhadores da luz são soldados de infantaria do Outro Lado, com as mangas arregaçadas e fazendo as coisas acontecerem. Eles são contratados — mesmo sem saber — para fazer o trabalho do Outro Lado neste mundo. Eles facilitam o fluxo de ideias, as conexões e os sinais entre as pessoas, às vezes, apenas por estar no lugar certo, na hora certa, às vezes, por levar suas habilidades e dons únicos para uma determinada situação. Assim como o Outro Lado nos envia todos os tipos de sinais e mensagens, e eventualmente envia esses trabalhadores da luz para nossas vidas.

Quem são esses trabalhadores da luz?

Nós somos.

Cada um de nós tem o potencial de ser um trabalhador da luz. Todos nós podemos ser usados pelo Outro Lado para fazer as coisas acontecerem para os outros, e muitas vezes somos, mesmo não tendo ideia sobre isso.

Existem algumas pessoas, no entanto, que parecem ter uma capacidade avançada de desempenhar esse papel. Pessoas que *sempre* parecem estar no lugar certo e na hora certa para ajudar os outros. Funcionam como telefonistas antigos, sentados em quadros de distribuição e encaixando os plugues nos conectores e fazendo as conexões acontecerem! São almas que firmaram um contrato espiritual com o Outro Lado — sem saberem — para fazer sua vontade.

Eles são o que eu chamo de conectores.

Deixe-me falar sobre Jill, uma amiga que é uma das conectoras mais mágicas que conheço.

Jill é uma daquelas pessoas especiais que se sente muito à vontade com ela mesma. Ela é gentil, peculiar, engraçada e completamente aberta ao mundo e a todas as suas possibilidades. Quando ela tinha 25 anos, conheceu um guru indiano e teve um despertar espiritual. O guru deu-lhe uma prática de meditação, e Jill viajou por toda a Índia, tendo experiências que desafiavam suas noções de como o mundo funciona. "Senti meu coração se abrir e senti os limites de tempo e espaço se expandindo", relata Jill. "Eu me abri a novas dimensões da realidade."

Com o passar do tempo, os amigos de Jill começaram a perceber que coisas maravilhosas e estranhas pareciam acontecer quando estavam com ela.

Por exemplo, uma de suas grandes amigas perdeu recentemente o marido. Antes de atravessar, ele estava lendo um livro chamado *Só garotos*, da icônica cantora Patti Smith. "Então, minha amiga decidiu que queria conhecer Patti Smith", diz Jill. "Ela acreditava que conhecer a cantora seria um sinal de seu marido."

Não muito depois, elas pegaram um trem da Amtrak de Washington D.C. para Nova York — foi a primeira viagem de sua amiga desde a morte do marido. "De repente, ela veio até mim no meio da viagem, tremendo", lembra Jill. "Ela disse: 'Patti Smith está no trem.' Eu respondi: 'Você está louca.'"

Contudo, Patti Smith *estava* no trem, e Jill e sua amiga tiveram coragem de se aproximar dela. "Acabei explicando a história toda e disse a ela: 'Você é o sinal da minha amiga'", diz Jill. "E Patti Smith respondeu: 'Estou muito feliz por ser o sinal dela!'"

"Não sei por quê", disse a amiga de Jill, "mas sempre que estamos juntas, sinais aparecem".

Quando o pai de outra amiga, que era um ator famoso, faleceu, Jill estava lá para ajudá-la no processo de luto. "Eu notei várias coisas estranhas começando a acontecer com TVs, telefones e eletrônicos", revela Jill. "Eu disse a Susie: 'Esta é a maneira de seu pai se comunicar com você.'"

Fotos do pai que Susie não havia tirado começaram a aparecer em seu celular. Quando Susie e seis amigos se reuniram em sua casa para relembrar seu pai, as janelas tremiam inexplicavelmente sempre que o nome dele era falado e paravam quando a conversa era sobre outra coisa. A música "I Will Survive" continuava tocando no rádio do carro de Susie. A autocorreção de seu celular continuava mudando "morde" para "morre", e o nome "Alita" para "aorta", o que a fazia pensar em seu pai, que morreu de doença cardíaca.

"Todas essas coisas estranhas continuaram acontecendo", afirma Jill. "Eu disse a ela para começar a fazer uma lista, porque aquele era o pai dela tentando se conectar."

Jill levou Susie ao funeral de seu pai, mas elas se perderam no caminho de volta. Dirigiram por ruas desconhecidas e finalmente pararam para descobrir onde estavam. Nesse momento, encontraram uma placa: o nome da rua era o sobrenome do pai de Susie.

"Foi muito reconfortante para nós duas", explica Jill. "Eu disse para ela: 'Você está recebendo sinais!' Eu simplesmente senti que sabia o que eles eram, e quando você sabe de algo, só sabe. As pessoas podem acreditar no que quiserem, mas as crenças não importam tanto quanto as experiências. E todas essas coisas que estavam acontecendo eram experiências diretas de conexão. Elas eram reais."

Os amigos de Jill começaram a descrever sua impressionante capacidade de usar sinais ao seu redor como manifestação — por exemplo, como Jill fez Patti Smith se manifestar para sua amiga. Jill parece convocar sinais vívidos e poderosos do Outro Lado para aqueles ao seu redor.

A jornada espiritual pessoal de Jill mudou a maneira como ela vê o mundo e a fez uma cúmplice ideal para o Outro Lado. Sobre suas intensas experiências meditativas, ela diz: "Me permitiram ter diferentes tipos de relacionamentos com pessoas que faleceram. E, por isso, não vejo a morte como um fim. Uma coisa que sempre digo quando um amigo está viajando para algum lugar distante e me sinto triste por não poder interagir fisicamente com ele é que não tenho a presença física desse amigo. E é assim que eu sinto que a morte seja. É como se as pessoas que amamos não tivessem ido para sempre, elas estão apenas em algum lugar distante, como a Tailândia!"

Jill dedica muita energia ao ativismo e é uma grande defensora da justiça social, do desenvolvimento sustentável e da educação para todos. Como uma amiga dela diz, "Jill encontrou seu propósito de vida e, por meio de seu trabalho, ela vive efetivamente como conectora, movendo forças em direção ao bem maior da humanidade. Ela prospera em todos esses mundos, e as conexões entre eles vêm naturalmente e sem esforço para ela. A sincronicidade se tornou o caminho de sua vida."

Aqui está apenas um exemplo de como essa sincronicidade funciona:

Recentemente, Jill recebeu uma ligação de um amigo envolvido em uma organização de direitos humanos. O grupo havia tido um ano realmente difícil em questões financeiras, e estava lutando para manter seu orçamento operacional, quando uma situação humanitária urgente veio à tona. A situação que exigia ajuda imediata. A amiga perguntou a Jill se ela conhecia alguém que estaria disposto a ajudá-los a gerar recursos. Jill disse a ela que veria o que podia fazer. E então, nas palavras de Jill, "eu meio que enviei a mensagem para o Universo".

Em poucas horas, Jill recebeu um telefonema de outro amigo, que queria saber o que ele poderia fazer para causar um impacto imediato e ajudar crianças necessitadas.

"Para falar a verdade", respondeu Jill, "eu sei exatamente o que você pode fazer".

Jill fez a conexão e, em apenas alguns dias, um avião voava pelos céus, entregando suprimentos essenciais para crianças muito agradecidas.

Quando ouvi essa história, fiquei maravilhada com a rapidez com que o Universo usou Jill para fazer algo mágico acontecer. Ela é uma verdadeira trabalhadora da luz, contratada pelo Outro Lado para fazer conexões vitais aqui na Terra.

E, no entanto, além de seu elevado senso de espiritualidade, Jill não tem nenhum superpoder que seja exclusivo dela.

Pelo contrário, as habilidades que a tornam uma poderosa conectora são habilidades que *todos* possuímos.

Assim como todos nós podemos receber sinais e mensagens de nosso Time de Luz, todos podemos ser conectores para o Outro Lado.

Às vezes — como é o caso de Jill — estamos cientes de que servimos como uma espécie de canal para sinais e mensagens. Mas, muitas vezes, não estaremos cientes disso — simplesmente acontecerá. Todos nossos caminhos se estendem além de nossa própria vida e se cruzam com os caminhos de outras pessoas, criando infinitas oportunidades para desempenharmos papéis significativos nas jornadas de outras pessoas.

Nossa vida não é apenas sobre nós — *ela também é sobre nossas conexões com outras pessoas.*

Precisamos entender que podemos afetar significativamente a vida de outras pessoas com simples gestos — um sorriso para um desconhecido pode ter várias consequências. Recentemente, li uma história sobre uma mulher que parou na Dunkin' Donuts, viu um morador de rua, comprou uma xícara de café para ele e se sentou para conversarem por cinco minutos. Apenas isso: uma xícara de café e cinco minutos.

Após a mulher fazer seu pedido, já se preparando para partir, o morador de rua lhe entregou um pequeno papel amassado e saiu. No papel estava escrito que ele planejava se matar naquele dia, mas a breve conversa deles — um simples reconhecimento de sua existência e seu valor como ser humano — mudou tudo para ele e o manteve vivo. Eu ouvi muitas e muitas outras histórias como essa. Histórias sobre como atos simples de bondade podem ter consequências muito além do que podemos imaginar. Um sorriso, uma palavra, um gesto, um presente podem mudar tudo.

E, sim, eles podem salvar uma vida, se ainda não o fizeram.

Cruzamos os caminhos uns dos outros por diferentes razões. Se abordarmos esses momentos de conexão com coração e mente abertos, com o entendimento de que o que dizemos e fazemos pode ter um impacto exponencialmente maior na vida de alguém além do que podemos imaginar, honraremos melhor nosso papel como conectores para o Outro lado.

Dizem que as pessoas cruzam nossos caminhos e entram em nossa vida como uma bênção ou uma lição. Muitas vezes, os dois. Ou eles têm algo a nos ensinar, ou nós temos algo a ensiná-los, ou, na melhor das hipóteses, temos algo a ensinar um ao outro. É *assim* que essa grande cadeia de luz e interconexão funciona.

E aqui está uma das coisas mais bonitas sobre sinais e mensagens: o Outro Lado *precisa da nossa ajuda* para torná-los fortes e poderosos. Nossos mensageiros de luz precisam que estejamos conscientes, abertos e receptivos, não apenas para nossos próprios sinais, mas também para ajudar a facilitar os sinais para outras pessoas. Nosso objetivo é viver uma vida de interconexão, ou seja, estamos todos juntos nisso.

"Pertencemos um ao outro", como disse Madre Teresa.

Minha amiga Jill é uma representação notável disso. Mas a verdade é que todos nós podemos ser trabalhadores da luz e conectores. O Universo está pronto para usar cada um de nós. Temos apenas de estar prontos para fazer parte do Time de Luz uns dos outros.

Até que se ame um animal, uma parte da alma permanece adormecida.
— **Anatole France**

19

TODAS AS CRIATURAS GRANDES E PEQUENAS

Muitas vezes me perguntam se nossos animais de estimação atravessam para o Outro Lado e se eles também podem nos enviar sinais. A resposta é sim para ambos. Os animais que tanto amamos aqui na Terra vão realmente para o Outro Lado. E, quando estão lá, eles podem nos enviar — e enviam — sinais surpreendentes.

Encontrei animais de estimação em centenas de leituras, e eles sempre aparecem como feixes felizes de luz e energia. Enquanto estão conosco, eles são nossos professores, compartilhando lições profundas sobre o amor incondicional — lições que eles são perfeitos para ensinar. E, quando atravessam, permanecem conectados a nós de maneiras reais e poderosas, fornecendo esperança, conforto, apoio e, é claro, amor eterno.

Pode soar estranho, mas os animais podem realmente ser melhores em enviar sinais do que os humanos. Por quê? Porque eles são imaculados de uma maneira extraordinária. Eles não são afetados pelo pensamento analítico, portanto, permanecem livres para se engajar na energia de nossa conexão com eles — como os bebês, antes de o cérebro racional aparecer.

Por causa dessa inocência e liberdade, os animais são profundamente perceptivos ao fluxo de energia em nosso Universo. O Outro Lado me ensinou que vemos apenas cerca de 15% do que nos rodeia aqui na Terra. O resto é energia invisível e conexões de luz. Os animais, no entanto, podem ver muito mais do que apenas 15%. Por exemplo, sabe-se que os animais reagem dias antes de terremotos e outros desastres naturais. Pense nisso — você já reparou que seu cão ou gato de repente reage a algum ruído ou evento imaginário? Como se eles tivessem visto ou ouvido algo que você não viu? As chances são de que eles reagiram a algo muito real.

Os animais também podem sentir e ver a energia dos espíritos nos visitando na Terra.

Há pouco tempo, fiz a leitura para uma mulher que havia perdido recentemente o filho de maneira trágica. Em nossa leitura, o filho dela apareceu e me mandou contar à mãe que o motivo pelo qual o cachorro enlouqueceu no dia anterior foi porque o vira — ou melhor, vira seu espírito.

"Ah meu Deus", exclamou a mulher. "Isso aconteceu. Isso realmente aconteceu. O cachorro ficou absolutamente louco, e nós ficamos tipo: 'Mas o que está acontecendo com o cachorro?' Na verdade, nos perguntamos em voz alta se ele estava vendo ou sentindo nosso filho nos visitando."

Acontece que nossos animais de estimação são muito bons em captar a atividade espiritual enquanto estão aqui — e se comunicar e enviar sinais do Outro Lado.

Uma de minhas ex-alunas, Melissa, me mandou uma mensagem sobre sua querida cachorra, Heidi, que viveu 21 (sim, 21!) anos maravilhosos. Heidi foi adotada e era brincalhona, amorosa e gostava de perseguir borboletas. Sua travessia foi devastadora para Melissa, pois Heidi fez parte de uma grande parcela da jornada de sua vida. Melissa sentia tanto a falta de Heidi, que a ideia de ter outro cachorro era algo que ela não conseguia nem imaginar.

Dois anos após a travessia de Heidi, Melissa verificou sua página no Facebook e recebeu um lembrete de um importante evento. Naquele dia, Heidi completaria 23 anos. Ao lembrar de Heidi e memorar seu amor por ela, um pensamento bonito se formou na mente de Melissa: podia ser finalmente um bom momento para adotar outro cachorro.

Naquele dia, Melissa baixou uma solicitação de adoção de uma organização de resgate de cães e a levou para o trabalho, onde era salva-vidas. "Enquanto eu a preenchia", relata, "uma borboleta voou por cima da minha cabeça e dançou. Eu sempre conecto borboletas a Heidi."

Como Melissa estava aberta a mensagens do Outro Lado, ela sabia o que a borboleta queria dizer. Era um sinal de Heidi, dando-lhe uma bênção, comemorando com ela e afirmando que Melissa fazia a coisa certa ao resgatar outro cachorro. Ela resgatou um novo cachorro e, desde então, sua vida — e a do cachorro — foi significativamente melhorada.

Essa é uma das tarefas mais importantes que nossos amados animais de estimação do Outro Lado realizam: eles nos ajudam a deixar de lado qualquer culpa que possamos sentir por sua perda e nos orientam a tomar decisões que nos farão felizes e ampliarão nossa experiência de amor no presente — especificamente a decisão de adquirir outro animal de estimação. Assim como todos nossos entes queridos que atravessam, nossos animais do Outro Lado querem que sejamos felizes.

Portanto, se você estiver enfrentando essa situação e se perguntando se deve adotar outro animal, não tenha medo de pedir um sinal ao seu animal de estimação que já está do Outro Lado.

As conexões de minha mãe com os muitos cães que ela amou ao longo de sua vida também são fortes. A presença deles permaneceu em sua vida muito depois de terem atravessado. Lightning era um pequeno toy fox terrier — um carinha totalmente encantador, preto, branco e marrom, com pernas tortas e uma energia inesgotável. Meu irmão o escolheu como seu próprio cachorro, mas Lightning se ligou à minha mãe.

"Ele simplesmente decidiu que eu seria sua dona", conta.

Minha mãe comprou Lightning em uma viagem de família para o Lago George. Ela queria passear de barco pelo lago, então colocou Lightning em um quarto do segundo andar e fechou a porta. Eu estava sentada na varanda quando vi uma figura escura cair de repente do céu e disparar pelo gramado. Era Lightning! Ele havia pulado a janela e corrido por um pasto apenas para chegar até minha mãe no lago.

Outra vez, minha mãe deixou Lightning com um cuidador de cães, que tinha um jardim fechado por uma cerca de mais ou menos dois metros. Ninguém imaginava que Lightning poderia escalar uma cerca desse tamanho, mas claro que ele escalou, e correu procurando minha mãe. Como ela estava muito longe, minha tia (que também é médium) deixou o trabalho para procurar o cachorro. Ela foi atraída para o porto de Huntington, e de fato encontrou Lightning andando ao longo da margem. Ela abriu a porta do carro e chamou seu nome, e ele entrou.

Lightning viveu uma vida longa e ativa antes de atravessar. Antes disso, minha mãe havia adotado outro cachorro — uma grande fêmea de labrador chamada Cassie. Lightning sempre dormia aos pés da cama de minha mãe, enquanto Cassie dormia em uma cama de cachorro no chão. Na hora de dormir, Lightning pulava na cama de Cassie, e Cassie olhava para minha mãe como se dissesse: *Está vendo? Está vendo como Lightning está implicando comigo?* Minha mãe tirava Lightning da cama de Cassie, e ele pulava na cama e se acomodava para dormir.

Na noite em que Lightning atravessou, na hora de dormir, Cassie entrou no quarto de minha mãe, mas se recusou a ir para sua cama de cachorro. "Ela estava claramente agitada", lembra minha mãe. "Eu perguntei: 'Qual é o problema? Lightning não está aqui, você pode dormir'. Mas Cassie continuou olhando para mim e olhando para sua cama com angústia nos olhos. Ela tinha 40 quilos e pernas curtas, e nunca conseguia pular alto o suficiente para se deitar na minha cama, mas naquela noite ela, de algum modo, conseguiu, em vez de ir para a dela. Ela parecia assustada. Eu não conseguia ver nada, mas algo realmente a deixou nervosa."

Seria Lightning, ainda a provocando do Outro Lado?

No dia seguinte à travessia de Lightning, minha mãe saiu do chuveiro e ouviu pequenos gemidos do outro lado da porta do banheiro. Ela se lembrava de que Lightning costumava ficar do lado de fora e chorar até ela sair. Mas Lightning se fora, então quem estava fazendo esses sons? "Conheço os ruídos do Lightning", diz minha mãe. "Eu conheço todos os barulhos que ele fazia. E aqueles soavam como ele. Mas é claro que, quando saí do banheiro, ninguém estava lá."

Vários meses depois que Lightning atravessou, minha mãe ganhou uma nova cachorra, uma mistura de chihuahua e poodle, chamada Dobby. Ela dormia no pé da cama, no mesmo local onde Lightning costumava dormir. "No meio da noite, movi meu pé e devo ter batido acidentalmente em Dobby, porque a ouvi pular da cama. 'Dobby', eu chamei, 'volte, desculpe', mas não ouvi nada." Ela sabia que Dobby costumava se esconder embaixo da cama caso se sentisse ameaçada, então achou que ela havia ido para lá.

Minha mãe tentou voltar a dormir, mas, quando se esticou, seu pé bateu em algo pesado. Ela ficou intrigada — havia deixado um livro na cama? Ela se esticou para sentir o que havia lá, e era Dobby, dormindo profundamente! Ela ficou um pouco nervosa. "Eu sei que não sou louca, mas também sei que ouvi um cachorrinho pular da cama para o chão. Quantas vezes eu ouvi aquele barulho familiar ao longo dos anos com Lightning? Voltei a deitar, e então ouvi passinhos de cachorro atravessando o chão barulhento do corredor — eu realmente ouvi!"

Minha mãe também é muito aberta a sinais e mensagens, e não demorou muito para descobrir o que havia acontecido.

"Era Lightning", afirma ela. "Ele estava tentando me dizer que ainda estava por perto. E ele não parou até que eu finalmente entendesse, aí todos os barulhos pararam."

Algumas semanas depois, minha mãe estava visitando minha irmã em sua casa em Nova Jersey. Quando ela chegou, acidentalmente deixou a correia da coleira de Dobby cair, e ela fugiu. Minha mãe havia resgatado Dobby, então ela era uma cadela muito insegura e com muito medo das pessoas. Ela nunca tinha estado nessa área, então não saberia como voltar para casa, mesmo que quisesse. Minha mãe, minha irmã e alguns vizinhos procuraram ela durante dois dias, mas não conseguiram encontrá-la. Para piorar, era o auge do inverno. Depois de dois dias, minha mãe sabia que não teria escolha a não ser voltar para casa em Nova York, porque tinha que trabalhar. Ela estava inquieta.

"Eu estava de coração partido", revela ela. "Eu dirigia pelos lugares procurando Dobby e chorando. Eu disse: 'Por favor, Lightning, você se perdeu duas vezes, e, de alguma forma, nós o encontramos — e toda vez parecia um milagre. Agora eu preciso de mais um pequeno milagre. Por favor, ajude-nos a encontrar Dobby.'

Duas horas depois, alguém bateu à porta de minha irmã — uma vizinha que gostava de correr achou que tinha visto um cachorrinho em um bosque perto. Ela ficou no local e ligou para o marido, que veio buscar minha mãe e irmã. Todos eles foram para o bosque e começaram a procurar. Mas não havia cachorro à vista. Dobby era pequena, muito insegura e gostava de se esconder — e sua cor amarronzada a camuflava. De repente, pelo canto do olho, o homem viu o que parecia um cachorrinho nadando em direção a uma pequena ilha no meio de um lago, mas então a imagem pareceu desaparecer. Ela tinha que estar lá! O vizinho e minha mãe conseguiram se equilibrar em vários troncos caídos e foram para a pequena ilha. E ali, escondida no meio da vegetação rasteira, encontraram Dobby trêmula, com frio e molhada. "Ela estava tremendo e congelando, quem sabe o que teria acontecido se não a tivéssemos encontrado", lembra minha mãe. "E ela estava tão escondida, que encontrá-la foi realmente um milagre."

Minha mãe sabia que Lightning havia respondido a seu pedido de ajuda. "Lightning me trouxe meu milagre. Ele me ajudou a encontrar Dobby."

Quando nossos animais de estimação atravessam, eles querem nos dizer que estão bem. Se eles estavam doentes, com dor ou sofrendo no fim de sua vida na Terra, eles querem nos informar que agora estão livres da dor e mais uma vez brincando, pulando e correndo. E, quando eles atravessam, querem que paremos de duvidar de nós mesmos ou de sentir culpa descabida. Eles sabem que todas as decisões que tomamos foram feitas para o seu melhor interesse. Eles sabem que fizemos tudo ao nosso alcance para tornar sua travessia o mais confortável possível. Eles querem aliviar nossa dor e curar nosso coração partido. E a maneira como eles fazem isso é nos avisando que ainda estão conosco.

Também aprendi que, quando é nossa hora de atravessar, nossos animais de estimação costumam ser os primeiros a nos receber, com saltos e estripulias. Eu já vi isso várias vezes durante minhas leituras.

Minha amiga e companheira médium psíquica Joanne Gerber recentemente compartilhou uma história sobre seu amado cachorro,

Louis. Ele era um west highland white terrier e era vital na vida de Joanne. Eu sempre queria ver e já até havia me acostumado com as fotos de Louis que Joanne postava em sua página no Facebook. Fiquei muito chateada quando li sobre o diagnóstico de tumor cerebral de Louis e sua travessia quatro meses depois.

A travessia de Louis foi devastadora para Joanne, mas nas semanas e meses que se seguiram, ela relatou que Louis havia aparecido várias vezes e lhe mostrado que estava feliz, brincalhão e sem dor.

Uma noite, poucas semanas após a travessia de Louis, Joanne sofreu um terrível acidente envolvendo três carros na rodovia 90, em Connecticut. O carro à sua frente freou de repente, e Joanne desviou para evitar um acidente. O carro dela girou no asfalto coberto de gelo por três faixas de tráfego constante. Um carro bateu de lado com o dela, depois a caçamba de um caminhão atingiu-o do lado do passageiro, e então o carro dela colidiu com uma barreira. Os airbags foram acionados, e Joanne permaneceu consciente. Ela chutou a porta e se arrastou para a neve. Milagrosamente, ela só sofreu poucos cortes e hematomas.

Os socorristas ajudaram a liberar a cena do acidente, e um guincho ajudou a remover o carro destruído de Joanne e levá-la para casa. O motorista do guincho estava prestes a colocar o para-choque traseiro, que havia saído do lugar, no banco de trás do carro de Joanne, quando parou abruptamente e perguntou se ela tinha um cachorro pequeno na parte de trás do carro... porque ele pensou ter visto um pequeno animal branco ali.

Mas não havia animal no carro.

Joanne soube imediatamente — era *Louis*!

"Eu sei que anjos me protegeram", escreveu ela sobre aquela noite, "e Louis era um deles".

A história de Joanne ilustra de maneira impressionante como nossos animais de estimação nunca param de tentar nos proteger e nos fazer felizes. O amor incondicional ainda está lá. Nossas conexões com eles permanecem fortes. Eles tentarão de tudo para nos informar que ainda estão conosco. E, se precisarmos de um milagre, eles também podem fazer um acontecer.

> Estou bastante confiante de que a parte mais importante de um ser humano não é seu corpo físico, mas sua essência não física, que algumas pessoas chamam de alma... A parte não física não pode morrer e não pode se deteriorar porque não é física.
> — **Rabino Harold Kushner**

20

MARMOTAS

Eu conheci Julie, minha editora, pouco depois de ela ter adquirido meu primeiro livro. Fui ao escritório dela, no centro de Manhattan, preparada para lhe fazer uma leitura, mas ela rapidamente me disse que não queria uma naquele dia. "Eu já acredito", disse-me ela, "então você não precisa ler para mim para me convencer". Mas minha agente literária também estava lá, e ela insistiu que Julie deveria ter uma leitura comigo. Julie concordou com relutância — mas eu sentia que havia uma razão pela qual ela inicialmente resistira, embora eu não a tenha pressionado.

Nós nos acomodamos e começamos. Em algum momento no meio da leitura, o pai de Julie apareceu. Eu disse a ela que ele estava lá com um cachorro.

"Ele está me mostrando um pêssego", informei a ela. "Não tenho certeza do que devo dizer sobre esse pêssego, mas é isso que ele está me mostrando. Eu não sei, talvez o estado da Geórgia? Como os pêssegos cultivados lá?

Julie ficou visivelmente emocionada.

"Georgie Girl", disse ela. "Essa era minha cachorra quando criança."

O pai de Julie me disse que tinha informações sobre um cachorro diferente. Ele até me falou o nome do cachorro: Alfie.

"Seu pai quer que você saiba que você tomou a decisão certa sobre Alfie", retransmiti. Então hesitei por um momento e juntei minhas mãos. "Você sabe o que eu vou dizer…, mas seu pai quer que você saiba que fez a coisa certa. Você conseguiu dar a ele um bom tempo, mas quando chegar a hora dele, seu pai e Georgie Girl estarão lá esperando por ele."

Nesse ponto, Julie estava se acabando de chorar. O cachorro de Julie, um terrier tibetano de 15 anos chamado Alfie, havia passado por uma cirurgia de risco alguns dias antes. É por isso que ela havia resistido inicialmente à leitura. Ela estava magoada — e preocupada em abrir portas emocionais. E é claro que ela estava preocupada com o que poderia ficar sabendo sobre a saúde de Alfie na leitura.

A mensagem do pai dela se mostrou verdadeira. A cirurgia deu um tempo a mais para Alfie, que se recuperou rapidamente e retomou sua juventude e vigor. De fato, ele viveu uma boa vida por mais dois anos, mas sua saúde começou a declinar.

Então Julie o levou a um veterinário no centro da cidade que o conhecia desde que era um filhote. "Eu queria saber se Alfie estava com dor e se eu estava sendo egoísta em mantê-lo vivo", disse-me mais tarde. Ela estava sentada na sala de espera com o coração pesado, com Alfie a seus pés. Enquanto estava lá, os folhetos de cães perdidos colados em um quadro de avisos na parede em sua frente chamaram sua atenção. Ela se levantou e foi diretamente a um pôster de uma shiba inu desaparecida. "Eu me perguntei onde esse cachorro havia sido visto pela última vez e procurei essa informação. O endereço era o prédio onde minha mãe havia crescido, no Brooklyn." Julie enviou uma foto do panfleto para a irmã. "Olhe o endereço", escreveu ela. A irmã respondeu: "Incrível — até o número do apartamento!" Julie nem havia notado esse detalhe — nº 1A, o mesmo apartamento onde seus avós haviam morado por quase 50 anos. Quando Julie era uma garotinha e a família visitava seus avós, Georgie Girl saía do carro, subia correndo os degraus do prédio, virava à esquerda e sentava-se do lado de fora da porta do apartamento, com o rabinho abanando.

"Eu entendi imediatamente", disse-me Julie mais tarde. "Eu estava no veterinário porque sabia que estávamos chegando ao fim, e ali estava um sinal inconfundível que refletia o que você me disse em nossa leitura. Quando chegasse a hora de Alfie atravessar, Georgie Girl, meu pai e até meus avós estariam lá para recebê-lo."

Agora que um canal de comunicação havia sido aberto entre Julie e o pai, ele avançava ocasionalmente quando tínhamos uma reunião ou uma ligação agendada. Um dia, estávamos ao telefone, discutindo a publicação do meu primeiro livro. No final da ligação, perguntei a ela: "Hoje é um dia especial? Seu pai esteve comigo hoje e está dizendo que haverá algum tipo de celebração, uma festa."

Julie fez uma pausa — eu percebi que ela precisava de um momento. "Hoje é o aniversário do meu pai", disse ela. "Dois de fevereiro, Dia da Marmota."

Julie tinha um relacionamento especial com o pai, que havia atravessado cerca de 12 anos antes. "Eu era sua companheira, seu braço direito", explica ela. "O trabalho dele não era longe da minha escola, então todos os dias ele me levava e me pegava. Passávamos todo esse tempo juntos, manhã e noite. Ele era sólido como uma rocha — trabalhador, confiável, enérgico, sempre em movimento. Ele era tão bonito quanto uma estrela de cinema, e todos os seus clientes o adoravam."

Julie estava na casa dos 30 anos quando seu pai faleceu após uma longa doença. "Ele nunca reclamou; tinha muita elegância. Era como se sua alma tivesse passado por uma espécie de polimento, e ele encontrara um profundo contentamento com sua vida. Foi terrível ver esse homem, que fora tão atlético e hábil, tornar-se fisicamente limitado. Mas o que era bonito nele antes de sua doença se tornou ainda mais bonito."

Alguns meses após nossa ligação no Dia da Marmota, Julie estava em sua casa de fim de semana em uma parte rural de Long Island. Era o Dia dos Pais, um dia que provocava sentimentos conflitantes desde a morte de seu pai. Ela estava lavando a louça, olhando pela janela para o outro lado do quintal em direção a uma fazenda em frente a sua. De repente, em sua visão periférica, ela viu uma pequena criatura marrom emergir de uma área arborizada e parar no meio do quintal.

"Venha aqui e veja isso", disse ela ao chamar seu marido e filho, que estavam na sala ao lado. "O que é isso? Um gato esquisito? Um castor?"

"Parece uma marmota... será?", disse o marido.

"Pesquise no Google — como é uma marmota, afinal?"

Seu filho pesquisou no Google e achou a foto de uma marmota sentada nas patas traseiras. "Sim, é mesmo." Eles olharam de volta para a marmota no quintal, que se mexeu e fez exatamente a mesma pose que o marmota na foto.

"Ah, meu Deus", disse ela. "É Dia dos Pais."

Alguns meses depois, um amigo da faculdade estava visitando Julie e sua família no fim de semana, e ela contou a ele a história da marmota do Dia dos Pais. Ela acrescentou que eu incentivava as pessoas a pedir sinais do Outro Lado — o amigo dela também perdera o pai alguns anos antes — e a não se preocupar se o sinal for muito específico, afinal, o Outro Lado consegue lidar com coisas específicas. Enquanto conversava, Julie olhou pela janela da cozinha, meio que esperando que a marmota aparecesse milagrosamente. Mas, ela pensou, seria pedir demais.

Ela subiu as escadas para arrumar as camas e olhou pela janela. Um casal de cardeais estava sentado em um galho diretamente em sua linha de visão.

"Eu os via de vez em quando", afirma ela. "Comecei a chamá-los de Sr. e Sra. Cardeal. Eles me lembraram meus avós, que foram casados por 54 anos. Eu os percebi e disse — em voz alta, porque não havia ninguém por perto: 'Estou tão feliz em ver vocês dois. Sempre fico, mas hoje sabe o que eu realmente adoraria? Adoraria ver a marmota novamente.'"

Julie terminou de arrumar as camas, desceu as escadas e foi lavar a louça do café da manhã. Ela estava na pia quando olhou pela janela. A marmota estava lá, esperando por ela.

Julie estava com medo de se mover. Ficou imóvel, observando o animal atravessar o quintal, lentamente, até desaparecer nos arbustos.

Embora acreditasse nessas coisas, como me dissera em nossa primeira reunião, depois de ver a marmota pela segunda vez, Julie relutou em pedir seu sinal com muita frequência — ela estava com medo de que a marmota não aparecesse e ela ficasse desapontada. Contudo, mais de um ano depois, após um momento difícil, ela pensou: *Eu gostaria de saber que meu pai está comigo depois de passar por tudo isso.*

Mais tarde naquele dia, ela saiu para correr em uma estrada arborizada. No caminho de volta, ela viu uma pequena criatura marrom atravessar a estrada cerca de 100 metros à sua frente. "Eu não sabia dizer se era um gato ou um guaxinim ou o quê", diz Julie. "Comecei a correr em direção a ela, mas antes que pudesse alcançá-la, ela atravessou a estrada e disparou em direção às árvores."

Ah, tudo bem, pensou.

Mas, quando ela se aproximou do lugar onde a criatura havia atravessado, viu que não era totalmente coberto de árvores — havia uma pequena clareira logo após uma moita, e lá estava a marmota, esperando por ela. "Eu ofeguei intensamente", lembra ela. "Nós olhamos uma para a outra por alguns momentos — e então ela fugiu para a floresta."

Julie correu de volta para casa em velocidade recorde, com uma borboleta amarela brilhante voando sobre sua cabeça, acompanhando-a. Ela estava eufórica — "o mundo parecia um lugar benevolente" é como ela descreve como se sentia. Ela mal podia esperar para contar a todos o que tinha visto. "Eu senti que a marmota era uma mensagem clara de meu pai de que ele estava ciente do que eu estava passando e que estava comigo. Superei meu medo da decepção. Eu perguntei, e ele respondeu, exatamente quando eu mais precisava."

21

COMO COCRIAR SUA PRÓPRIA LINGUAGEM

Quando faço as leituras para as pessoas, desloco-me para um lugar calmo e conscientemente altero minha energia para um estado de total receptividade. Eu chamo isso de me abrir para o Outro Lado. De certa forma, eu me esvazio — paro de ser Laura Lynne — para poder ser uma mensageira melhor para nossos Times de Luz. Tudo o que vem através de mim se origina no Outro Lado; eu sou simplesmente o recipiente.

Entrar neste estado nem sempre foi fácil. Ao longo da vida, eu não entendia os estímulos que recebia do Outro Lado. Na verdade, eu tinha medo deles. Eu não *queria* saber nada sobre pessoas, vivas ou mortas, sobre as quais não deveria ter uma maneira clara de saber. Levei muito tempo para entender e aceitar meu dom, e ainda mais para aprender a usá-lo. Com o passar do tempo, cheguei ao ponto em que eu podia controlar o fluxo de informações do Outro Lado, para não ser invadida por ele 24 horas por dia.

À medida que eu confiava e me desenvolvia mais, comecei a aprender a linguagem secreta do universo. Como mencionei mais de uma vez, entendi que esse idioma está disponível para todos nós, ele *pertence* a todos nós. E entendi que faz parte de minha jornada despertar os outros para essa possibilidade. A seguir, citarei algumas diretrizes para ajudá-lo a cocriar sua própria linguagem especial com seu incrível Time de Luz. Espero que as histórias que compartilhei com você até agora tenham ajudado a prepará-lo para dar o primeiro passo em direção a abrir sua mente e seu coração para o Outro Lado.

QUIETO, POR FAVOR

Eu recomendo que você inicie esse processo permitindo a si mesmo dez minutos de silêncio. Não dez minutos no sofá com a TV ligada ou dez minutos com o celular na mão. Estou falando do silêncio para valer. Silêncio meditativo. O tipo de silêncio que permite que você limpe sua mente, mude sua energia e se desconecte, tanto quanto possível, de sua vida cotidiana.

Comece encontrando um lugar tranquilo para se sentar. Pode não ser tão fácil quanto parece — acredite, eu sei; tenho marido, três filhos, dois cachorros e um gato. Feche a porta de seu quarto, tome um banho quente. Sente-se em uma almofada, de pernas cruzadas em um tapete de ioga, ou deite-se de costas, com as palmas das mãos para cima. Se houver barulho invadindo seu local silencioso, coloque uma música suave. Tente criar o ambiente mais sereno e imperturbável possível.

De fato, se você puder reservar esses preciosos minutos de calmaria todos os dias e honrá-los, começará a aprender como mudar sua energia e entrar em um estado diferente de consciência por causa de sua intenção. É a mesma coisa quando falamos de sonhos. Estamos tentando desligar nosso cérebro racional, queremos libertar nossa consciência de nosso corpo, acalmar toda essa conversa no lobo frontal, que é frequentemente chamada de mente de macaco.

Queremos chegar a um lugar em que possamos ouvir — e nos conectar com — o Outro Lado.

Então, encontre seu lugar calmo. Fique fisicamente confortável, feche seus olhos. Respire fundo e profundamente, puxe pelo nariz, solte pela boca. Foque sua respiração. Inspire. Expire. Afaste delicadamente os pensamentos dispersos.

Se você acha que precisa de uma imagem para acalmar sua mente, imagine um belo lago brilhante e cheio de luz cintilante sobre você, e permita que a luz flua para o topo de sua cabeça, enchendo seu corpo até os pés. Eu chamo isso de *trazer a luz*.

Faça isso por um minuto, depois por mais um. Faça até perder a noção do tempo. Fique nesse lugar calmo e tranquilo. Não faça nada além de saborear a quietude.

De fato, há momentos em nossa vida em que entramos nesses estados alterados sem nem mesmo perceber. Isso acontece quando realizamos tarefas que são frequentes para nós e não exigem muito pensamento. Quando isso acontece, nosso cérebro muda para o piloto automático. Tomar banho é um ótimo exemplo: estamos em movimento, nos limpando, mas não *pensamos* no que fazemos conforme fazemos — tudo acontece automaticamente. Isso liberta nosso cérebro e nos permite entrar em um estado levemente desconectado.

Isso também pode acontecer quando estamos dirigindo em uma estrada que conhecemos ou quando estamos lavando louça: tarefas que não exigem muito raciocínio dedutivo ativo.

Eu já ouvi, literalmente, *centenas* de histórias de pessoas que, enquanto tomavam banho, se relacionaram com entes queridos que haviam atravessado. Eu mesma tive essas experiências. Há algo no som da água corrente que nos acalma e fascina e nos permite mudar nossa energia. O som constante do chuveiro também tende a abafar outros ruídos, produzindo um tipo maravilhoso de quietude (sem mencionar o efeito de íons negativos, que discutiremos mais tarde). Podemos nos sentir isolados de forma agradável no chuveiro ou nos sentir abraçados pela água quente que corre. Tudo isso cria um ambiente ideal para o Outro Lado chegar até nós — e para que possamos *ouvi-lo*.

Não estou dizendo que você deve correr para o banheiro, tomar banho e começar a tentar conversar com sua tia ou tio que atravessaram. Isso já é demais, além de contraproducente. Estou dizendo que devemos estar *cientes* do que flui dentro e fora de nossa mente quando estamos nesses tipos de estados acidentalmente desconectados. São oportunidades maravilhosas para o Outro Lado surgir e nos dão uma visão do estado de espírito em que gostaríamos de estar quando damos o primeiro passo e relaxamos em nosso momento de silêncio.

PEÇA SUA LARANJA

O segundo passo é pedir um sinal que você deseja. É simples assim. Lembra-se de quando eu pedi ao Outro Lado que me enviasse uma laranja como sinal de que eu estava no caminho certo? Fiz isso durante um momento de silêncio nos bastidores e, em pouco tempo, consegui minha laranja — na verdade, consegui milhares delas. Então pense em qual sinal você gostaria que o Outro Lado lhe enviasse e faça o pedido.

Algumas dicas: você pode pedir um sinal em voz alta ou apenas na sua cabeça; você pode ter uma conversa mais longa entre você e um ente querido ou simplesmente dizer: "Envie-me um macaco verde"; você pode usar alguns dos elementos que compõem os sinais simples, pois eles são mais fáceis para o Outro Lado usar — mas com um toque que o torne um sinal exclusivo; ou você pode criar um sinal diretamente de sua imaginação.

Tente não pedir algo impossível ou negativo. Por exemplo, é melhor você não pedir para ver um jato pousar no Central Park, mas você *pode* pedir para ver um avião reluzente em um local improvável (a resposta pode ser um avião de brinquedo na vitrine de uma loja, um anúncio com um avião no seu feed do Facebook ou um avião de papel de repente o tocando gentilmente no braço). Portanto, embora você não deva pedir algo que seja verdadeiramente absurdo e quase impossível, você *pode pedir* algo que seja único e até desafiador.

Outra dica: dê tempo ao seu sinal. Frequentemente as pessoas recebem os sinais solicitados em três dias, mas eles podem vir no dia seguinte, ou uma semana depois. Não espere vê-lo instantaneamente — o Outro Lado é realmente incrível, mas mesmo nossos Mensageiros de Luz não podem fazer algo se materializar diante de nossos olhos (ou pelo menos eu não *acho* que podem). Dito isto, já conversei com dezenas de pessoas que realmente receberam um sinal momentos depois de solicitá-lo. Às vezes, o Outro Lado funciona *muito* rápido, Mas, em geral, conceder algum tempo ao Outro Lado é uma boa maneira de nos mantermos abertos ao sinal e aumentar a probabilidade de que, quando este vier, o notemos.

Por fim, peça algo pessoal. Peça algo que o conecte a um ente querido do Outro Lado. Se ele colecionava golfinhos de porcelana, peça golfinhos. Ou peça algo de que você goste e que seja pessoal para você. O objetivo é torná-lo *seu* sinal — algo que é particular para você e/ou para seu ente querido. Isso aumentará o profundo sentimento de amor e conexão que acompanha um sinal.

Você também pode atribuir sinais diferentes a pessoas diferentes do Outro Lado. Você poderia pedir à sua avó para lhe enviar um coração rosa com a palavra amor — e ao seu avô para enviar um hipopótamo azul. Você pode pedir aos seus guias espirituais que lhe enviem o número 555. Depende de você criar o idioma que compartilhará com eles, e quanto mais sinais você criar e estabelecer, mais fluida será a linguagem. A frase *eu te amo mais*; o número 333; "Sweet Caroline", de Neil Diamond; uma abelha. Quanto mais sinais você criar, mais amplo o idioma se tornará.

Então, talvez não possamos tomar uma xícara de café com alguém que tenha atravessado, mas *podemos* compartilhar um adorável momento em que nos sentimos próximos novamente.

Tudo o que precisamos fazer é pedir.

VOCÊ TAMBÉM PODE PEDIR AJUDA

Não estamos limitados a pedir sinais; também podemos pedir ajuda. O Outro Lado *anseia* por nos ajudar. E não estou falando de ajudar de maneira abstrata — como "Ajude-me a ser uma pessoa melhor" (seu time fará isso de qualquer maneira). Estou falando de ajuda com coisas específicas. "Eu tenho um teste muito importante hoje — por favor, ajude-me a manter a calma e o foco"; "meu namorado e eu estamos brigando — por favor, ajude-me a pensar no que posso dizer para consertar as coisas"; "estou com dívidas, por favor ajude-me a melhorar minhas finanças"; "preciso de uma vaga de estacionamento perto da loja hoje, por favor, ajude-me a encontrar uma." Ajuda específica para problemas específicos. Ajuda real e honesta. Eu já fiz isso muitas vezes.

Portanto, se você sentir que está no fim da linha e não souber onde procurar ajuda, procure seu Time de Luz. Pense nisso como uma oração, se quiser. Seja específico e honesto, e peça aquilo de que você precisar.

SEJA RECEPTIVO

Escrevi sobre como podemos perder os sinais enviados pelo Outro Lado. Se não os estivermos procurando, eles podem passar despercebidos, mas também já ouvi histórias sobre pessoas que pediram um sinal específico e desafiador, receberam-no e o perderam mesmo assim. Eu já vi isso acontecer de perto.

Há pouco tempo, minha mãe pediu ao meu pai, que atravessou há muito tempo, para lhe enviar um sinal. Ela pediu algo específico — um elefante roxo. Ela me disse que, um dia depois de pedir, recebeu seu sinal na forma de uma enorme decoração roxa inflável de um elefante no gramado da frente de um vizinho!

Uma semana depois, minha irmã Christine veio de Nova Jersey. Nós tínhamos uma tarefa difícil a cumprir: ir ao cemitério e depois escolher uma lápide. Minha mãe nos levou, e depois fomos almoçar em uma cidade próxima. Mais tarde, quando tivemos de refazer o percurso, olhei pela janela e vi uma enorme placa acima de um novo restaurante que eu não havia notado antes:

O Elefante Roxo

Havia até um elefante roxo com a tromba virada para o céu em frente ao restaurante! Meu pai realmente se superou.

Ele enviou à minha mãe exatamente o que ela pediu, de uma maneira que ela não podia perder. E, no entanto, todas nós não o percebemos da primeira vez!

"Mãe, você viu isso?", gritei.

"Vi o quê?"

Eu a fiz dar a volta com o carro e dirigir até o restaurante para que ela pudesse ver bem.

"Ah, uau!", exclamou ela quando finalmente viu. "Que tal? Parece um ótimo lugar para almoçar também."

A lição é: não precisamos apenas olhar, mas *ver*. Para fazer isso, não precisamos mudar nada em nossa vida, exceto alterar levemente nosso método de percepção.

No golfe, treinadores de pensamento positivo dizem aos golfistas para andarem pelo campo com a cabeça erguida, absorvendo completamente a paisagem ao redor deles, em vez de abaixar a cabeça e ver apenas a grama na sua frente. Isso foi desenvolvido para tonar os golfistas mais alertas, receptivos e preparados para a próxima tacada.

Podemos fazer a mesma coisa em nosso dia a dia: absorver completamente o ambiente ao nosso redor simplesmente mantendo a cabeça erguida. É uma mudança pequena e sutil em nossa maneira de focar, um ligeiro aumento em nosso nível de atenção; um compromisso para sermos mais *atentos*, e, se o fizermos, estaremos mais preparados quando o Outro Lado enviar seu próximo sinal.

AGRADEÇA

É importante que, quando recebermos um sinal, expressemos nossa gratidão. Se pedimos à nossa avó que nos envie uma borboleta-monarca, devemos dizer: "Obrigado, vovó, pela linda borboleta." Devemos reconhecer o sinal e agradecer, com o pensamento ou com palavras reais.

Por quê? Porque agradecer ao Outro Lado por um sinal é uma maneira de honrar as poderosas conexões que existem entre nós. É também uma maneira de fazer da ocasião um momento *compartilhado*, um momento de bela sintonia entre nós e nossos entes queridos que atravessaram. Pelo que experienciei, nossos amados do Outro Lado ficam muito alegres por se conectar conosco. Isso permite que eles saibam que sua presença ainda é sentida e que ainda são reconhecidos como parte da vida de seus entes queridos aqui na Terra. Ouvir "obrigado" é a validação ideal disso.

Talvez o mais importante em agradecer por um sinal é que isso também nos faz sentir melhor, mais conectados e menos sozinhos. Como você pode estar sozinho se estiver conversando com um ente querido que acabou de lhe enviar um sinal maravilhoso? Dizer obrigado honra a bênção de nossa interconexão e cria uma poderosa centelha de alegria e bem-estar que viaja através das dimensões.

COMPARTILHE SEU SINAL

Eu já conversei com muitas pessoas que receberam sinais incríveis e que ainda não disseram nada a ninguém sobre isso. Talvez elas tenham medo de que as pessoas não acreditem ou pensem que ficaram loucas. Independentemente do motivo, essas pessoas arquivaram essa experiência incrível como algo privado.

Você pode fazer isso, é claro, e o sinal ainda será significativo para você, mas meu conselho é compartilhar sua história com o mundo. Se você quiser contar a seus amigos, conte! O fenômeno dos sinais não se resume apenas a nos conectarmos com nossos entes queridos do Outro Lado, mas também em *nos conectarmos* aqui na Terra.

Se você acredita que um sinal é real, não se preocupe se alguém não acreditar em você ou pensar algo ruim de você. Isso acontecerá de qualquer forma com muitos assuntos e tópicos diferentes. Sempre haverá censuradores e críticos para atacar qualquer opinião divergente. A questão é: se você compartilhar sua história com alguém, provavelmente encontrará aceitação para sua experiência. Compartilhar sua história pode até ajudar alguém a finalmente compartilhar as dele! E compartilhar qualquer felicidade com alguém apenas aumenta e espalha alegria. Então, seja comunicativo. Conte sua história. Compartilhe seu sinal.

Acima de tudo, esteja ciente de que nossa vida não é apenas sobre nossas próprias escolhas e caminhos. Nós influenciamos o mundo e as pessoas ao nosso redor de maneiras muito efetivas e profundas. Desempenhamos papéis importantes nas jornadas de outras pessoas, o que significa que a maneira como transportamos nossa energia pelo mundo é importante. O que escolhemos compartilhar com o mundo é importante. Não compartilhar essas conversas uns com os outros sobre esses momentos significativos de nossa vida é, na verdade, um desserviço para nossos amigos e entes queridos. Estamos todos juntos nesse passeio insano e bonito. A verdadeira alegria de toda a existência é essa interconexão, e quanto mais compartilhamos nossas histórias, nossa energia e nossa luz com o mundo, mais a honramos e mais nossa existência é enriquecida.

Estes são os elementos básicos que o ajudam a cocriar sua própria linguagem única e especial com o Outro Lado: consciência, receptividade, sossego, gratidão, energia, união; a vontade de pedir sinais e a vontade de recebê-los, apreciar nossa interconectividade e desejar compartilhar com outras pessoas nossa experiência de respeito e admiração.

Na próxima parte, gostaria de compartilhar algumas histórias sobre pessoas que criaram e desenvolveram uma linguagem profundamente pessoal para se conectar com os entes queridos do Outro Lado e que descobriram que os momentos significativos de conexão que se seguiram as ajudaram a superar grandes crises e a tomar decisões que mudaram suas vidas.

Esses momentos de conexão estão disponíveis para todos nós. A linguagem secreta do Universo não precisa permanecer em segredo. O poder dos sinais é ilimitado e irrestrito. A senha é aquilo que queremos que ela seja.

PARTE TRÊS

NAVEGANDO NO ESCURO

> Eu decidi ficar com o amor... O ódio é um fardo muito grande para suportar.
> **— Martin Luther King Jr.**

PEGUE UMA CANETA E PAPEL E SENTE-SE. ESCREVA TODOS os momentos importantes de sua vida: seu nascimento, seu primeiro encontro, seu primeiro emprego, carreira, casamentos, filhos. Desenhe um círculo ao redor de cada um deles e os disponha cronologicamente em uma sequência, da esquerda para a direita. Em seguida, desenhe uma linha conectando todos os círculos. Essa linha é o seu caminho através da vida.

Mas quero que saiba que esse não é o único caminho disponível para você.

O Universo nos ensina que todos temos vários caminhos que podemos tomar na vida, incluindo um caminho superior, mais completo, mais autêntico. Todos os caminhos nos levarão do começo ao fim, mas como chegamos lá — como percorremos a vida — depende do caminho que escolhemos.

O Universo nos envia sinais que nos guiam em direção aos nossos melhores caminhos.

Agora, nem sempre é fácil mudar de um caminho para outro.

Aceitar mudanças e enfrentar os medos que nos atrapalham pode ser muito difícil. Às vezes, nos recusamos a deixar o caminho em que estamos. É como usar um par de sapatos pequeno demais. Podemos optar por continuar usando-os e, em algum momento, chegaremos ao nosso destino, mas essa não é a melhor escolha.

Os sinais enviam luz para nossos medos, para que possamos navegar no escuro e escolher o caminho superior e melhor. As histórias que se seguem são sobre pessoas que prestaram atenção aos sinais que as ajudaram a tomar importantes decisões de vida — momentos em que encararam o medo, depois escolheram o caminho da esperança e do amor.

22

CAMUFLAGEM, UMA ARMA E UMA NOVA MISSÃO

Há vários anos, participei de um evento para a Fundação Forever Family em Long Island. Foi uma reunião íntima em uma sala de conferências, com os parentes de dez crianças que haviam atravessado. Quando entrei na sala, eles se viraram para mim de uma só vez, olhando-me com um misto de esperança e preocupação. Você não precisaria ser um médium para ver a dor e o desejo no rosto deles.

Depois de algumas observações introdutórias, fechei brevemente os olhos, me abri para o Outro Lado e esperei ser atraído por alguém. O primeiro a aparecer foi um garoto que me levou na direção de sua mãe e irmã, no lado esquerdo da sala. Ele tinha uma energia incrível e muitas mensagens de conforto e consolo para elas. A leitura foi feliz, esperançosa e incrível, e a energia em toda a sala mudou. Mas, enquanto eu estava lendo para elas, não pude deixar de notar outro pai sentado sozinho do outro lado da sala.

Era um homem grande, corpulento e de bigode, na casa dos 50 anos, vestindo um colete de couro preto, calça jeans e botas de motociclista. Seus braços estavam cruzados no peito, e ele olhava para os pés. De vez em quando, olhava para cima e meio que virava seu olhar para mim. Sua linguagem corporal sugeria que ele estava fechado, defensivo e zangado, e, francamente, ele me assustou um pouco, mas eu podia sentir também que seu exterior duro era um escudo contra uma dor muito profunda. Eu sabia que estava lá para tentar ajudá-lo com sua dor, mas, ainda assim, parte de mim estava preocupada com o que aconteceria se eu fosse atraída em sua direção. Como ele receberia a mensagem que o Outro Lado estava enviando?

E então, é claro, o Outro Lado me puxou direto para ele.

Foi uma atração muito forte. Parei na sua frente, mas ele manteve a cabeça baixa, encarando o chão. Havia tanta raiva e tensão ao seu redor, tanta emoção negativa! Eu não sabia como começar.

Então soltei um "Oi!" em um tom ridiculamente alegre.

Ele olhou para cima lentamente. Seus olhos encontraram os meus. Fiquei surpresa. Havia uma suavidade em seus olhos que contrastava profundamente com seu exterior rude, o que era de partir o coração.

Uma garota no Outro Lado apareceu imediatamente na minha mente. Mais velha que uma menininha — adolescente, ou talvez por volta dos 20 anos. Ela estava se comunicando muito rapidamente, cercando-me de palavras, símbolos e imagens. E o que ela me mostrou foi horrível.

"Você tem uma filha que atravessou", disse a ele.

Seus olhos começaram a lacrimejar e ele pigarreou alto.

"Sim", respondeu.

"E ela atravessou porque…"

Eu hesitei.

"…ela me diz que atravessou porque foi assassinada."

O homem olhou para baixo novamente e não disse uma palavra.

Ele não precisava dizer nada. A história da filha dele apareceu na minha mente. Ela havia sido assassinada e, na verdade, todo mundo sabia quem era seu assassino — seu ex-namorado —, mas, por alguma razão, ele não havia sido acusado do crime. E isso, a garota me mostrou, era uma fonte de agonia para o pai. A injustiça em relação ao que havia acontecido era insuportável.

Então, a garota me mostrou algo que apareceu em minha mente como um trailer de filme. Às vezes, isso acontece — um fluxo de imagens que é tão claro e vívido, que parece uma cena de um filme. A garota me mostrou o pai, sozinho, em sua casa, vestido da cabeça aos pés em roupas pretas e equipamentos de camuflagem. Ela me mostrou vários rifles em sua cama.

"Ela está me dizendo que tentou impedi-lo o dia todo", disse a ele. "Ela estava lá o tempo todo e estava implorando para você não fazer aquilo — não matar o ex-namorado dela. Mas você não a ouviu. Você tinha as armas e as colocou no carro e não a ouviu. Ela está me mostrando que você estava determinado a encontrar sua própria justiça. Ela diz que estava tentando e tentando o dia inteiro chegar até você, mas você simplesmente a ignorou."

O homem estava olhando para o chão. A sala estava silenciosa.

"Você ia matá-lo naquela noite", continuei.

Ele limpou a garganta novamente e enxugou as lágrimas.

"Sim", respondeu. "Eu ia."

"Mas... mas você não fez isso. Você não o matou."

Ele não disse nada.

"Você a ouviu. Sua filha diz que você finalmente a ouviu. Você estava com tanta raiva, que vingaria a morte dela, mas então finalmente a sentiu e a ouviu. Você a escutou."

Ele começou a chorar.

"Ela quer que você saiba que não cabe a você vingá-la", continuei. "Esse não é seu trabalho. Seu trabalho é continuar a amá-la e honrar sua vida, e ela quer que você viva sua vida de maneira vibrante, comprometida, e que escolha caminhos de amor que elevem sua alma, não caminhos de raiva, ódio e escuridão, que diminuiriam sua luz. Isso não a honraria. Ela diz que o carma é real e toda alma deve assumir a responsabilidade por suas ações. Seja aqui na Terra ou quando você atravessa, toda alma será responsabilizada. Mas esse não é o seu trabalho, e se você tivesse escolhido fazê-lo teria escolhido um caminho de escuridão. Você teria criado mais trevas, não luz.

"E agora", continuei, "sua filha quer agradecê-lo. Agradecer por ouvi-la e agradecer por não seguir adiante com aquilo. Agradecer por amá-la sempre. Ela ficou muito grata e muito feliz por você tê-la ouvido."

Minha leitura com esse pai em luto teve um efeito profundo em todas as pessoas na sala, inclusive em mim. Quando a filha dele se manifestou, ela nos ensinou uma lição muito poderosa, uma lição sobre os caminhos da vida.

Em nossa jornada, às vezes podemos ficar confusos, e em vez de seguir o caminho superior, escolhemos um caminho inferior, que nos restringe, nos atrasa, nos leva a becos sem saída. Um caminho que nos afasta do amor e entra na escuridão. Quando isso acontece, acabamos vivendo o que chamo de vida sombria — uma vida que é uma mera sombra do que realmente pode ser, que não reflete nossas verdadeiras virtudes e nosso potencial. Uma vida que não nos permite compartilhar nossa verdadeira luz, amor e energia com o mundo. Uma vida inferior.

Eu já fiz leituras para pessoas que estão presas em vidas sombrias, concentrando-se no medo e na raiva. Em muitos desses casos, vi como o Outro Lado nunca desiste e sempre tenta nos guiar do caminho de uma vida sombria para um caminho melhor de amor, luz e significado.

Por que o Outro Lado faz isso? Porque nossos Times de Luz — nossos entes queridos, guias espirituais e energia divina — não querem nada mais além de que sejamos felizes e realizados. Eles querem que levemos vidas baseadas no amor, não no medo.

Como nossos Times de Luz nos guiam?

Eles fazem isso com sinais e mensagens que tornam sua presença conhecida.

Alguns sinais servem para dizer olá ou para nos informar que nossos entes queridos que atravessaram ainda estão conosco, nos apoiando. Mas outros sinais são feitos para nos ajudar a fazer as escolhas certas em nossa vida. Esses sinais aparecem quando chegamos a uma encruzilhada e eles apresentam uma escolha entre um caminho inferior e um caminho superior. Esses são os momentos em que o Outro Lado praticamente *grita* conosco para chamar nossa atenção e influenciar nossa escolha.

Eis o que aconteceu com o homem em roupas de camuflagem: consumido por tristeza e raiva, ele estava em um caminho de ódio e dor. Se ele seguisse com seu plano, suas ações não teriam mudado o passado, mas teriam mudado seu futuro. Ele teria sangue nas mãos e na alma, teria ido para a cadeia e visto sua própria vida arruinada.

É o que a filha dele estava tentando lhe dizer: ele não deveria vingar a perda dela, porque esse não é nosso trabalho aqui na Terra. Nosso dever nunca é seguir um caminho de ódio. Nossos caminhos de vida superiores e iluminados são *sempre* caminhos de amor.

Sua filha entendeu que era seu trabalho conduzi-lo a esse caminho mais elevado da vida. O sinal que ela enviou a ele não era um sinal visual. Não era um pássaro ou um arco-íris ou uma placa de carro. Era o que chamo de sinal clariaudiente e clarissenciente. A clariaudiência é quando ouvimos algo por meio de outros meios que não nosso senso mundano de ouvir. Por exemplo: uma palavra ou frase, um pensamento ou uma voz em nossa cabeça, mas que não são nossos. Alguma vez você já teve algo relevante e surpreendente em sua mente, algo que aparentemente surgiu do nada?

Contudo, isso não veio do nada, mas, sim, do Outro Lado. Sinais clarissencientes podem se revelar como um pressentimento que não temos como esquecer. Podemos ter uma sensação inefável de que um ente querido está presente. Poderemos clariaudientemente "ouvir" a voz da pessoa amada em nossos pensamentos.

A filha desse homem o procurou repetidamente naquele dia fatídico, quando ele estava em uma encruzilhada, mas ele não recebeu as mensagens ou não as reconheceu. No entanto, ela persistiu. Mesmo depois que ele colocou seus rifles no carro, ela continuou enviando a mesma mensagem várias vezes.

Não faça isso. Não é assim que você demonstrará seu amor por mim.

E finalmente, *finalmente*, ele a ouviu.

Como ele explicou a todos nós naquela sala: "Eu a ouvi. Ouvi minha filha me dizer para não fazer isso. Eu a senti lá comigo, me dizendo para não fazer aquilo."

Ele ouviu a filha! Ele se abriu para a mensagem dela! Ele a ouviu como se ela estivesse lá com ele — e, de uma maneira muito real, ela estava.

E porque ele o fez, ele não estava condenado a viver uma vida sombria trancada em uma cela com uma marca em sua alma. Com a ajuda da filha, ele escolheu um caminho de vida superior — um caminho que lhe dava a chance de transformar sua terrível dor em algo bom.

De fato, ele já estava fazendo exatamente isso ao decidir participar da reunião e pedir que sua filha aparecesse e nos ensinasse essa poderosa lição.

Assim como as pessoas nas incríveis histórias que se seguem, todos enfrentamos escolhas que afetam a trajetória de nossa vida e a vida de outras pessoas, encruzilhadas que sugerem diferentes caminhos de vida. O que precisamos entender, e o que a corajosa filha desse homem nos ensina, é que *não estamos sozinhos na encruzilhada*. Não precisamos tomar essas decisões difíceis sozinhos. Nosso Time de Luz se esforça muito para chegar até nós nesses momentos difíceis. Eles estão determinados a não deixar que nosso medo, tristeza ou incerteza atrapalhem nosso caminho de vida superior.

Nesses momentos, precisamos ouvir e honrar os sinais que o Outro Lado nos envia:

- Uma frase ou ideia que vem à nossa cabeça;
- Um pressentimento no qual não conseguimos parar de pensar;
- A voz de um ente querido que atravessou;
- A sensação de que seu ente querido está presente.

Os sinais existem! Eles sempre existirão! O Outro Lado nunca parará de nos enviar esses sinais incríveis. Eles nunca pararão de tentar.

Portanto, devemos permanecer abertos a eles, realmente procurá-los e ouvi-los, e permitir que nos guiem em direção ao nosso melhor, mais feliz e mais elevado caminho de vida, porque, repetidas vezes, aprendi que as escolhas que fazemos e a energia que abraçamos impactam não apenas o caminho de nossa vida, mas também o caminho coletivo do amor de que todos participamos.

23

BEBÊS E URSOS

Poucas decisões na vida têm tantas consequências quanto a decisão de ter um filho. Isso porque as crianças mudam *tudo*. Eu sei bem, porque tenho três filhos, e eles são os amores da minha vida, minhas maiores alegrias, minhas bênçãos mais preciosas. Não posso nem imaginar minha vida sem Ashley, Hayden e Juliet — é simplesmente incompreensível para mim. Eles são as melhores decisões que já tomei, além de ter me casado com meu maravilhoso marido, Garrett.

No entanto, essas decisões podem ser assustadoras, confusas e angustiantes. É por isso que, quando as estamos tomando, é muito útil recorrer ao Outro Lado.

E, muitas vezes, sem a necessidade de perguntar, o Universo e nossos Times de Luz intervêm para nos guiar. É por isso que o Universo nos envia muitas mensagens oportunas e poderosas sobre bebês. Isso acontece em muitas das minhas leituras. Embora as pessoas não tenham certeza sobre muitas decisões importantes da vida, há uma urgência e gravidade especiais que acompanham a decisão de ter um filho. Muitas emoções profundas entram em jogo, bem como uma sensação potencialmente assustadora de conclusão. Afinal, podemos deixar um emprego, mas não podemos deixar nossos filhos. Na minha experiência, nossos times do Outro Lado sabem o quão angustiante essa decisão pode ser, e é por isso que eles nos enviam sinais e mensagens para nos ajudar a tomar essa decisão.

As histórias que se seguem mostram as consequências e como esses sinais podem alterar nossa vida de maneiras surpreendentes.

Quando Clayton e Natali Morris se conheceram, milhões de pessoas estavam assistindo.

Clayton era um dos apresentadores de um popular programa matinal de TV nos EUA, e Natali era uma de suas convidadas. "Ela entrou no set e simplesmente me surpreendeu", lembra Clayton. "Ela me deixou instantaneamente sem palavras, e acho que fiquei muito animado pelo resto do programa."

"Eu salvei a gravação", diz Natali, que era editora de um site de notícias e coapresentadora de um influente podcast de tecnologia. "Lembro-me de olhar para Clayton e pensar *eu sinto que o conheço, mas não sei como*. É incrível que tenhamos esse momento gravado." (Eu chamo isso de reconhecimento de alma).

Apenas alguns anos depois, outro momento extremamente importante para Clayton e Natali também aconteceria no ar, na frente de milhões de pessoas — incluindo eu. E, desta vez, envolveu a decisão de ter um filho.

Clayton e Natali ainda não haviam conversado sobre se casar quando Natali engravidou. "Foi uma surpresa para nós dois", conta ela. "Eu tinha 31 anos, mas ainda me lembro de pensar que era jovem demais para isso. Eu trabalhava muito, e minha carreira era uma grande parte da minha identidade. Ter um filho seria uma enorme mudança."

Eles decidiram ter o bebê, e seu adorável filho Miles nasceu, mas os sentimentos confusos de Natali durante a gravidez a encheram de culpa. "Desde o início, Miles precisou de tratamento médico, e me perguntei se o problema havia sido causado por trauma uterino", lembra ela. "Porque não éramos casados e porque eu estava confusa, a gravidez foi traumática para mim, e isso me fez sentir ainda mais culpa."

Anos depois, quando o caminho de Natali e o meu se cruzaram, fiz uma leitura para ela, na qual o Outro Lado me mostrava a imagem de um consultório médico.

"Por que eles estão me dizendo todas essas coisas sobre um médico?", perguntei a ela.

Natali então descreveu sua incerteza e a culpa que sentia pela situação.

"É por esse motivo que o Outro Lado colocou isso em foco", falei, "porque a culpa é um pensamento tóxico do qual você precisa se livrar. Seu filho veio para curá-la, fazer de você uma família, guiá-la na direção certa. Portanto, livre-se da culpa que está carregando. Apenas esqueça esses sentimentos."

Natali e Clayton se casaram na prefeitura de Manhattan três meses após o nascimento de Miles. "Como eu trabalhava apenas nos fins de semana, ficava muito em casa com ele nos primeiros meses", explica Clayton. "Nós meio que caímos nesses papéis de mãe e pai, mas começamos a perceber que éramos muito bons neles. Nós éramos bons pais."

Com o passar do tempo, eles concordaram em ter outro filho, e a bela Ava nasceu.

"Depois disso", conta Natali, "a sensação que tive foi a de que tínhamos cumprido nosso papel".

Mas Clayton não tinha tanta certeza.

"Nós dois concordamos em ter apenas dois, e concordamos que éramos essa grande pequena unidade de quatro pessoas, e isso era o suficiente, mas então eu comecei a pressionar por um quinto membro", expõe Clayton. Natali também estava pensando sobre isso, mas "meu sentimento verdadeiro era o de que eu realmente não queria ter outro filho", lembra ela. "As gestações foram difíceis, e eu queria voltar ao trabalho, e estava realmente lutando com isso. Eu estava realmente em conflito. Depois de um tempo, tive de dizer a Clayton para parar de me perguntar sobre isso."

Foi aí que eu entrei na história.

Quando Clayton era jovem e crescia em Spring Township, na Pensilvânia, ele tinha uma curiosidade inata sobre os segredos do Universo.

"Quando criança, eu andava com uma fantasia de *Caça-Fantasmas* tentando encontrar fantasmas em todos os lugares", relata ele. "Mais tarde, gravei um pequeno programa sobre o paranormal e coloquei os episódios no YouTube. À medida que fui crescendo, construí muros a minha volta com estresse e ansiedade sobre a vida, e parei de tentar explorar esse mundo, essa curiosidade. Mas eu estava sempre aberto a isso."

Natali, nascida na Califórnia, foi criada como testemunha de Jeová, mas deixou a fé quando tinha 20 anos. "Eu não encontrei nenhum conjunto de crenças que realmente funcionasse para mim", revela ela. Foi só depois que ela começou a ler livros sobre a vida após a morte e sobre a consciência que começou a formar uma verdadeira visão de mundo. "Era como se tudo que eu acreditava sobre a vida até aquele momento estivesse completamente errado!", argumenta. "Esses livros realmente expressavam o que penso sobre minha vida."

Juntos, ela e Clayton exploraram a espiritualidade lendo mais livros, estudando meditação e apenas "tentando não limitar nossa capacidade de nos conectar com o mundo de forma vibracional".

Foi esse desejo por mais conexões, mais abertura, que levou Clayton e Natali ao meu livro *Uma luz entre nós*. "Assim que terminamos o livro, nós dois dissemos: 'Ah, ela deveria ir no programa!'", lembra Natali. Mas, antes que Clayton pudesse sugerir isso a alguém, seu produtor enviou um e-mail a todos os apresentadores do programa no dia seguinte: "Então, quem quer entrevistar a médium Laura Lynne Jackson?", dizia o e-mail.

"Eu entrevisto", respondeu Clayton rapidamente.

No dia da gravação, cheguei ao estúdio do programa no Rockefeller Center. Pouco antes do horário da transmissão, acomodei-me em um sofá em frente a Clayton no palco. Natali queria estar no set para a entrevista, então ficou atrás das câmeras, ouvindo atentamente. Tanto

Clayton quanto Natali estavam procurando — esperando — a mesma coisa: algum tipo de sinal sobre ter um terceiro filho.

Quando começamos a gravar, Clayton e eu conversamos sobre o livro por um tempo, mas o Outro Lado tinha uma estratégia diferente de jogo. Alguém apareceu com muita força, e sua mensagem foi muito clara.

"Certo, vou começar a ler para você", disse a Clayton. "Você tem dois filhos agora, correto?"

Clayton disse que sim.

"Ok. Bem, eu vejo uma terceira luz esperando por você."

Por trás das câmeras, Natali começou a chorar.

"Fiquei tão assustada e resistente, mas assim que Laura Lynne disse essas palavras, não parecia mais assustador", diz ela. "Eu estava lá rindo e chorando porque sabia que ela diria isso."

Contudo, havia mais. O ser que vinha do Outro Lado era a avó de Clayton, Alma. Ela me deu seu nome para falar a Clayton como uma afirmação e me mostrou algo sobre um novo par de botas. Era como se ela estivesse zombando de Natali sobre elas.

"Laura perguntou a Clayton se eu tinha acabado de comprar botas, e, claro, eu estava usando um novo par de botas pretas até os joelhos que acabara de comprar", conta Natali. "Mas eu sabia que Clayton diria que eram muito parecidas com outras botas pretas que eu já tinha, então estava tentando esconder a sacola de compras para que ele não a visse. E então Alma apareceu e falou sobre elas."

Mais importante, Alma me mostrou o medo e a incerteza que Clayton e Natali estavam sentindo.

"Ela está aqui e está dizendo que vocês estão com medo, acham que não podem administrar sua família ou suas carreiras com outra criança. Mas vai ser ótimo, então façam isso, apenas tenham o terceiro filho", disse a eles. "Se vocês optarem por fazê-lo, será lindo. Mas *não* deixem de fazê-lo por medo."

Apenas quatro semanas depois, Natali ficou grávida de novo.

"Desta vez, aproveitei a gravidez de uma maneira que nunca havia feito antes, porque confiava no que estava acontecendo", afirma ela. "Eu tinha fé em nossa decisão. Deixei de lado todo o medo e a incerteza. E foi nosso terceiro filho que me curou completamente. Essa pequena alma persistente veio e me curou."

O terceiro filho deles — uma menininha perfeita — nasceu. Mas nem Natali e nem Clayton conseguiam escolher um nome. Os coapresentadores de Clayton estavam programados para anunciar o nascimento ao vivo, mas com apenas alguns minutos antes da transmissão, o casal *ainda* não havia escolhido um nome.

"Eu estava no saguão do hospital, prestes a subir e ver Natali, mas fiquei ali, parado com meu copo de Starbucks. Respirei fundo e esperei por uma faísca", detalha Clayton. "E então ela veio."

No andar de cima, em seu quarto de hospital, Natali também tinha um nome na cabeça. "Eu estava tomando café da manhã e simplesmente pensei nisso e me senti bem", conta ela. "E então Clayton apareceu e disse: 'Eu sei o nome dela'."

Ele lhe disse um nome. Ela disse um nome para ele. Era o mesmo nome.

"Então, faltando apenas alguns minutos, enviei uma mensagem para o meu produtor, e depois eles foram ao ar e anunciaram o nascimento", informa Clayton.

Foi assim que o mundo foi apresentado a Eve Morris.

Desde o nascimento de Eve, Clayton e Natali se tornaram ainda mais abertos a sinais do Outro Lado. Recentemente, Clayton estava lutando com a decisão de permanecer em seu emprego na TV ou sair para iniciar seu próprio negócio de investimentos imobiliários. "Eu sempre senti que meu animal espiritual é um urso, porque vejo muito ursos, e toda vez que vejo um, algo incrível acontece", diz ele. "Sabe, eu via um urso, e muita coisa acontecia no decorrer de uma hora."

No dia em que finalmente decidiu sair do programa, ele ligou para o trabalho para compartilhar sua decisão com seus produtores. "E segundos depois da ligação — *segundos* —, eu estava no meu carro, e um enorme urso preto simplesmente apareceu na frente do meu carro na rua", relata Clayton. "Eu apenas olhei e o observei partir. Foi o Universo validando que a escolha que acabara de fazer estava no meu caminho superior."

Hoje Clayton e Natali estão vivendo vidas verdadeiramente bonitas e autênticas juntos. Agora que experienciaram e dominaram seu próprio medo e sua incerteza, ambos são verdadeiros trabalhadores da luz.

Eles não precisavam que eu dissesse que um terceiro filho estava a caminho — tudo de que eles precisavam era confiar no que já sentiam por dentro. Eles precisavam reconhecer qual era o caminho do medo e qual era o caminho do amor. No fim, cada escolha que fazemos enquanto estamos na Terra se resume a escolher um caminho de medo ou de amor. É nosso trabalho reconhecer a diferença e escolher o caminho do amor, e esse é sempre nosso melhor caminho.

"Abandonamos o medo e permitimos que acontecesse o que deveria acontecer, e quando fizemos isso tudo mudou — nossas finanças, nossa dinâmica familiar, nosso futuro", concluiu Natali. "Trata-se de confiar nos sinais e confiar no que o Universo está tentando lhe dizer."

"Fazemos as coisas acontecerem quando percebemos que temos o poder de fazê-las acontecer", acrescenta ela. "Todos nós podemos criar mágica neste mundo, só precisamos acreditar nisso."

24

LUZES PISCANDO E FAÍSCAS

Como sabemos se estamos fazendo o que devemos fazer nesta vida? Como encontramos nosso propósito superior? Como sabemos se estamos no caminho certo?

Muitos de nós buscam o significado do que estamos fazendo e pensamos se estamos vivendo nossa melhor vida. Danielle Perretty se perguntou essas coisas, especialmente quando se viu em uma encruzilhada. "Eu estava em uma situação em que comecei a me perguntar: *Estou usando minhas habilidades, minhas paixões, para ajudar as pessoas?*", lembra ela. "Eu queria sentir que estava fazendo a diferença no mundo. Eu queria sentir que tudo na minha vida estava alinhado da maneira certa."

Não é que Danielle estivesse em apuros ou tivesse atingido o fundo do poço — de fato, para os outros, sua vida parecia maravilhosa. Ela tinha um emprego que amava, um namorado que amava, e seu futuro parecia brilhante. Ela não achava que houvesse uma necessidade gritante que precisava seguir ou qualquer grande oportunidade que tivesse perdido. Na maior parte, ela sentia que estava no caminho certo.

"Não era nada de mais ou avassalador", comenta Danielle. "Era apenas uma sensação, um pequeno chamado. Como um pequeno sussurro que dizia: 'Você pode fazer mais. Você pode *ser* mais."

Então, Danielle deu ouvidos ao sussurro.

E, quando ela o fez, nada foi o mesmo novamente.

Danielle ouviu o sussurro pela primeira vez quando estava em uma conferência de design em 2010. Na época, ela trabalhava como diretora de marketing de uma respeitada empresa de desenvolvimento e design de produto. Ela também morava com o namorado havia dez anos, e eles planejavam se casar e começar uma família. Na conferência, Danielle encontrou uma amiga, Angela, e as duas compartilharam uma carona para casa. Durante o passeio, Angela contou a Danielle sobre uma médium psíquica com quem estava se consultando — eu.

Pouco depois, Danielle entrou em contato. Ela nunca pensou em fazer uma leitura, mas sentiu a necessidade de se conectar — foi o primeiro sussurro.

Em nossa primeira leitura, a avó de Danielle — Sally, como era conhecida — manifestou-se. Sally tinha sido uma figura importante durante a infância de Danielle, pois seus pais se divorciaram quando ela tinha 5 anos. "Passava muito tempo sozinha — escrevendo, caminhando, ouvindo música. A natureza era meu consolo." E ela tinha Sally, a quem descreve como "uma pessoa de grande alegria, felicidade e luz. Ela era mais uma mãe para mim do que uma avó. Passávamos fins de semana juntas, fazíamos comida, brincávamos, contávamos histórias e cantávamos. Ela era criativa e elegante, e tinha muita energia e entusiasmo pela vida e pelas pessoas que amava."

Sally atravessou quando Danielle tinha 16 anos — e agora, quase 20 anos depois, ela estava tentando se reconectar. Sally avançou na leitura, sem mesmo esperar que eu abrisse o caminho para ela.

"Ela é muito protetora com você", comentei com Danielle. "Ela está cuidando de você o tempo todo. Ela perguntou: 'Você se lembra de como costumávamos sair juntas nos fins de semana?' Bem, ela diz que você ainda gosta e que ela está com você todos os fins de semana."

Sally também foi muito insistente em transmitir sua mensagem. "Ela é bem ferrenha", falei para Danielle. "É como se ela estivesse batendo os pés, dizendo: 'Já chega, queremos que sua vida avance. Você precisa ser mais forte, mais verbal e menos paciente.'"

Danielle entendeu do que Sally estava falando: do namorado dela. O relacionamento deles não era perfeito. Ele estava tendo problemas em se comprometer. Toda vez que eles falavam em se casar, algo surgia para atrasá-lo. "Eu estava começando a perceber que ele não estava evoluindo e crescendo e estava em um caminho diferente do meu", confessa Danielle. "Mesmo assim, eu o amava. Uma coisa é terminar e deixar alguém quando você está pronto para partir. É uma coisa muito diferente terminar com alguém quando você o ama, mas percebe que precisa seguir em frente se quiser crescer."

Danielle estava em conflito sobre a possibilidade de deixar o namorado, mas finalmente encontrou coragem para ir embora.

Por causa de uma crise na economia, Danielle perdeu o emprego. Seus chefes foram muito gentis e deram a ela uma generosa indenização, mas, mesmo assim, foi um choque total. "Quase ao mesmo tempo em que deixei um relacionamento de dez anos, fui demitida de um emprego que tive por mais de oito anos", relata ela. "De repente, eu estava sozinha."

Quando tivemos nossa próxima leitura, sua avó tinha uma mensagem muito direta para ela.

"Isso não é um erro", retransmiti. "Isso não é aleatório. O Universo tirou você da sua zona de conforto. O Universo fez isso de propósito. Está levando você ao seu caminho superior."

Ouvir essas palavras não aliviou a dor ou eliminou o medo. Não imediatamente, de qualquer maneira. Mas, depois de um tempo, tudo começou a fazer sentido para Danielle.

"O Universo me deu uma folga", afirma ela.

Danielle viajou por seis meses, depois voltou e começou a procurar um novo emprego. Muito rapidamente, surgiram ótimas ofertas. "Recebi algumas de empresas em Boston e outras de San Francisco, e todas foram ofertas incríveis", diz ela. "O tipo de trabalho que você seria louca em não aceitar." Ela fez um acordo com uma das empresas e pediu ao recrutador que estava trabalhando com ela para negociar um salário mais alto.

Então um amigo dela fez uma pergunta simples. "Ele disse: 'Se o dinheiro não fosse um problema, o que você gostaria de fazer com sua vida?' Ninguém nunca me perguntara isso antes, e isso me fez pensar."

Na verdade, Danielle tinha uma paixão secreta.

Ela sempre pensou na natureza como um porto seguro. Ela é vegetariana desde os 12 anos e teve o cuidado de viver de maneira consciente e saudável. Quando se permitiu sonhar, pensou em como ajudar as pessoas a encontrar um equilíbrio perfeito na vida. Ela sonhava com sua própria linha de sucos frescos e em se tornar uma instrutora de ioga.

"Quando pensei em abrir uma loja de sucos e ensinar ioga, fiquei muito empolgada, mas ao mesmo tempo disse a mim mesma: *Ah, você nunca fará isso*", comenta. "Eu nunca pensei realmente em fazer isso. Eu era solteira, não tinha o dinheiro, teria que fazer tudo sozinha — ergui todos esses muros em volta da possibilidade. E foi aí que o sonho ficou enterrado atrás dos muros."

Em vez disso, ela concentrou toda sua energia na oferta de emprego. Uma noite, ela estava ao telefone com o recrutador, que falava sobre a contraoferta da empresa. "Era muito dinheiro", diz Danielle. "Tudo estava dando certo para eu aceitar o trabalho."

Entretanto, durante a ligação, ela ouviu um estalo. "Olhei para a tomada e vi fumaça e faíscas saindo dela", ela conta. "Faíscas e fumaça, como se estivesse pegando fogo. E o mais estranho é que nada estava conectado nela."

Ela disse ao recrutador que pensaria na oferta e desligou apressadamente. Assim que ela fez isso, a faísca parou.

No dia seguinte, Danielle pressionou a empresa por uma oferta melhor, e naquela noite, o recrutador ligou de volta com uma contraproposta ainda mais atraente, incluindo um bônus lucrativo. E então a tomada começou a faiscar e soltar fumaça novamente.

Coisas semelhantes já haviam acontecido antes — as luzes do apartamento piscaram, as lâmpadas inesperadamente se apagaram, ela foi à casa de um amigo e as luzes começaram a piscar lá.

"Eu também recebia muitos telefonemas fantasmas", acrescenta ela. "O telefone tocava, e não era ninguém. Quando eu ligava para o número, ele estava desconectado. Isso acontecia o tempo todo."

Por causa de suas conversas comigo, Danielle tornou-se cada vez mais aberta a sinais do Universo — e, em particular, a sinais que envolvem eletricidade. O Outro Lado frequentemente se comunica por meio da força eletromagnética — a interação física entre partículas eletricamente carregadas e campos magnéticos. Por causa de sua fluidez, essa força é facilmente manipulada — se não precisamente, pelo menos visivelmente. Na minha experiência, telefonemas fantasmas, luzes tremeluzentes, apagões completos e faíscas são interações claras entre o Outro Lado e nós.

Danielle passou a acreditar que Sally estava usando eletricidade para transmitir sua mensagem, porque, com essas ocorrências perfeitamente cronometradas, surgiu a sensação de vibração. "O fato de ter acontecido durante as ligações telefônicas com o recrutador foi Sally me avisando de que ela estava lá e me pressionando para seguir em frente, começar uma nova aventura", interpreta ela. "Era Sally querendo que eu tivesse uma vida mais alegre. Ela sempre cuidou de mim, e ainda estava cuidando. Ela queria que eu fosse feliz e realizada."

Danielle recusou o trabalho.

Então ela começou a destruir os muros que havia erguido entre sua vida e seus sonhos.

Hoje, apenas dois anos após essas ligações telefônicas incomuns, Danielle é a proprietária e fabricante de uma linha de sucos chamada Beacon Blend. "Um sinal é um guia, e é isso que minha avó era e é para mim", conclui Danielle. "E é isso que eu quero que meus negócios e minha vida sejam: um sinal de bem-estar e alegria." O logotipo do Beacon Blend é baseado em um colar que Sally costumava usar.

Danielle criou um produto de puro bem-estar, e essa é uma maneira muito bonita de homenagear a avó.

Construir seu negócio do zero — enquanto também ministrava aulas de ioga várias vezes por semana — foi difícil e, às vezes, bastante assustador. "Sou boa em marketing e tenho uma dieta baseada em vegetais, mas eu não tinha experiência em negócios", explica. "Não tenho um parceiro de negócios. Eu realmente não tinha dinheiro, exceto minhas economias. Tive de dar um salto ao desconhecido e basicamente pular de um penhasco. E todo dia havia um novo penhasco para pular."

O que ajuda Danielle a avançar, reforça ela, "são os sinais, os sinais da minha avó. Eu tenho dias difíceis em que realmente quero ouvi-la, então peço um sinal, e ela sempre aparece. As luzes piscarão. O telefone tocará. Ela sempre me avisa que está lá comigo, cuidando de mim. Ela me dá força."

O que também ajuda é que Sally está sempre disponível.

"Comecei a pedir que ela me mandasse elefantes", diz Danielle. "E na época em que comecei meu negócio, alguém aleatoriamente me deu uma estatueta de elefante para boa sorte." Estar aberto a esses sinais — "e aprender a confiar neles" — mudou para sempre a vida de Danielle.

"Sinto que sou capaz de compartilhar uma espécie de leveza com o mundo", afirma ela. "Todos nós temos a capacidade de reconstruir nossa vida inteira, que pode ser algo muito maior e mais bonito do que jamais imaginamos. E tudo depende de nós. Precisamos nos perguntar: *Como eu realmente quero construir minha vida?*

"E quando chegarmos à resposta", conclui Danielle, "o Universo nos apoiará e torcerá para que tenhamos sucesso."

25

LAÇOS E TREVOS

Amy, uma jovem cantora e música da Califórnia, acordou doente em uma manhã de sexta-feira. Ela tentou seguir em frente com o dia, mas simplesmente não conseguia se livrar da náusea e exaustão. Então, ela vomitou.

"E, só para constar, eu *nunca* vomito", informa Amy. "Eu acho que foi quando eu soube. Foi quando eu disse 'Oh-oh.'"

Amy foi até a farmácia e comprou um teste de gravidez. Pouco depois, ela obteve o resultado — estava grávida.

"Olhei para o pequeno bastão e disse: 'Isso deve estar errado'", lembra ela. "Então fui à loja e fiz outro teste."

O resultado desse teste também foi positivo.

Então, Amy comprou um terceiro teste.

E um quarto.

E um quinto.

Finalmente, após seis testes positivos, ela parou de ir à farmácia.

"Eu disse: Droga, estou grávida'", lembra Amy. "Então pensei: *Olha, não vou ficar com esse bebê.*"

Naquela noite, Amy teve um terrível pesadelo, em que militantes armados chegavam e roubavam seu bebê. Ela passou os próximos dois dias enrolada no sofá chorando. Evitou o contato com quase todo mundo pelas próximas duas semanas. "Foi uma época sombria e horripilante", diz ela. "Fiquei aterrorizada. Eu estava confusa sobre ter o bebê ou não. Eu queria tê-lo, mas a ideia de ter um bebê estava totalmente fora de questão. Eu estava tão perdida!"

Finalmente, Amy escolheu o que acreditava ser sua única opção real.

Ela ligou para uma clínica e agendou um aborto.

Não era que Amy não quisesse ter um filho. Ela queria, só que o momento era terrível. Apenas um ano antes, seu pai — um poderoso produtor de TV — havia dado entrada no hospital com pneumonia. Vinte dias depois, ele atravessou. "Fiquei arrasada", confessa Amy. "Ele era saudável e realmente se cuidava. Foi extremamente confuso, injusto e doloroso."

Naquela época, ela também estava no processo de término de um relacionamento de dois anos. "Não gostava da maneira como ele me fazia sentir", diz ela. "Ele era muito ruim para mim. Continuei porque sempre pensei que poderíamos nos casar e ter filhos. Mas isso nunca aconteceria."

Amy lutou contra a tristeza e a depressão e procurou o álcool como solução. "Eu estava em um lugar horrível", destaca. "Foi uma época realmente instável. De certa forma, me senti como uma criança que não conseguia se cuidar. Foi o pior momento da minha vida."

Alguns meses depois, a tia de Amy deu de presente a ela uma leitura comigo. Amy estava dirigindo quando a contatei para a leitura; ela parou o carro, e nós começamos. O pai dela, quem eu mais tarde descobriria que tinha uma presença dominante aqui na Terra, também era bastante mandão do Outro Lado. Ele veio imediatamente e me deu uma série de afirmações para compartilhar com Amy, para que ela pudesse ter certeza de que era ele.

"Eu disse a Laura Lynne sobre o que estava passando e que era um momento difícil para mim", explica Amy. "Eu disse que queria me casar e ter um bebê, mas agora parecia que isso nunca aconteceria. Foi quando Laura me disse que meu pai estava rindo. Ele disse: 'Amy, você terá um bebê muito mais cedo do que imagina'. Eu disse: 'Ok, pai, isso não tem graça. Nem brinque com isso.'"

Três meses depois, foi o dia em que Amy acordou enjoada.

"Sinceramente, eu não via uma forma de ficar com o bebê", lembra ela. "Algumas pessoas me diziam: 'Você consegue, bebês são lindos'. Mas tudo em que eu conseguia pensar era: *Não consigo fazer isso sozinha. É tão difícil. É muito assustador.*" Até o irmão dela lhe disse: "Você não vai ter esse bebê". Esse, conta Amy, "foi um momento tão doloroso. Senti muita pressão para não ter o bebê".

Mesmo depois que ela decidiu interromper a gravidez, o terror e a confusão continuaram. "Algo estava me dizendo para ter o bebê, mesmo sabendo que seria uma péssima ideia. Eu estava muito dividida — sentia que estava ficando louca, como se não houvesse ninguém no mundo que pudesse entender aquilo por que eu estava passando."

Apenas alguns dias antes da consulta, Amy me enviou um e-mail urgente pedindo outra leitura. Minha agenda estava completamente cheia, mas senti um impulso de ligar para ela. Além do mais, eu sabia que a leitura era para ser um presente do pai dela. Era um presente. Marquei um horário para conversarmos. O que eu não sabia era que a leitura estava programada para ocorrer um dia antes da consulta na clínica de aborto.

Amy me disse que estava grávida e que não achava que o ex-namorado a apoiaria. Ela me perguntou o que deveria fazer. Estava desesperada por uma resposta — qualquer resposta. Eu disse a ela o que digo a todos — a escolha era dela, e só dela. Ela tinha de ser a única a decidir qual caminho de vida seguir.

Então, na minha mente, vi a conexão entre Amy e seu filho ainda não nascido — entre sua alma e a alma da criança. Vi que eles estavam ligados em um nível profundo, no nível da alma. O Outro Lado estava me mostrando as consequências da decisão de Amy.

"Ter este bebê pode ser um caminho bonito para você, mas não é o único caminho", disse a ela. "Você precisa fazer a escolha, mas precisa escolher independentemente de seu namorado. O bebê está ligado a você.

Se seu namorado a apoiar, ótimo, mas, se não, você precisa entender que isso não é sobre ele, é sobre você e o bebê. É sobre como suas almas estão conectadas." Amy precisava se perguntar o que estava motivando sua escolha. Se fosse o medo, isso sempre a levaria a um caminho inferior, mas se ela seguisse o caminho de amor, encontraria seu caminho superior.

Havia algo mais que eu precisava contar para Amy — sobre o pai dela. Ele estava aparecendo e me avisando que estava enviando muitos sinais e mensagens para Amy, mas ela simplesmente não os estava recebendo. Ela estava muito envolvida em seu medo e confusão. Ele me mostrou uma caixa de presente com um grande laço azul no topo.

"Seu pai está lhe enviando uma mensagem", informei Amy. "Esse bebê pode ser um presente para você. Busque sua força e confie nela. Não deixe que o barulho do medo impeça que você ouça o que essa voz está dizendo para você fazer."

Amy admitiu que estava tendo problemas para receber sinais do pai. Mesmo depois que ele se manifestou, eu não conseguia ter certeza de que ela realmente ouvira o que ele estava tentando lhe dizer. Era como se ela precisasse receber um sinal diretamente dele.

Eu disse a ela para continuar procurando os sinais, pois seu pai enviaria a validação de sua mensagem diretamente para ela, e para se lembrar de que ele me mostrara um presente e um laço. Lembrei a ela de que era amada e apoiada pelo Universo — que ela não estava sozinha. Ela tinha sempre seu Time de Luz do Outro Lado.

Duas horas depois, Amy dirigiu para a casa de sua amiga, Sue. A amiga estava de pé sobre uma mesa, colocando flores em um vaso, preparando-o para o casamento de um amigo.

"Olhei para o vaso e meu queixo caiu", relata Amy. "Havia um laço grande e bonito amarrado ao redor. Um enorme laço azul."

Dentro dela, uma vozinha baixa ficou um pouco mais alta.

Sim, disse a voz. *Sim*.

Amy imediatamente pegou o telefone e ligou para a clínica.

"Eu cancelei minha consulta", lembra. "E falei para Sue 'eu terei esse bebê.'"

Os sinais continuaram durante toda a gravidez. Ela via duas crianças caminhando em sua direção com presentes nas mãos, cada caixa coberta com um laço. Amy começou a estabelecer uma linguagem mais concreta com o pai e pediu seu próprio sinal — a música "Sweet Caroline", que eles costumavam cantar juntos. A primeira vez que ela pediu, foi a primeira música que tocou aleatoriamente em seu iPhone.

E ela pediu trevos. Seu pai era irlandês, e trevos irlandeses pareciam estar em toda parte quando Amy estava crescendo. Agora ela queria vê-los novamente. Ele assim o fez, enviando-os em anúncios, em outdoors, até trevos reais, que Amy encontrou no chão, sem haver nenhuma planta à vista.

"Meu pai estava falando comigo", afirma Amy. "Ele conversava comigo o tempo todo, me dizendo que eu tinha feito uma bela escolha ao ter esse bebê."

Amy deu à luz um menino saudável, que chamou James. "Ele tinha uma covinha adorável e era um menininho perfeito, e eu o amei imediatamente. Mas era um novo tipo de amor, muito intenso e profundo", comenta. "Eu o apelidei de meu pequeno Buda, porque ele é muito feliz e sorridente o tempo todo."

Mesmo assim, seus primeiros meses juntos não foram fáceis. James, revela Amy, é bem levado, e ela e o pai de James não são mais um casal — então ela o cria como mãe solteira. "Há dias em que falo com meu pai em voz alta e digo: 'Pai, por favor me ajude com tudo isso, envie-me sinais para que eu saiba que você está nos vigiando e nos protegendo'", diz ela. "Há dias em que ainda fico com muito medo."

Nesses dias, Amy pensa na conexão entre ela e o filho, e também na conexão entre seu filho e seu pai. "Do jeito que vejo, James passou um tempo com meu pai no céu antes de vir para mim", diz ela. "Então, sempre que fico realmente triste, penso nisso. Eu sei que esse bebê passou um tempo com meu pai, e isso me deixa muito feliz. Eu sinto que meu pai está dizendo: 'Eu não estava pronto para deixar você, então eu lhe dei essa criança, que é um presente de amor em sua vida.'"

Minha leitura com Amy me ensinou outra lição incrível sobre o funcionamento do Universo.

Às vezes, nosso caminho superior nos afasta de alguém que amamos romanticamente ou achamos que amamos, simplesmente porque essa pessoa não está pronta para mudar de caminho conosco. Precisamos perceber que, mesmo se escolhermos um caminho que não inclua essa pessoa, isso não significa que não a amamos mais ou que nosso tempo juntos não era "o caminho certo". Cruzamos o caminho das pessoas por uma razão — ensinarmos uns aos outros lições úteis e ajudar-nos a crescer. Mas, às vezes, para continuar crescendo, precisamos nos aventurar sozinhos em um novo caminho mais elevado. E tudo bem. Você pode amar alguém e *ainda assim* não precisa passar a vida inteira com essa pessoa.

O relacionamento de Amy com seu filho, no entanto, é diferente. Eles estão conectados em um nível profundo da alma, e se não se encontrassem nesta vida, teriam se encontrado em outra. Ao optar por tê-lo agora, Amy honrou essa conexão especial — independentemente de seus medos sobre o futuro. Ela tomou uma decisão baseada puramente no amor. E, quando tomamos decisões baseadas no amor, e não no medo, seguimos para um caminho de vida mais elevado.

Hoje, conclui Amy, "sinto que meu pai enviou James para mim, e, sinceramente, de uma maneira muito verdadeira, ele salvou minha vida. Eu realmente sinto que esse bebê salvou minha vida."

O filho de Amy também reacendeu sua conexão com o pai. Depois de perdê-lo tão dolorosamente quando ele atravessou, e depois de lutar para encontrá-lo quando ela mais precisava, ela agora está reconectada a ele de uma maneira que permite que o relacionamento deles continue a crescer. "Não importa o quão difíceis as coisas fiquem, tenho anjos muito fortes e tenho meu pai", afirma Amy. "Ele era um líder na Terra, fazia as coisas acontecerem, e nunca aceitou um não como resposta, e agora está me ajudando a ser da mesma maneira na minha vida."

E quando as coisas ficam realmente desafiadoras?

"Eu apenas converso com meu pai e peço um sinal", diz Amy. "E quando ele o envia para mim, isso me faz sentir como se estivesse com Deus."

26

ARCO-ÍRIS

De todos os sinais que nos são enviados pelo Outro Lado, poucos são tão bonitos e significativos quanto um arco-íris — um espectro fantástico de cores que se estendem pelo céu. Para a maioria de nós, a visão de um arco-íris é uma surpresa emocionante, uma pequena explosão de magia em um dia comum. Sempre que vejo um, sei que o Outro Lado está tentando me dizer algo — ou, se não para mim, para alguém, em algum lugar. Isso porque o Outro Lado *adora* usar o arco-íris para chamar nossa atenção.

Arcos-íris são ótimos sinais porque são relativamente raros. Então, quando vemos um, verdadeiramente o percebemos. E um arco-íris duplo é ainda mais raro; ver um é como avistar um unicórnio. Além disso, os arcos-íris são criados quando a luz do Sol reflete e refrata através das gotas de chuva no céu, e o Outro Lado é muito bom em manipular a luz. Além disso, os arcos-íris são claros e brilhantes e elevam nosso espírito. Ao longo da história, muitas culturas viram esse fenômeno como mensagens poderosas e positivas de amor e esperança. Na mitologia nórdica, um arco-íris é até considerado uma ponte sobrenatural entre humanos na Terra e deuses do Outro Lado.

Na minha experiência, arcos-íris são sinais espetaculares enviados a nós por nosso Time de Luz do Outro Lado. Arcos-íris surgiram em dezenas de minhas leituras e em muitas histórias que ouvi sobre sinais.

Uma dessas histórias, em particular, se destaca, e eu gostaria de compartilhá-la com você. É uma história que desafia toda a lógica, mas é verdade.

Eu a conheço porque eu estava no meio dela. E assisti tudo se desenrolar da maneira mais mágica.

Alguns anos atrás, Susan e seus três filhos pegaram um avião da Califórnia para Nova Orleans para visitar o marido, Marc, um designer de produção que estava trabalhando em um filme em fase de gravação na cidade. A família planejara um adorável fim de semana prolongado juntos.

Enquanto Marc levava os meninos para uma viagem de barco, Susan foi à cidade e parou em um museu de vodu. Por impulso, ela permitiu que um homem que trabalhava na loja lesse cartas de tarô para ela. "Ele tinha acabado de voltar do Haiti e parecia muito gentil, então nos sentamos, e ele distribuiu todas as minhas cartas", lembra Susan. "Cada carta dizia respeito à morte ou a morrer. Foi muito assustador e intenso."

Susan percebeu que até o cartomante estava surpreso.

Ele perguntou a ela: "Seu marido está bem?"

Ela disse que Marc estava bem.

"Sinto que ele está com dor de cabeça", disse o cartomante. Ele olhou as cartas novamente e acrescentou: "O que posso dizer é que você passará pela maior transformação de sua vida. Mas, no fim, você ficará bem."

Susan ficou assustada. Contudo, ela deu de ombros, e no dia seguinte toda a família pegou um avião de volta para Los Angeles. Alguns dias depois, Marc voltou a Nova Orleans para terminar o filme.

Marc era saudável e alegre, e não tinha grandes problemas de saúde, mas na mesma manhã em que retornou a Nova Orleans, a caminho do set de filmagens, sofreu uma hemorragia cerebral.

Seis dias depois, cercado por sua família, Marc atravessou.

Susan ficou arrasada. Seu sentimento de perda era insuportável. "Meus amigos foram inacreditáveis, e tive um apoio incrível, mas esses meses foram um período muito sombrio e terrível", confessa ela. "Na verdade, não foram meses; foram mais de dois anos."

Foi durante esse período que a amiga de Susan, Jill — a conectora que encontramos no Capítulo 18 —, ligou para marcar uma consulta telefônica para Susan.

No início da leitura, o marido de Susan apareceu. Ele sabia que sua travessia a deixara em um lugar realmente obscuro e solitário e como sua vida estava difícil. Mas ele tinha um plano para mudar tudo isso.

"Ele está dizendo que há outro relacionamento esperando por você", informei-a. "Ele diz que você não está exatamente pronta para isso agora, mas ele quer que você saiba que você não deve ficar sozinha. Você deve viver de maneira alegre, e ele quer ajudá-la a viver assim. Ele organizará tudo do Outro Lado."

Susan ficou assustada, e isso era compreensível. Ela havia acabado de perder o marido; a última coisa em sua mente era outro relacionamento. E, no entanto, aqui estava o *marido*, dizendo que ele marcaria um encontro para ela.

A mensagem de Marc foi muito direta. Ele ajudaria Susan a encontrar a felicidade que ela merecia, mas isso não aconteceria imediatamente. De fato, disse ele, levaria quatro anos e meio a partir do momento de sua travessia. Susan aceitou o que Marc estava dizendo, mas pude ver que ela não acreditava realmente nisso. O simples pensamento de entrar em um novo relacionamento deve ter parecido a ela uma traição ao amor que eles compartilhavam.

Eu entendia por que ela se sentia assim, mas também sei que não é assim que o Universo funciona. E não é assim que nossos entes queridos do Outro Lado veem as coisas. Eles querem que sejamos *felizes*.

Quando atravessamos, levamos conosco o amor que sentíamos na Terra, e uma vez que estamos do Outro Lado, esse amor só se intensifica. Entretanto, por mais que esse amor cresça e cresça, nunca se torna possessivo. Não tiramos o amor de uma pessoa ao dá-lo a outra. No Outro Lado, há uma *abundância* de amor, e, portanto, o amor não é um jogo de soma zero. Assim, para Marc, ver sua esposa, Susan, compartilhar amor com outra pessoa não seria uma traição, ou mesmo uma sugestão de que seu amor por ele, ou o dele por ela, estava diminuindo de alguma forma.

Pelo contrário — vivendo uma vida cheia de amor e intensidade, Susan estaria *honrando* o amor que compartilhava com Marc. Ela daria a ele o maior presente que ele poderia pedir: vê-la em seu caminho superior de vida.

Fiz a leitura para muitas pessoas aterrorizadas por acharem que qualquer novo relacionamento machucaria um ente querido que havia atravessado. E todas as vezes, a esposa ou o marido do Outro Lado vinha com força para explicar como isso simplesmente não é verdade. De fato, eles não apenas aprovaram um novo relacionamento que levaria à verdadeira felicidade e realização, como também desempenharam um papel importante em fazer esse relacionamento acontecer!

Ainda assim, minha leitura com Susan foi a primeira vez em que alguém do Outro Lado me explicou com antecedência que jogaria como casamenteiro. Então eu estava curiosa para ver como isso aconteceria.

Algumas semanas depois, eu estava em Los Angeles e encontrei Susan e Jill para o café da manhã. Susan não me fez mais perguntas sobre nossa leitura, mas senti alguém tentando entrar em contato com ela. Não era o marido dela, Marc. Era outra pessoa. Eu estava recebendo um nome com a letra R.

"Tem alguém se conectando muito fortemente", disse a Susan. "O nome dele... o nome dele é Randy."

"Randy?", indagou Susan, completamente perplexa.

"Sim, Randy. Ele está aqui e não quer ir embora. Ele diz que conhece você."

Susan pensou por um momento. Então ela disse: "Randy D.?"

"Sim", respondi. "Ele está aqui. E ele está aqui com Marc. Eles estão juntos."

"Isso é realmente estranho", comentou Susan. "Randy faleceu 17 anos atrás. Eu realmente não penso nele com muita frequência. Ele era casado com minha grande amiga Barbara. Uau, eu não falo com ela há muito tempo…"

"Bem, ele está aqui, e Marc está dizendo que recrutará Randy para ajudar a encontrar um homem para você."

Eu poderia dizer que Susan não tinha certeza do que pensar. Ela disse que ainda conversava com Barbara, a viúva de Randy, algumas vezes por ano, mas não haviam se falado recentemente. De fato, não havia motivo para Marc se juntar a Randy do Outro Lado.

Momentos depois, o celular de Susan tocou. Ela olhou para o número, e seu rosto congelou. Era Barbara, apenas querendo colocar a conversa em dia. Agora Susan realmente não sabia o que pensar. Mas eu, sim. Randy era a segunda peça do quebra-cabeça.

Quatro anos e meio é muito tempo para esperar, então, para manter Susan ciente de sua presença em sua vida, Marc começou a enviar seus sinais. Em nossa leitura, ela já havia mencionado como suspeitava que ele estava enviando sinais — e um em particular: o arco-íris.

"A música favorita de Marc era 'Over the Rainbow'", revela. "Ele adorava tocá-la no piano. Depois que ele morreu, fomos ao Havaí, onde Marc e eu nos casamos, para espalhar suas cinzas. Lembro-me de estar naquele belo local na praia espalhando suas cinzas, olhando para cima e perguntando a Marc: 'Por que você não está me enviando sinais? Quero um sinal.'"

Poucos minutos depois, um lindo arco-íris apareceu no céu.

Contudo, Susan não ficou impressionada.

"Eu disse, 'Marc, estamos no Havaí, há arco-íris o tempo todo. Isso é realmente tudo o que você tem? Você é um artista! Você pode fazer melhor que isso!"

Apenas alguns minutos depois, Susan olhou para o arco-íris novamente. Ele havia mudado. Não era apenas mais um arco-íris.

Era um arco-íris duplo.

"E então eu disse: 'Bom, tudo bem, isso é impressionante, Marc.'"

Agora que eles tinham o sinal estabelecido, Marc ficou realmente criativo. Susan queria ter um serviço memorial para Marc na Sony Studios, onde ele havia feito um trabalho maravilhoso. Ela tentou marcar a data do serviço, mas uma construção no estacionamento estava atrapalhando os eventos. Então ela marcou para outro dia.

Na manhã do serviço, Susan e Jill dirigiram para Culver City. Ao longo do caminho, Susan olhou pela janela do carro e teve uma visão deslumbrante — o maior e mais vibrante arco-íris duplo que ela já vira em sua vida. Susan e Jill souberam imediatamente que Marc estava guiando o caminho. "O arco-íris foi tão incrível, que chegou às notícias no dia seguinte", lembra ela. "Quando eu vi, comecei a chorar."

Mas esse foi apenas o primeiro ato de Marc.

Quando eles chegaram ao Sony Studios e entraram no estacionamento, ela viu a construção que atrasara o serviço. Não era um prédio novo ou vagas adicionais de estacionamento.

Era um arco-íris. Um arco-íris gigantesco e imponente.

"Fiquei surpresa", diz Susan. "Eles o construíram no estacionamento como uma homenagem ao *Mágico de Oz*, que havia sido filmado lá na década de 1930. E assim que foi concluído, eu pude ter o serviço. Não poderíamos ter o serviço até o arco-íris ser finalizado!"

O arco-íris tinha quase 60 metros de diâmetro, 10 andares de altura, construído sobre uma treliça de aço de 45 toneladas e coberto com 648 painéis de alumínio de cores vivas. Não era apenas um arco-íris; era um glorioso arco-íris de Hollywood que precisou de 10 guindastes e 115 pessoas para ser construído — exatamente como um dos muitos conjuntos que Marc havia projetado naquele lugar.

E lá estava ele, no mesmo lugar, apenas esperando Susan vê-lo.

Três anos e meio depois que Marc atravessou, Susan contratou um arquiteto para um trabalho que estava projetando. Eles se tornaram amigos, e um dia o arquiteto contou a Susan sobre outro cliente dele.

"Estou construindo uma casa para ele em Seattle", comentou ele. "Eu realmente quero que você o conheça, tenho a sensação de que vocês dois gostariam um do outro."

Susan foi educada, mas firme.

"Eu disse: 'Não, desculpe, não estou pronta, não quero conhecê-lo'. E foi isso. Nós esquecemos o assunto e seguimos em frente."

Mas um ano depois, o arquiteto ligou para Susan do nada.

"Ele disse: 'Ei, meu amigo de Seattle está aqui em Los Angeles, e eu realmente quero que você o conheça'", lembra Susan. "E mais uma vez eu disse: 'Não, obrigado, não estou interessada'."

"Vamos lá", insistiu o arquiteto. "Vamos todos nos encontrar para jantar e nos divertir. Nada de mais."

Então Susan se encontrou com o arquiteto e seu amigo — David — para jantar.

Eles se deram bem, tinham muito em comum. Conversaram sobre arte e arquitetura, suas viagens, famílias e muitas outras coisas. Depois do jantar, David perguntou a Susan se ele poderia ligar para ela quando ele voltasse para Seattle. Ela disse que tudo bem. Alguns dias depois, ele ligou. No dia seguinte, ele ligou novamente. "Ele me ligava muito", confessa Susan. "Tivemos várias conversas maravilhosas. E então, um dia ele estava no Havaí e me enviou uma mensagem. Não havia texto, era apenas uma imagem."

David enviou a ela uma foto de um lindo arco-íris duplo — apesar de não saber nada sobre o significado do arco-íris em sua vida.

"Foi quando eu disse: 'Uau! Tudo bem, é melhor eu prestar atenção nisso.'"

Pouco tempo depois, David voltou a Los Angeles e ele e Susan saíram para um encontro. Depois, um segundo encontro, e um terceiro. Susan visitou David em Seattle, e ele orgulhosamente mostrou a ela sua coleção de motocicletas. Quando Susan teve de viajar para São Francisco, David a encontrou lá.

"Nós nos divertimos muito e depois seguimos caminhos distintos, eu para Los Angeles, e David para Seattle", conta ela. "Mas a caminho do aeroporto, mais dois arco-íris apareceram no céu. Dois arco-íris separados em dois lugares diferentes. Eu tirei fotos deles. Tenho fotos de todos os arco-íris que vi durante esse tempo. Eu olhava pela janela do meu quarto e via um grande arco-íris gigante ali. Ou eu estava dirigindo e virava uma esquina e ia em direção a um grande arco-íris. Eles estavam aparecendo de maneiras que era impossível não percebê-los."

Foi nessa época que eu estava na Califórnia e me encontrei com Susan novamente. Para ser sincera, havia esquecido a maioria dos detalhes da minha leitura para ela, mas quando a vi, ela refrescou minha memória. Perguntei-lhe se ela se lembrava da quantidade de tempo que Marc havia dito para ela esperar antes de conhecer o homem.

Ela disse que sim — quatro anos e meio.

"E o Randy?", perguntei. "Houve uma conexão de Randy?"

"Não, nenhuma conexão com Randy", respondeu Susan.

Na manhã seguinte, a viúva de Randy, Barbara, por acaso ligou para ela novamente para dizer olá.

"E sabe, uma das primeiras perguntas que ela me fez foi: 'Você está saindo com alguém?'", diz Susan. "Eu respondi: 'Sim, um cara, mas você não o conhece.' E eu disse a ela o nome dele."

Houve um silêncio no telefone. Por fim, Barbara disse: "Eu o conheço."

"Como você o conhece?", perguntou Susan.

"Ele era um grande amigo de Randy. Eles costumavam andar de moto juntos. Na verdade, ele está com uma das motos de Randy."

Susan ficou atordoada. Ela tinha visto a motocicleta, David mostrara a ela quando ela estava em Seattle. E agora ela ficou sabendo que era a motocicleta de Randy. A conexão com Randy! Finalmente, Susan contou a Barbara tudo o que havia acontecido — a leitura, Marc dizendo que estava preparando alguém para ela, Randy e, finalmente, David.

"É", disse Barbara, "parece algo em que Randy estaria envolvido".

"Foi surpreendente", relata Susan agora. "Foi como um quebra-cabeça incrível em que todas as peças se encaixaram perfeitamente. Então, quando soube que David e Randy eram amigos, foi isso que uniu tudo. Eu sabia que Marc e Randy estavam trabalhando juntos do Outro Lado."

Susan estava certa. Marc recrutou Randy para ajudá-lo com sua missão: guiar Susan para um novo relacionamento que a ajudaria a crescer e a se envolver plenamente na vida de novo. O Outro Lado é capaz de orquestrar brilhantemente as conexões para nós aqui na Terra, e o que aconteceu a Susan é uma bela evidência de como nossos entes queridos estão envolvidos em nos levar aos nossos caminhos mais elevados. "Quero dizer, ninguém poderia saber todas as coisas que eles precisavam saber para fazer isso", afirma Susan. "David é muito lógico e não acredita em sinais ou algo assim, mas quando liguei para ele e contei sobre Randy, até David concordou que não havia explicação lógica para isso. Ele sabia que ninguém no mundo poderia ter feito aquilo acontecer."

Nós, humanos, temos a tendência de nos ater a paradigmas ou modelos de realidade que conhecemos e compreendemos. E quando algo desafia o paradigma existente procuramos maneiras de ajustá-lo para que ele faça sentido racionalmente.

Procuramos explicações lógicas. Mas qual é a maneira lógica de explicar a verdade de Susan? Mesmo que alguém pesquisasse no Google "Susan, Marc, David e Randy" e aprendesse tudo sobre eles, como esse alguém poderia usar essas informações para fazer com que esse plano se encaixasse perfeitamente? O que aconteceu com Susan não é passível de pesquisa no Google!

As únicas pessoas que poderiam ter mexido os pauzinhos e unido Susan e David de uma maneira tão mágica são Marc e Randy, trabalhando juntos, do Outro Lado.

Uma coisa engraçada aconteceu pouco tempo depois que Susan percebeu que ela e David estavam namorando — ela parou de ver tantos arco-íris.

"Ainda vejo um aqui e ali, mas é diferente", conclui ela. "Eles não são tão proeminentes. E eu sinto que é Marc se afastando um pouco. É como se ele estivesse segurando minha mão por todo o caminho, e agora ele está me dando o espaço de que preciso para seguir em frente. E tudo foi tão fácil e simples com David! Tudo parece incrivelmente natural. Isso é Marc se afastando na hora certa."

É assim que o Outro Lado funciona. Nosso Time de Luz segura nossa mão na escuridão como um pai que leva seu filho à escola no primeiro dia do jardim de infância. Mas eles também nos soltam quando precisamos, para que possamos fazer livremente o que precisamos para seguir nosso caminho superior na vida.

Tudo bem, mas e se eu não estivesse lá para contar a Susan sobre Randy, ou sobre o plano de Marc? Será que ela ainda terminaria namorando David?

Eu acredito que ela teria, por uma razão: os sinais.

Susan estabeleceu seu sinal com Marc — arcos-íris — antes de nos conhecermos. E Marc confirmou esse sinal de maneiras que Susan simplesmente não podia contestar. Um arco-íris gigante em um estacionamento? O mesmo estacionamento pelo qual Susan teve que passar no dia do memorial para ele? E, então, depois que o arquiteto de Susan a apresentou a David, este mandou uma mensagem para ela com uma foto de um arco-íris. Isso fez Susan se sentar e prestar atenção. Mesmo que ela não tivesse ouvido falar de Randy, ela provavelmente teria descoberto que David era amigo de um de seus amigos que atravessara anos antes, e certamente isso teria sido muito significativo para ela.

Em outras palavras, Marc teria encontrado uma maneira de colocar seu plano em ação com ou sem mim. Às vezes, o Outro Lado usa alguém como eu — um médium psíquico —, mas, na maioria das vezes, não. Eles usam o que podem, onde quer que o encontrem. Eles colocam arcos-íris em nosso caminho, e até em estacionamentos.

27

PEQUENOS SUSSURROS

Os sinais que recebemos do Outro Lado não são obrigações, ou imposições para tomarmos uma determinada ação. Embora possam agir como pontos de referência ou estímulos de amor e apoio de nosso Time de Luz, cada um de nós tem o livre-arbítrio para escolher nossos próprios caminhos, lições e experiências. Por fim, nosso livre-arbítrio nos capacita. Somos nós que decidimos o que fazemos, não alguma força externa. A escolha será sempre nossa.

O que o Outro Lado tenta é nos fazer *perceber* que, no fundo, muitas vezes já sabemos o que precisamos fazer para encontrar nosso caminho superior — só precisamos confiar nisso. Não devemos permitir que nosso medo domine nossas escolhas de livre-arbítrio. Nosso Time de Luz geralmente tenta apenas nos fazer abrir nossa mente e nosso coração para uma resposta que já está dentro de nós.

É isso que os sinais fazem: *afirmam* que nunca estamos sozinhos nesta Terra, que estamos sempre cercados por nossos esquadrões de torcida pessoais e que nosso Time de Luz está torcendo incansavelmente — e esperando pacientemente — para que façamos o que precisamos para viver a melhor, mais autêntica e mais próspera vida que pudermos.

Todos os sinais são mensagens de amor. E toda decisão que nos levará ao nosso caminho superior é uma decisão baseada no amor, não no medo. Assim, quando reconhecemos e honramos os poderosos sinais que recebemos do Outro Lado, permitimos que eles nos guiem em um caminho de amor, em vez de tomar decisões ditadas pelo medo.

Esse conhecimento já está em nosso coração. Se pensarmos nisso por tempo suficiente, podemos saber quais de nossas decisões são baseadas no amor e quais são baseadas no medo. E quando estamos realmente divididos entre os dois — quando não podemos distinguir entre o caminho baseado no amor e o caminho baseado no medo — é quando o Outro Lado tenta nos enviar sinais. Sinais são as setas direcionais que apontam para o caminho superior.

Entretanto, às vezes, esses sinais não são externos. Às vezes, os sinais nem são coisas físicas, nem uma palavra falada, ou uma música, ou o vento.

Às vezes, os sinais são apenas um pequeno sussurro em nosso coração.

Sarah e David Rathke se conheceram em um bar. Ele era barman, e ela, uma cliente. "O engraçado é que, na primeira vez em que o vi, ele parecia familiar para mim", lembra Sarah. "Eu não tinha certeza do porquê, apenas parecia."

Eles flertaram e namoraram, e seis meses depois, David a pediu em casamento. "Estava frio lá fora, e eu disse a Sarah que queria lhe mostrar um barco no porto, porque queria pedi-la em casamento perto da água", conta David. "E quando chegamos ao cais, de repente, Sarah se virou para mim e perguntou: 'Quanto você me ama?' Eu não pude acreditar. Lá estava eu com um anel no bolso prestes a me apoiar sobre um joelho. Foi o momento perfeito."

Eles se casaram e, alguns anos depois, tiveram dois filhos, ambos meninos. A vida com Lucas e Daniel era uma bênção infinitamente maravilhosa, mas também cara e caótica. "Vivemos no norte da Califórnia, que é muito caro", explica David, diretor de receitas em uma empresa (Sarah é musicista clássica). "Não temos muito dinheiro. Nosso carro é uma minivan. Começamos a conversar sobre ter um terceiro filho, porque Sarah realmente queria muito uma filha. Mas não foi uma decisão fácil. Para ser sincero, eu nem pensava na ideia de ter outro filho."

"E eu não iria pressioná-lo se ele realmente não quisesse", acrescenta Sarah. "Não é algo que você possa forçar alguém a fazer."

Ambos estavam divididos. Eles não queriam dizer sim, mas também não queriam dizer não. E o tempo também era um fator: Sarah tinha 39 anos.

Finalmente, decidiram ter outro filho. Contudo, mesmo assim, eles não estavam convencidos de que haviam tomado a decisão certa. Então, mesmo depois de terem decidido, não se apressaram em engravidar. O medo os estava segurando.

Foi nessa época que conheci Sarah e David, em um casamento. Eu estava realmente de bom humor e festiva, e havia tomado alguns drinques, e quando faço isso acontece uma coisa estranha. Parece que tenho problemas para manter a porta do Outro Lado "fechada", por assim dizer. Fico especialmente receptiva a ele. Então, quando me deparei com Sarah e David em um grupo, não tive como impedir o pai de David de se comunicar.

"Seu pai morreu de repente, não foi?", perguntei a David.

Ele pareceu surpreso e respondeu: "Sim, ele morreu."

"E o primeiro nome dele começa com um R?"

"Sim."

"Ok. Bem, seu pai está aqui e ele quer que eu compartilhe algumas coisas."

Curiosamente, o pai de David, Richard, me mostrou sapatos, pijamas e dentes. Ele me pediu que dissesse ao filho que, embora David usasse um par de sapatos elegantes, ele deveria investir em um par decente de tênis.

David sorriu. Ele estava usando sapatos Gucci e realmente precisava de tênis novos.

Então, seu pai lhe disse que ele deveria se livrar de seu pijama rasgado e comprar um novo par de calças de moletom.

"O pijama dele está com um rasgo gigante do lado, ele os usa há dez anos, e não me deixa jogá-los fora", explica Sarah.

Então Richard disse ao filho para procurar um dentista imediatamente. "Ele diz que você tem um problema com um dente na parte direita de trás da boca, e se não o consertar logo ele se tornará um grande problema de saúde", comentei.

Mas David não tinha problemas com os dentes.

Mesmo assim, ele marcou uma limpeza para a semana seguinte, apenas por segurança. E quando o dentista o examinou, ele rapidamente fez uma pergunta a David.

"Você está livre esta tarde?"

"Por quê?"

"Você tem um dente na parte traseira que está muito rachado verticalmente, e eu quero enviá-lo a um cirurgião agora para um canal radicular. Se você não fizer isso logo, o dente poderá infeccionar e afetar o coração."

Minha breve leitura com David acabou sendo extremamente significativa para ele. Não apenas porque ele consertou o dente a tempo, mas também porque afetou seu relacionamento com o pai, que teve um ataque cardíaco e atravessou quando Davi tinha apenas 21 anos.

"Depois que meu pai morreu, passei os 23 anos seguintes construindo um muro em torno dele", revela David. "Eu não pensava nem falava muito sobre ele, e esperava que o muro ficasse lá para sempre, porque era muito difícil."

Mas, quando seu pai apareceu com sinais e afirmações, "o muro veio abaixo", confessa David. "Foi destruído. Foi quando eu soube que meu pai ainda estava comigo."

Durante nossa breve leitura no casamento, David me pediu para fazer uma pergunta ao pai. Ou melhor, ele brincou sobre isso.

"Deixe-me adivinhar", disse David na época. "Meu pai acha que deveríamos ter um terceiro filho."

"Ele vê uma terceira presença em sua vida", falei para David e Sarah, "e há muita positividade nisso. Ele pede para lhe dizer que será uma garota — e ele está me dizendo que você quer uma garota. Ele também diz que, se você esperar até que possa arcar com o custo de outro bebê, será muito tarde. E se você tiver esse bebê, não conseguirá ver sua vida sem ela."

Então, o pai de David enviou uma última mensagem para o filho: "Diga a ele para subir em uma esteira e perder peso."

Para David, isso soou como seu pai.

Lembro-me de que, depois de todas essas maravilhosas mensagens para David, ele tinha uma pergunta que queria que eu — e não seu pai — respondesse.

"Quando meu pai me passa conselhos do Outro Lado", perguntou, "é como se ele ainda estivesse aqui em nosso mundo? Ou é como se ele fosse onipotente? Porque, quando ele estava aqui, ele errou em muitas coisas."

"Do Outro Lado, seu pai pode ver tudo na totalidade", expliquei. "Então ele vê todas essas coisas e deseja repassar algumas delas para você, se forem importantes para o seu bem-estar. Mas isso não é absoluto. Existe o conceito de livre-arbítrio. Você tem escolhas que precisa fazer."

Em outras palavras, nada do que o pai de David lhe transmitiu era imperativo. Nada era uma ordem. O pai de David não o levou ao dentista — ele teve de dirigir até lá, ele teve de decidir ir. Os sinais, as mensagens e as afirmações do Outro Lado foram feitos para guiá-lo nessa direção.

"Para mim", diz Sarah, "ouvir o pai dele transmitir todas essas mensagens foi o que me fez tomar a decisão. O pai de David foi muito positivo em relação a outro bebê. Nós dois abraçamos completamente a ideia, e dentro de um mês, fiquei grávida."

Quando o terceiro filho de David e Sarah — a pequena e preciosa Emily — nasceu, tudo mudou. "Ela é muito feliz, inteligente, bonita e brincalhona, e David está absolutamente apaixonado por ela", afirma Sarah. "Ela trouxe uma energia nova e diferente para toda a família. Ela meio que amoleceu os meninos, e eles a adoram agora. Era verdade: nós realmente não podemos imaginar nossa vida sem Emily."

Meses depois de nomearem sua filha Emily, David e Sarah aprenderam algo sobre seus bisavós com outro parente. "Eu não sabia nada sobre eles, mas descobrimos que o nome da minha bisavó era Emila e que o nome do meu bisavô era Emil", revela David. "É como se Emily sempre fosse nosso destino. Isso sempre deveria ter acontecido."

É assim que o Universo funciona — as almas têm conexões profundas e acordos únicos que se estendem por séculos. Existem para a frente e para trás no tempo e nos ligam de maneiras que realmente não conseguimos entender. Os brilhantes fios de amor que atravessaram gerações e gerações da família de David e da família de Sarah juntaram os dois (lembra-se de como Sarah sentia como se ela já conhecesse David, apesar de nunca terem se conhecido?). Essas conexões são antigas e eternas, e já existem em nosso coração, mesmo que nem sempre tenhamos consciência delas.

Afinal, David e Sarah decidiram ter um terceiro filho *antes* de me conhecerem e *antes* da conexão do pai de David, Richard. Tudo o que Richard fez foi afirmar o que eles já sabiam em seus corações.

Às vezes, o sinal é o sussurro em nosso coração, a atração profunda e inegável, o *conhecimento* inerente de que a resposta já está lá.

"Todas essas conexões ocorrem dentro e fora de nossa vida, com pessoas aqui e com pessoas do Outro Lado: elas são muito reais e levam a emoções reais e mudanças reais em nossa vida", conclui Sarah. "Se estivermos abertos a isso, nossa vida será realmente enriquecida. Porque a vida é muito mais do que podemos ver nesta dimensão."

Marina Romero cresceu em uma grande família, com cinco filhos e muitos primos, e uma parte dela imaginava que ela também teria uma grande família algum dia. "Nasci na Espanha, e as famílias espanholas são geralmente muito grandes", explica ela. Mas, quando ficou mais velha, ela desenvolveu uma carreira de sucesso como professora e terapeuta, e essa carreira consumia a maior parte de seu tempo. "O estilo de vida que escolhi não foi feito para crianças", diz ela. "Trabalhava seis dias por semana, todas as semanas do ano, e era muito apaixonada pelo meu trabalho. E então, finalmente, decidi que não teria filhos."

Obviamente, como tantas vezes acontece na vida, as coisas mudaram. Marina se apaixonou e se casou, e pela primeira vez em sua vida, em suas palavras: "Eu estava com alguém que eu sentia, *Olha, sim, eu poderia ter filhos com ele*. Esse foi um sentimento profundo no meu coração."

Naquela época, Marina tinha 50 anos.

Apesar da idade, Marina e o marido, Samuel, decidiram tentar construir uma família. Eles foram a uma clínica de fertilidade, e os médicos disseram que ela era mais do que saudável o suficiente para ter um filho. Aos 52 anos de idade, Marina ficou grávida e soube que teria filhos gêmeos.

Depois de 40 semanas, no entanto, "meus bebês morreram logo antes de nascerem", diz Marina com tristeza. "Eles nasceram mortos. Os médicos disseram que não era por causa da minha idade, mas não sabiam por que aquilo havia acontecido. Então, depois disso, ficamos de luto por muito tempo. Comecei a pensar que era a maneira de o Universo me dizer que não era para eu ser mãe, e deixei para lá. Tentamos aceitar que não teríamos um filho."

Alguns meses depois, Marina e Samuel participaram de algo chamado de busca da visão. Eles foram para uma floresta e passaram vários dias lá, separados um do outro, sem comida e com apenas água suficiente para sobreviver. "Acho que, quando entrei na floresta sozinha, finalmente senti a dor de perder meus gêmeos", conta Marina. "E, quando fiz, tive outro sentimento muito forte. Era o sentimento de que eu queria tentar mais uma vez."

Samuel apoiou a esposa na decisão dela, e, aos 53 anos, Marina engravidou novamente. Desta vez, seu médico soube após 12 semanas que a gravidez não era viável. "Isso foi extremamente difícil", confessa Marina. "Estávamos lá e cá entre viável e inviável, entre sim, teremos esse filho, e não, não o teremos. Foi muito doloroso."

Mas, mesmo assim, Marina e Samuel decidiram tentar novamente.

Eles iniciaram o processo com vários embriões congelados na clínica de fertilidade, que agora estavam reduzidos a quatro. "Tentei novamente com dois embriões, mas não consegui engravidar", lembra Marina. "Não sei por quê, isso simplesmente não aconteceu. Foi quando eu disse a mim mesma: *Agora acabou mesmo.*"

Aos 54 anos, Marina se sentia perdida na vida. Ela tentou se dedicar à sua carreira, mas havia dias em que simplesmente não conseguia trabalhar. "Eu estava sentindo falta dos meus meninos que morreram", confessa. "Eu não tinha clareza. Estava perdida, realmente perdida. Não sabia mais o que fazer da minha vida."

Por acaso, Marina e eu temos um amigo em comum, Ken Ring, um renomado psicólogo e pesquisador pioneiro no campo dos estudos de quase morte. Ken encaminhou Marina para mim. Na minha leitura com ela, o pai de Marina, Rafael, apareceu rapidamente e me mostrou duas almas distintas.

"Seu pai está me mostrando duas crianças", informei a Marina. Ela pareceu surpresa que o assunto das crianças tenha surgido tão rapidamente.

"Sim, eu tive dois filhos", contou-me. "Eles morreram no nascimento."

"Seu pai quer que você saiba que não foi sua culpa de forma alguma", revelei. "A missão de suas almas era sentir seu amor incondicional pelos nove meses de sua gravidez. Essa era toda a sua missão e lição, apenas sentir amor incondicional. Eles estão seguros e felizes do Outro Lado agora e estão com seu pai. E agora..."

Eu fiz uma pausa, porque o pai de Marina estava me mostrando *outro* conjunto de duas almas distintas.

"... seu pai quer que você pense em tentar novamente."

"Fiquei chocada", lembra Marina. "Eu estava completamente fechada para todo o processo de tentar engravidar novamente, mas meu pai era insistente. Ele disse que havia duas pequenas almas esperando para vir até mim, esperando para entrar nesta vida, se eu quisesse tê-las. Ele disse que elas ficariam bem, independentemente do que eu decidisse fazer, mas que elas estavam se perguntando se eu queria fazer isso. Porque elas queriam estar aqui."

Dava para ver que Marina estava confusa. Ela compartilhou o que pensava: talvez todas suas lutas fossem um sinal do Universo de que ela não estava destinada a ser mãe — de que precisava abandonar seu sonho. Seu pai repetiu a mesma mensagem, informando que os gêmeos estavam felizes e que havia mais duas almas querendo encontrá-la.

"Ele diz que isso acontecerá", contei a Marina. "É isso que ele está me mostrando — isso acontecerá se você quiser."

Então Marina foi para casa e contou ao marido sobre a leitura e sobre a clara mensagem do pai para ela.

"Foi a vez de ele ficar chocado", diz Marina.

A verdade era que Marina estava petrificada. Ela estava com medo de tentar novamente, com medo de perder outro filho ou até mais dois filhos. Ela realmente acreditava que a porta para ela ser mãe havia se fechado. Mas não havia. Apesar de sua idade, e apesar de tudo pelo que ela passou, o Outro Lado deixou muito claro que a porta ainda estava aberta.

Marina e Samuel conversaram longamente e concordaram em consultar um médico. Se o médico dissesse que Marina ainda era saudável o suficiente para ter um filho, eles iriam para casa e pensariam um pouco mais. De fato, o médico deu a luz verde. Então o Universo enviou um grande sinal: a clínica de fertilidade informou Marina de que eles não seriam capazes de armazenar mais seus dois embriões restantes nos três meses seguintes. "Era como se tudo estivesse apontando nessa direção", destaca Marina. "Eu estava muito animada e com muito medo."

Seu medo, no entanto, não foi suficiente para fechar a porta.

No seu 55° aniversário, Marina tentou mais uma vez engravidar. "Aquela noite foi banhada por esses lindos sinais do Outro Lado, confirmando as palavras de meu pai", lembra. "Dançamos e comemoramos não apenas meu aniversário, mas a chegada de novas almas."

Desta vez, Marina ficou grávida. E de gêmeos.

Seu médico disse a Marina que tudo parecia bem, mas, quando ela se aproximou da marca de 40 semanas, não conseguia parar de pensar nos filhos gêmeos que havia perdido. E, quando ela pensava neles, sentia-se assustada e deprimida. "Eu simplesmente não podia ter certeza de que essas coisinhas dentro de mim conseguiriam", confessa. Então, certa manhã, a bolsa dela estourou. Os gêmeos não deveriam nascer por mais um mês, mas, ainda assim, Marina entrou em trabalho de parto. Samuel a ajudou a entrar no carro para levá-la ao hospital, mas antes de saírem, Marina olhou para o céu. Ela notou que a Lua e Júpiter estavam juntos, brilhando intensamente e aumentando a beleza do momento. "Eu senti que era uma piscadela amorosa do Outro Lado", diz Marina.

Os gêmeos chegaram logo após Marina entrar na sala de parto. Dois meninos lindos e queridos. Eles eram pequenos — um pesava menos de dois quilos, e o outro, um pouco mais de dois —, mas saudáveis. Uma enfermeira os limpou, enrolou-os em uma manta e os entregou a Marina.

Quando ela finalmente estava com seus gêmeos nos braços, "Foi como se eu tivesse entrado em um outro lugar, uma outra dimensão", ressalta ela. "Como se eu não estivesse nesta terra. Foi o sentimento de alegria mais puro e poderoso que já senti. E, então, nossos parentes se aproximaram, e todo mundo estava olhando para os bebês, e eu ainda não conseguia acreditar no que estava acontecendo. Eu não podia acreditar que esses meninos estavam realmente *aqui*."

Milagrosamente, os meninos nasceram quase exatamente três anos após o dia em que os outros gêmeos atravessaram.

Os nomes dos meninos são Oceanos e Arthur, e mais de dois anos depois, eles continuam maravilhosamente bem. "Eles são saudáveis, bonitos, fofos e rebeldes", revela Marina. "Estou exausta o tempo todo, mas estou muito feliz. Eu nunca pensei que isso aconteceria, mas aconteceu. Eu sou mãe agora."

As afirmações e mensagens que recebeu do pai contribuíram para ajudá-la a tomar uma decisão. Mas a verdade é que a conexão de Marina com o pai do Outro Lado não era especialmente clara ou forte antes de nossa leitura.

"Mesmo agora, quando tento me comunicar com meu pai, nem sempre o sinto diretamente", informa Marina. "Mas a diferença é que agora eu sei que ele está lá. Quando os meninos estão difíceis e estou muito cansada, provoco meu pai e digo: 'Você está encrencado agora, pai.' Faço isso porque acredito que, se nos comunicarmos com nossos entes queridos do Outro Lado, nossa vida será melhor."

Se Marina nunca tivesse tido uma leitura comigo e seu pai não tivesse transmitido a mensagem com tanta força, será que ela teria decidido tentar outra vez? Ela simplesmente não sabe dizer. Talvez o aviso da clínica de fertilidade a tivesse levado a tomar a decisão. Ou talvez, de alguma forma, seu pai tivesse encontrado outra maneira de transmitir sua mensagem de esperança, confiança e amor.

"Com a dureza da situação dos natimortos e a dificuldade de todas as outras vezes que tentei engravidar, nem sempre conseguia ouvir a voz profunda, suave e terna em meu coração", diz Marina. "Foi bloqueada, e eu me senti muito perdida, não sabia mais o que fazer da minha vida. Mas então os meninos vieram, e não apenas recuperei minha conexão com aquela voz suave e minúscula em meu coração, mas também percebi que essa voz pode ser um canal para que nossos entes queridos do Outro Lado se conectem conosco. É como eles podem sussurrar sua orientação amorosa para nós."

Elana teve o relacionamento com seu atual marido, Steven, arranjado por uma amiga em comum, dona de um talento incomum para encontros. "Ela era muito, mas muito boa nisso", diz Elana. "Ela mentiu e manipulou para nos reunir, e esperou que saíssemos de relacionamentos anteriores para finalmente me dizer que Steven estava muito interessado em mim e dizer a Steven que eu estava interessada nele. E, quer saber: ela estava certa. Steven acabou sendo o cara certo."

Eles se casaram, e quando tinham 30 e poucos anos tiveram um filho, Noah. "Era uma criança linda, sem problemas médicos", afirma Elana. "Mas, quando ele tinha 14 meses, comecei a perceber que algo estava diferente. Ele não conversava, o que é normal, mas havia algo diferente sobre a qualidade das interações que ele estava tendo com outras crianças."

Então Noah foi diagnosticado com autismo. "Ele estava muito bem, era sociável e contava piadas", informa Elana. "Mas sua capacidade de se acalmar e se controlar, de lidar com qualquer pequena frustração, era incrivelmente limitada. Ele pode ser muito agressivo e ter muitas explosões. Se ele não acha os sapatos, bate nas coisas, grita e fala alto. Ele era emocionalmente frágil."

Elana e Steven sempre acreditaram que teriam um segundo filho. Ambos concordaram que não queriam que Noah fosse filho único, mas a complexidade de sua situação — e o conhecimento de que as coisas não se tornariam mais fáceis — os fez reconsiderar. "Eu realmente queria que Noah tivesse a experiência familiar típica de ter um irmão", conta Elana. "Mas, ao mesmo tempo, sentia como se já tivesse passado por mais do que poderia suportar na vida. Fiquei impressionada com a ideia de ter outro bebê, especialmente porque, quando você tem um filho autista, as chances de ter outro são muito maiores. Para ser sincera, foi realmente assustador. Na minha cabeça, eu estava 99% convencida de que não teria outro filho."

E, no entanto, Elana não queria fechar completamente a porta da decisão. Depois que ela fez 42 anos, foi o marido quem sugeriu que precisavam decidir de uma vez por todas. "Ele aceitou que seria uma decisão minha", diz Elana. "Mas ele estava tipo: 'Certo, é sim ou não? Precisamos saber de um jeito ou de outro. Nós não podemos viver com esse ponto de interrogação.'" E, no entanto, Elana ainda não conseguia decidir.

No fim de semana depois que ela e Steven conversaram, Elana compareceu a um seminário de espiritualidade. Um dos exercícios de fortalecimento necessitava que ela escrevesse uma carta para Deus, depois escrevesse uma carta *de Deus de volta* para ela. "Sempre senti dificuldade em receber mensagens do Outro Lado, porque minha mente é muito ativa e conversadora, e eu não consigo distinguir entre sinal e intuição e o que já está na minha mente", explica Elana. "Mas então eu escrevi aquelas cartas, e, quando me sentei e li a segunda carta, a carta de Deus, fiquei completamente chocada."

A carta de Deus dizia a Elana que ela teria outro filho, uma menina, que se chamaria Ahava.

"Apesar de ter escrito, fiquei surpresa com o que estava lendo", conta. "Fiquei realmente abalada; foi muito poderoso. Eu fui direto para o telefone e disse a Steven: 'Vamos ter um bebê.'"

Pouco tempo depois, Elana ficou grávida. Estava feliz, mas "não era uma felicidade pura", confessa ela. "Eu ainda estava com muito medo. Parecia que não estava pronta."

Depois de apenas um mês, ela sofreu um aborto, e isso lhe deu ainda mais razões para duvidar do sentimento que ela tinha no fundo — o de que ter outro bebê era a escolha que ela realmente e sinceramente queria fazer. "Steven e eu fomos ao aconselhamento. Conversamos sobre tudo e tentamos chegar a um lugar onde poderíamos estar prontos para ter mesmo um bebê", diz Elana. "Eu sentia uma coisa no meu coração, mas fiquei pensando: *E se o medo estiver certo? E se isso arruinar minha vida?*"

Uma das medidas que Elana tomou para encontrar alguma clareza foi entrar em contato comigo e marcar uma leitura. Seu objetivo em falar comigo era simples e claro: "Tudo o que eu queria era que alguém me dissesse se eu deveria ou não ter o bebê."

Mas não foi o que aconteceu durante a leitura. Elana não recebeu a resposta direta que ela queria desesperadamente. O Outro Lado forneceu afirmações e mensagens, mas ninguém apareceu para anunciar, de fato, que ela deveria ou não ter outro filho.

Em vez disso, o Outro Lado me mostrou que Elana tinha um acordo de alma com o filho Noah. Eles foram feitos para ficar juntos, mas era um acordo púrpura, e a cor púrpura significa que algo é muito complicado e difícil. Tudo isso fazia sentido para Elana, que ama seu filho e é dedicada 100% ao seu cuidado e bem-estar. Contudo, quanto a ter outro filho, o Outro Lado me mostrou que a escolha pertencia a Elana.

"Disseram-me que seria uma escolha de livre-arbítrio", diz Elana. "Que a jornada da minha vida era como uma bela escalada, e a caminhada seria mais bonita com esse outro companheiro, essa outra alma, mas que estaria tudo bem também se eu não tivesse esse companheiro. Fazia parte da minha jornada fazer a escolha eu mesma."

A mensagem era profunda, poderosa e brilhantemente iluminada com amor. A alma da criança abortada era uma alma que viajara com a alma de Elana por muitas e muitas vidas, e elas foram feitas para estar juntas, mas, se isso não acontecesse nesta vida, aconteceria em outra.

"Você está realmente em cima do muro sobre isso", disse a Elana. "Praticamente 60% pelo sim e 40% pelo não. E, se você fizer isso, o primeiro ano será realmente difícil. Toda sua vida será interrompida por esse período, mas tudo bem se você decidir não fazê-lo. Vocês dois estarão juntos novamente algum dia. E, quando vocês estiverem, será muito, mas muito incrível. Porém, se você optar por ter esse filho, eles estão me mostrando que será uma menina."

Essa não era a resposta que Elana desejava. Ela queria um sim ou não claros. Mas isso não era algo que o Outro Lado pudesse dar a ela. A escolha era dela. Então Elana perguntou: "Ela terá os mesmos problemas que Noah?"

"Não", respondi. "O acordo da alma com essa criança é diferente. Ela não terá autismo, e você tomará a decisão em breve. Dentro dos próximos dez dias ou duas semanas."

Naquele fim de semana, Elana tinha planos de viajar com quatro amigas para participar de uma conferência de mulheres. "Eu disse a mim mesma: 'Certo, até o fim da conferência, vou saber o que fazer'", conta ela. "De uma maneira ou de outra, eu saberei."

O primeiro dia da conferência passou, e Elana não estava mais perto de ter a clareza de que precisava. Então o segundo dia passou, e a conferência terminou, e Elana ainda não tinha a resposta. Ela pegou um avião de volta para casa e se viu no aeroporto ainda confusa, ainda indecisa. "Entrei no banheiro do aeroporto, fui para uma cabine e disse: 'É isso. Algo vai acontecer para me dizer o que fazer agora. No momento em que eu deixar essa cabine."

E então... nada aconteceu. Nenhum sinal, nenhuma mensagem. Nada. "Tudo bem, então", disse para si mesma: "Acho que só tenho que escolher."

Ela saiu do banheiro e disse às amigas: "Vou ter outro bebê."

Simples assim. Duas semanas depois, ela estava grávida. Nove meses depois, sua linda filha, Ahava, nasceu.

Ahava é a palavra hebraica para "amor".

"Ela é incrível", diz Elana sobre sua filha, que agora tem 3 anos e não mostrou sinais de ser autista. "Ela é a luz de nossas vidas. E a conexão dela com Steven é uma conexão louca. Desde o momento em que eu disse a ele que minha resposta era sim e fiquei grávida, ele lia histórias de crianças para ela e beijava minha barriga, e estava muito empolgado para conhecê-la. E, quando ela nasceu, seus olhos se encontraram, e agora ela vibra de alegria sempre que ele está perto. Eles têm uma conexão de almas muito profunda."

O filho de Elana, Noah, também desenvolveu um vínculo poderoso com sua irmã. "O primeiro ano foi muito difícil, porque ela tinha cólica. Mas superamos isso, e agora Ahava é muito forte e animada, e ela sabe como lidar com Noah", comenta Elana. "Ela é como uma pequena chefe com ele. Eles têm uma conexão muito doce e muito amorosa também."

Quanto a Elana, — que estava no banheiro de um aeroporto quando descobriu que a resposta que procurava estava escondida dentro dela o tempo todo —, a chegada de Ahava foi como uma profecia cumprida. "Era como se ela estivesse do Outro Lado, esperando para ver se eu nos daria a experiência de estarmos juntas nesta vida", conclui Elana. "Eu senti como se já a conhecesse. Senti como se já a tivesse em minha vida."

Elana esperou e esperou para receber um sinal claro do Outro Lado que a deixaria saber por que caminho seguir. Mas o Outro Lado, em suas palavras, "estava silencioso demais sobre toda essa coisa de bebê". E, no entanto, durante todo o processo de tomada de decisão — mesmo nos momentos em que Elana se convencera de que sua resposta seria negativa —, ela nunca fechou a porta completamente para a possibilidade de ter um segundo filho. Por que não? Por que ela simplesmente não disse não?

"Porque, quando olho para trás agora, acho que há anos tenho uma forte sensação de que realmente queria ter esse filho", explica Elana. "No fundo do meu coração, eu sabia que havia uma filha esperando por mim. Mas essa esperança estava de um lado, e no outro lado estava o medo. E o medo me impediu de confiar no meu instinto, no meu conhecimento interior."

No fim, ela não precisava de um sinal claro ou de uma mensagem do Outro Lado. A resposta já estava lá, no "fundo do seu coração". Tudo o que ela precisava fazer era confiar naquele sentimento que vinha de dentro, naquele puxão inegável, naquela voz interior.

"Eu tinha que acreditar que Deus havia colocado esse desejo poderoso em meu coração e que eu não seria decepcionada se dissesse que sim", afirma ela. "Eu tinha que confiar mais em meu coração do que acreditar no medo, e isso é algo difícil de fazer. Mas depois que percebi que a única que poderia me dar uma resposta era eu mesma, fiquei com dois cenários: um que fez meu coração cantar e outro que era um lugar de terrível perda e desespero. E, então, confiei no cantar de meu coração. Confiei que o Universo não me faria mal."

Às vezes, um sinal pode ser apenas um pequeno sussurro em nosso coração. Um sentimento interior, uma voz suave ou um pressentimento. Tudo o que precisamos fazer é aprendermos a confiar nisso, a permanecermos abertos a ele, a ouvi-lo e a honrá-lo quando o sentirmos. Isso nem sempre é fácil de fazer, especialmente quando nos encontramos em um momento sombrio. A escuridão leva à confusão, e a confusão leva ao medo. E o medo é o inimigo da confiança, da esperança e do amor.

Nestes tempos sombrios, nosso Time de Luz do Outro Lado sempre se esforça ao máximo para nos informar que não estamos sozinhos. Eles farão o que puderem para nos enviar sinais, afirmações e mensagens de amor e esperança. Entretanto, se o medo for muito grande, se a escuridão for muito tensa, talvez não possamos ver esses sinais. Podemos não sentir o impulso ou ouvir a voz. Podemos estar muito fechados pela dor, pelo desespero e pelo medo de sermos receptivos ao Outro Lado.

Contudo, ele não para de tentar. Nossos Times de Luz sempre tentarão nos orientar para a decisão baseada no amor e nos direcionar para as respostas que já residem em nosso coração.

Dentro de cada um de nós existe uma conexão com uma fonte profunda e bonita de amor e conhecimento. Às vezes, precisamos apenas encontrar uma maneira de ficar em silêncio o suficiente para ouvir os pequenos sussurros que realmente importam.

> Quem em sua vida tem sido um ajudante para você... quem o ajudou a amar o bem que cresce em seu interior? Pare dez segundos para pensar em algumas das pessoas que nos amaram e queriam o que era melhor para nós na vida — aquelas que nos incentivaram a nos tornar quem somos...
>
> Não importa onde estejam — aqui ou no céu — imagine como essas pessoas devem estar satisfeitas por saber que você pensou nelas agora.
>
> **— Fred Rogers**

28

UM PRESENTE DE AMOR E PERDÃO

Pouco depois de eu aparecer em um programa de TV para promover meu primeiro livro, alguém da equipe do programa me procurou com um pedido pessoal.

"A irmã do meu marido, Leslie, sofreu uma perda e está presa em seu luto faz um tempo", escreveu essa pessoa. "Ela não está vivendo sua vida, e pensamos que você poderia fazer uma leitura para ela e talvez ajudá-la."

Enquanto lia o e-mail, senti uma forte inclinação para falar com essa mulher. Eu não sabia quem era Leslie ou o que havia acontecido com ela, mas sabia que ela e eu deveríamos cruzar nossos caminhos. Eu escrevi de volta informando que ficaria feliz em ler para ela.

Depois de abrir essa porta, senti uma presença masculina mais jovem tentando se comunicar. Eu senti uma energia de "filho" vindo dela. Ele deixou bem claro que a leitura seria um presente dele para sua mãe, e eu soube imediatamente que isso significava que eu não deveria cobrar nenhuma taxa pela leitura da mãe dele. De vez em quando, alguém do Outro Lado aparece e insiste que a leitura seja um presente. E quando o Outro Lado fala, eu ouço.

A leitura ocorreu alguns dias depois, por telefone. Logo no início, a mesma energia masculina apareceu. Dessa vez, ele me deu um nome com J — Jon. Ele também assumiu a responsabilidade por sua travessia, e rapidamente mencionou que o aniversário de sua mãe chegaria em breve. Perguntei a Leslie se ela tinha um filho que havia atravessado e se ele tinha um nome com J, como Jon. Ela disse que sim, e contei a ela que ele estava se desculpando e assumindo a responsabilidade por sua travessia.

"Bem", disse a ela, "este é o presente de aniversário de seu filho para você".

Leslie começou a chorar. Sua dor e tristeza eram claras. Senti que o aniversário dela tinha algum significado adicional para ela e para o filho, mas ainda não sabia o que era. Então Leslie explicou por que ficou tão comovida com o gesto do filho.

"Cinco anos atrás", começou Leslie calmamente, "meu filho se matou no meu aniversário. Fui eu quem o encontrou."

Quando Leslie tinha apenas dez anos, ela recebeu uma percepção do Universo que lhe dizia que teria dois filhos. A percepção também deixou claro que algo aconteceria com o pai das crianças e, como resultado, Leslie viveria o resto da vida como uma freira. Era uma premonição estranha para uma criança de dez anos, e nos anos que se seguiram, Leslie tentou não pensar nisso.

Então ela teve dois filhos, e pouco tempo depois, o pai abandonou a família. Leslie nunca se casou novamente e dedicou o resto de sua vida a cuidar de seus filhos. "Foi quando entendi por que vi a figura de uma freira aos dez anos", conta Leslie. "Essa foi a única maneira que meu eu de 10 anos de idade poderia interpretar o que aconteceria na minha vida."

Quando Leslie estava grávida de seu segundo filho, Jonathan, ela recebeu outra percepção do Universo.

"Eu tinha a forte sensação de que meu filho não viveria uma vida longa", explica ela. "Cada grama do meu ser me disse que ele não viveria completamente. Eu até senti que sabia quando ele morreria — entre as idades de 22 e 28. Eu apenas tive de aceitar, seguir em frente e tentar não pensar nisso."

Jonathan se tornou um garoto excepcional. Ele era incrivelmente inteligente — seu QI era de mais de 160 — e muito talentoso. Ele adorava desenhar e pintar, e uma de suas pinturas de infância — uma representação assombrosa de cacos de vidro quebrados — ainda está na casa de Leslie. "Ele adorava fazer quebra-cabeças, ler livros e fazer pequenos filmes com seus colegas de classe", lembra Leslie. "Era um menino muito doce. Nós éramos bem próximos."

Jonathan tinha quatro anos quando seu pai foi embora e se tornou uma presença esporádica na vida dos filhos. Era uma ferida, nas palavras de Leslie, que nunca se curou. "A dor de perder o pai nunca o deixou", afirma ela. "Ele se torturava." Quando Jonathan tinha 14 anos, um colega de classe se aproximou e o ofereceu maconha pela primeira vez. "Era como se o próprio diabo estivesse batendo à porta", diz Leslie. "Jonathan começou com a maconha, e aos 17 anos, a heroína entrou em cena. Depois disso, vivia na reabilitação. Ele estava sempre lutando para recuperar sua vida."

A luta de Jonathan com o vício foi longa e dolorosa. Havia dias em que parecia que sua vida estava se esvaindo. Em um dia particularmente ruim, Jonathan deitou-se apático em seu quarto na casa de Leslie. "Ele parecia tão frágil", lembra Leslie. "Era como um bebê. Levei sopa para ele e dei na sua boca. Eu disse que havia arrumado uma cama para ele na reabilitação, e ele respondeu: 'Mãe, já deu para mim. Não quero mais isso. Eu só não quero mais.'"

Leslie não o pressionou e disse para ele tentar descansar. Ao fechar delicadamente a porta do quarto, pensou em algo que Jonathan havia dito à avó alguns dias antes.

Ele disse: "Se ao menos eu não fosse viciado."

Leslie tinha visto seu filho suportar muitos momentos de desespero antes. Ela esperava que um pouco de sono o fizesse se sentir melhor, então apagou a luz e desceu as escadas. Leslie é pianista e estava trabalhando como professora de piano. Naquele dia, esperava uma aluna.

No final da aula, Leslie ouviu um barulho alto e alarmante no andar de cima.

"Parecia que alguém havia batido no chão com uma assadeira de alumínio", diz ela.

Ela pediu licença para a aluna e subiu as escadas com uma crescente sensação de desconforto. Tentou abrir a porta do quarto do filho, mas estava trancada. Ela bateu, mas não houve resposta. Desceu as escadas, onde, felizmente, o pai da menina havia chegado para buscá-la. Assim que eles se foram, ela correu de volta para o quarto de Jonathan.

"Bati à porta e chamei o nome dele", relata ela. "Finalmente, joguei todo meu peso na porta e a forcei a abrir."

Ela viu o filho deitado no chão, no fundo do quarto. Seu rosto estava coberto de sangue. Leslie gritou sozinha: "Meu filho se foi."

"Eu sabia desde o segundo em que entrei que ele estava morto", diz ela em lágrimas. "Liguei para a emergência, e dez carros da polícia e três ambulâncias vieram. Mas eu sabia que ele não estava mais lá. Meu filho se foi. Tudo o que eu pude dizer à polícia foi: 'Não acredito que foi isso que aconteceu com meu lindo garoto.'"

Jonathan deu um tiro na cabeça. Ele tinha 28 anos. E ele escolheu terminar sua vida no aniversário de Leslie.

"Parecia que todas as partes do meu corpo estavam em crise", conta Leslie. "Eu sentia dor, uma dor física, todos os minutos de todos os dias. Dor constante e terrível. Era como se eu estivesse sendo atacada de dentro para fora. Eu estava simplesmente destruída."

De certa forma, Leslie se fechou para o mundo. Ela ainda cuidava da filha e ainda conseguia dar aulas de piano — na verdade, os únicos momentos em que não sentia dor era quando estava ensinando ou tocando música — mas, em geral, ela se fechou para a vida.

"Por causa de como Jonathan viveu e de como ele acabou com sua vida, e do momento que escolheu, acreditei que ele tivesse feito isso para me machucar o máximo que podia. Então eu sentia essa terrível culpa e uma tristeza horrível, e tudo em que conseguia pensar era no dia em que ele nasceu, quão pequeno e precioso ele era, como ele não estava mais lá e eu não conseguia mais senti-lo, e era tão profundamente doloroso. Eu estava despedaçada."

Leslie foi assombrada por outra lembrança: dois anos antes de sua travessia, Jonathan pediu que ela lhe fizesse um bolo francês sofisticado de várias camadas para seu aniversário. "E lembro-me de dizer: 'Ah, não, isso é muito difícil', e eu não fiz, e fiz um bolo simples", revela ela. "Agora eu sentia uma culpa horrível por não fazer o bolo."

Por quase seis anos após a passagem de Jonathan, a dor de Leslie não diminuiu. As pessoas disseram que ela precisava superar e seguir em frente com sua vida, mas isso simplesmente não fazia sentido para ela.

"Eu pensava: *Não, não é disso que preciso, porque ninguém supera uma coisa dessas*", expõe Leslie. "A dor sempre estará lá, e eu tenho que encontrar uma maneira de levá-la comigo para onde for. Mas você não 'simplesmente supera'. Por exemplo, meu irmão estava constantemente tentando me ajudar e me curar, mas isso não aconteceria e, portanto, nosso relacionamento ficou tenso também. Eu me senti muito sozinha e desconectada de todo mundo."

O pior de tudo era que ela não sentia nenhuma conexão com Jonathan.

"As pessoas falavam em receber sinais de entes queridos que atravessaram, mas eu nunca senti que estava recebendo sinais", desabafa Leslie. "Eu não conseguia perceber, ver ou sentir nada. Era apenas um vazio."

Um ano após a passagem de Jonathan, o pai de Leslie, Tony, ficou gravemente doente. Leslie também era muito próxima dele e, no fim de sua vida, ela pediu-lhe um favor.

"Eu disse a ele que estava muito preocupada com Jonathan, que talvez ele não estivesse em um bom lugar do Outro Lado e que estivesse com raiva de mim", diz Leslie. "Eu sabia que meu pai atravessaria, e disse: 'Pai, quando você chegar ao céu, encontre Jonathan e encontre uma maneira de me informar que ele está bem.'"

Logo depois, seu pai atravessou. Três dias depois, Leslie recebeu uma mensagem de texto no celular. Era uma foto do pai dela, com as palavras "Está tudo bem" digitadas embaixo. Leslie verificou o número para ver quem havia lhe enviado a mensagem.

Fora enviada do celular de seu pai.

"Foi assustador!", lembra ela. "Quero dizer, essa foto do meu pai nem existia no meu telefone, então não é como se tivesse simplesmente vindo das minhas fotos. Mas como veio do telefone do meu pai? Como meu pai pôde me enviar uma mensagem três dias depois de morrer?"

Leslie mostrou a mensagem a outros membros da família, tão desconcertados quanto ela. Ela perguntou se alguém estava com o celular de Tony, mas ninguém estava, nem tinham a menor ideia de onde estava. Então Leslie foi até a casa de seu pai e entrou no quarto dele, para vasculhar seus pertences. "Não consegui encontrar o telefone", conta ela. "Finalmente, olhei embaixo da cama dele, e lá estava. Liguei, e ainda tinha um pouquinho de bateria. De alguma forma, o telefone me enviou sua foto e uma mensagem de texto."

Nem Leslie e nem ninguém que ela conhecia conseguiam pensar em uma explicação.

Leslie aceitou a possibilidade de que a mensagem de texto inexplicável de seu pai fosse algum tipo de sinal — uma indicação de que Jonathan estava bem. Mas isso não foi o suficiente para aliviar sua tristeza paralisante.

Cinco anos depois, Leslie e eu fizemos a leitura, e o filho dela apareceu com muita força. Jonathan, percebi, não era alguém que teria muita dificuldade em enviar sinais do Outro Lado. Ele parecia muito talentoso em se comunicar. Ele parecia poderoso.

O problema era que Leslie ainda estava muito consumida por sua tristeza para ver o que poderia estar bem à sua frente.

Uma das primeiras coisas que Jonathan me fez transmitir à mãe dele foi algo que ele deixou de fazer no dia em que atravessou.

"Seu filho nunca lhe desejou um feliz aniversário, não é?", perguntei a Leslie.

"Não, ele não desejou", respondeu ela.

"Ele está desejando agora", informei a ela.

Leslie começou a chorar novamente.

"Jonathan está me mostrando que ele lutou contra o vício e que se matou", continuei. "E ele está dizendo que entende coisas agora que não entendia quando estava aqui. Ele está mais forte agora, curado. Ele se curou de forma maravilhosa e completa. E ele precisa que você saiba que nada disso é culpa sua. Você era a pessoa mais importante da vida dele, e ele a ama muito."

Eu podia ouvir o efeito que as palavras de Jonathan estavam exercendo sobre sua mãe. Elas eram *exatamente* as palavras que ela mais precisava ouvir. E, naquele momento, eu quase podia sentir Leslie começar a liberar um pouco do fardo que ela carregava há tanto tempo.

"Ele também está dizendo que sente muito", disse a Leslie. "Ele sente muito por ter feito o que fez no seu aniversário. Ele quer que você saiba que ele não fez isso como uma maneira de machucá-la. Ele fez isso porque não queria que você o esquecesse, e queria que você tivesse um vínculo com ele, para que você sempre, sempre se lembrasse dele. E seu aniversário era esse link. Era mais uma lembrança, mais uma maneira de honrar o vínculo entre vocês, e não uma forma de a machucar ou punir. Ele precisa que você entenda isso."

Leslie exalou e deixou suas lágrimas fluírem. A conexão com o filho que ela acreditava ter perdido não estava perdida, e ela percebia isso agora.

Jonathan queria afirmar o vínculo duradouro entre ele e sua mãe, e ele me mostrou o sinal que eles compartilhavam: uma árvore com um coração nela. Quando contei isso a Leslie, ela parecia perplexa.

"Não", disse ela, "esse não é o nosso sinal. Não me lembro disso".

Contudo, Jonathan persistiu. Ele me mostrou o sinal novamente — uma árvore e um coração —, e desta vez me mostrou o lugar onde ela estava.

Bem no quintal da mãe dele.

"Ele está dizendo que o sinal está com você *hoje*", mencionei. "Ele está me mostrando a frente da sua casa."

Enquanto ainda estávamos ao telefone, Leslie se levantou e caminhou até a porta da frente. Eu podia ouvir pelo telefone os passos. De repente, ela parou de andar.

"Ah, meu Deus!", exclamou ela.

Como ela me explicou, havia uma árvore no jardim da frente, e ao lado havia uma pequena estátua de cerâmica plantada no chão.

Uma estátua de coração.

"De repente, eu percebi", explica ela. "Depois que Jonathan atravessou, plantei uma árvore no jardim da frente em sua homenagem e coloquei o pequeno coração ao lado, porque árvores e corações sempre me faziam pensar em Jonathan. Eu não sei por quê, mas faziam. Eu acho que me esqueci completamente. Até Jonathan apontar para mim depois de todos esses anos."

Através de mim, Jonathan levou sua mãe diretamente para o pequeno lugar sagrado que ela criara para ele, para que ele pudesse reconhecer e confirmar o sinal entre eles — uma árvore e um coração. Estivera lá o tempo todo, e Leslie provavelmente passara milhares de vezes em frente a ele. E, no entanto, ela tinha se esquecido — mas Jonathan não.

E agora ele a estava lembrando, agradecendo e informando que ele ainda estava por perto, ainda em seu coração, tão presente quanto a árvore.

"Foi um momento muito poderoso", diz Leslie. "Parei de sentir como se não tivesse conexão com ele, para *saber* que ele ainda estava comigo. E esse foi o começo de minha vida."

Desde nossa leitura, Leslie ficou aberta aos sinais que seu filho a envia, e, como resultado, ela sente uma conexão profunda e duradoura com Jonathan, que ajudou a curar seu coração. Há momentos em que ela realmente *sente* a presença dele, como se ele estivesse ali com ela.

Por exemplo, Jonathan gostava de entrar no quarto de sua mãe e se sentar ao pé da cama e conversar com ela por 15 minutos no final de dias difíceis, e hoje ela conta: "Ainda posso senti-lo lá, ao pé da minha cama, como se ele estivesse sentado ali", afirma Leslie. "Sinto ele chegando, e isso me permite saber que ele está bem e me vigiando."

Outro lugar em que Leslie sente a presença de seu filho é na porta da frente. Certa vez, antes de atravessar, Jonathan desapareceu por três dias, e Leslie temeu que nunca mais o visse. Então, uma noite, ela o viu parado do lado de dentro da porta da frente. "Era como se ele estivesse dizendo: 'Voltei para casa'", lembra Leslie. "Foi um momento muito poderoso, e nos abraçamos por um longo tempo. E agora, às vezes, sinto Jonathan parado naquele mesmo lugar. Às vezes, é como se eu pudesse *vê-lo* lá. E é como se ele estivesse sempre chegando, sempre voltando para casa para me ver."

Quando Leslie me disse que às vezes "vê" Jonathan, perguntei o que ela queria dizer. Quando "vejo" as pessoas que atravessaram, eu as vejo como pequenos pontos de luz e energia na pequena janela que se forma em minha mente. Alguns médiuns psíquicos que conheço veem pessoas que se atravessaram em sua forma humana, como se estivessem entre nós. Para Leslie, era outra coisa — algo que ela teve dificuldade em explicar.

"Você sabe", disse ela finalmente, "é como se eu o visse com meu terceiro olho".

Eu entendi o que ela quis dizer. Muitas culturas e religiões têm o conceito de um terceiro olho que nos permite perceber coisas além dos poderes da visão comum. Basicamente, é uma representação figurativa de nossa capacidade de ver e perceber as coisas em um nível mais alto e mais profundo do que o comum — uma mudança em nossa consciência que nos abre para novas ideias. A capacidade de ver coisas impalpáveis que estão ao nosso redor.

Esse é o mesmo conceito do qual falei ao longo deste livro — a mudança em nossa consciência que acontece quando abrimos nossa mente e nosso coração para sinais e mensagens do Outro Lado. Quando Leslie "sente" a presença do filho em sua casa, ela está demonstrando a clarividência — a capacidade de sentir as coisas por meio de outros meios além dos nossos cinco sentidos. Quando Leslie "sente" Jonathan sentado ao pé de sua cama, ela está sentindo a presença sutil de sua energia vital e de sua consciência. Da mesma forma, quando Leslie diz que "vê" Jonathan parado na porta da frente, ela está demonstrando uma forma de clarividência, que é a capacidade de perceber as coisas por meio de outros meios que não a nossa visão.

Eu já tive esses momentos e conversei com milhares de pessoas que os tiveram, e posso atestar que eles são profundamente significativos. Essas conexões acontecem. Elas não são imaginadas. Nós as sentimos. Nós vemos nossos entes queridos, sentimos a presença deles, ouvimos suas vozes. Entendemos que eles ainda estão conosco — que *não* os perdemos.

E, quando temos esses momentos, devemos honrá-los e conversar sobre eles, não descartá-los.

Antes de Leslie se abrir para esses belos momentos de conectividade, ela acreditava plenamente que havia perdido o filho — que ele se fora para sempre. Mas ele não estava perdido e nunca estará, porque nossa alma perdura, não importa a maneira como atravessamos. Nossa energia vital continua viva. Continuamos ligados por poderosos fios de luz, amor e energia que fluem livremente entre nós.

No momento da nossa leitura, eu disse a Leslie que Jonathan era uma força bastante poderosa do Outro Lado. Ele ajudou o pai dela a enviar-lhe uma mensagem e uma confirmação incríveis pelo celular, e de alguma forma mexeu os pauzinhos para unir Leslie e eu. Ele também comunicou que estava agradecido à mãe por concordar em conduzi-lo pelo mundo, mesmo sabendo que ele não ficaria nele por muito tempo.

"Ele diz que sua alma veio à Terra para aprender com você", mencionei para Leslie. "A lição que você ensinou a ele foi o amor incondicional."

"Sua mensagem para mim foi uma mensagem de amor, perdão e cura", replicou Leslie. "Fiquei brava com o que aconteceu, e isso é natural, mas agora sinto que estou me curando e ainda amo Jonathan total e profundamente. Temos uma conexão que nunca desaparecerá, e agora que sei disso, posso viver uma vida baseada no amor, e não no medo. Porque, quando nos conectamos, tudo que sinto por Jonathan é amor."

Hoje, Leslie comemora seu aniversário em 1º de maio, mais de duas semanas após seu aniversário real, em 14 de abril. "Esse dia agora é o Dia de Jonathan", informa ela. "É um dia em que podemos celebrar tudo o que ele é e tudo o que ele nos trouxe.

"Minha mensagem para quem está preso no luto e tristeza como eu estava é 'Não tenha medo'", conclui Leslie. "Porque, quando você tem medo, você se fecha. E, quando você abre seu coração e sua mente, o que volta do Universo é puro amor e alegria. E você começa a entender que seus entes queridos ainda estão com você, e não há censura, culpa, raiva ou penitência, apenas amor incondicional. E isso lhe dá a liberdade de continuar."

29

RENDIÇÃO

Este livro é uma jornada em direção a uma nova maneira de encarar nossa vida. Começa com a abertura de nossa mente para a possibilidade de sinais enviados a nós pelo Outro Lado, e então passa à cocriação de uma linguagem que facilita para nosso Time de Luz o envio de sinais. A partir daí, somos levados a apreciar o quão poderosos os sinais podem ser e como podem alterar nossa vida. E então chegamos ao ponto que pode ser a parte mais desafiadora da jornada — nossa disposição para confiar no Universo. A vontade de se *render*.

Para explicar o que quero dizer com isso, gostaria de compartilhar uma história pessoal sobre um momento difícil e assustador para mim e para minha família. Para ser sincera, relutei a princípio em contar essa história publicamente, mas decidi incluí-la aqui, porque mostra como eu mesma naveguei na jornada deste livro, como cheguei ao ponto de confiar no Universo e como isso mudou minha vida.

Esta é uma história sobre rendição.

Tudo começa na praia de Long Island, em um lindo dia de verão. Eu estava com meus três filhos. Ashley, minha filha mais velha, tinha 14 anos. Não havia nada de errado, meus filhos estavam todos saudáveis e felizes e tendo um verão despreocupado como deve ser. Ashley estava prestes a começar o ensino médio e estava animada com isso, mas também um pouco nervosa.

Ashley era muito carinhosa. Ela era uma alma bonita, terna e compassiva. Frequentava aulas avançadas no ensino fundamental, fazia ballet e dança lírica, se destacava na arte e era uma aluna exemplar. E também era ótimo tê-la por perto, pois ela era engraçada, gentil, atenciosa e amorosa. Ela nunca mentiu para mim, ou me respondeu de forma mal-educada, nem usava palavrões. Eu sei que sou suspeita para falar, mas de todas as formas, Ashley era a filha ideal.

Naquela tarde, na praia, notei uma irritação estranha nas costas de Ashley. Parecia uma fileira de seis linhas horizontais grossas que se estendiam pelo meio das costas — quase como se tivessem sido talhadas com uma faca. Perguntei-lhe se doía ou coçava, e ela disse que não. Mesmo assim, eu a levei para se consultar com o médico.

"Isso é estranho", disse a médica quando a examinou. "Pode ser uma queimadura de água-viva."

Respondi a ela que Ashley não fora para a água naquele dia.

"Então são estrias", concluiu a médica. "Não se preocupe com isso. Elas desaparecerão com o tempo."

"Você tem certeza?", perguntei. Ashley era magra, o que me fez pensar em como ela poderia ter criado estrias, mas a médica manteve seu diagnóstico, e eu deixei para lá. É isso que fazemos — ouvimos a autoridade. Ela me disse para não me preocupar, então tentei não me preocupar.

Mais ou menos nessa época, comecei a notar uma mudança sutil no comportamento de Ashley. Ela começou a experimentar crises de ansiedade e ficava com raiva facilmente. Naquele verão, fomos à Disneylândia e ficamos presos por cerca de 15 minutos em um barco do brinquedo *Jungle Cruise*, bem ao lado da cena tribal de um homem com uma panela grande de água fervente e uma cabeça enfiada em uma estaca. Na época, era meio que engraçado, mas uma semana depois, do nada, Ashley ficou paralisada pela ansiedade. Ela não parava de pensar nisso e passou dois dias na cama. Ficou aterrorizada com a ideia de canibais existirem no mundo. Eu conversei com ela e a tranquilizei, e finalmente ela pareceu deixar de lado seu terror. Atribuí isso ao seu nervosismo por começar o ensino médio.

Quando suas aulas começaram, porém, Ashley estava se transformando em uma pessoa diferente. Quero dizer, uma pessoa *completamente* diferente. Ela estava rude, irritadiça e desrespeitosa, e pela primeira vez suas notas começaram a cair. Ela começou a ter insônia aguda e ataques de ansiedade que a faziam se enrolar em um cobertor no chão. De manhã, eu não conseguia levá-la para a escola, por mais que tentasse. Garrett e eu decidimos tirar Ashley da escola e pedir a presença de tutores em nossa casa. Não tivemos escolha.

Ashley conseguiu sobreviver à grade curricular do nono ano,[1] mas, quando voltou para a escola para cursar o décimo ano, sua luta continuou. Ela não conseguia se concentrar em nada e parecia não se importar. Em casa, ela se enrolava em um cobertor e ficava deitada no chão por horas, com os olhos fechados ou com o olhar vazio. Sua ansiedade era tão aguda, que ela mal conseguia fazer as coisas e faltava à aula por dias e até semanas. Eu alternava entre preocupação com ela e raiva dela. Nós brigávamos muito, e isso afetou toda a família. Algo estava claramente errado com minha filha, mas ninguém poderia me dizer o que era.

Um dia, lembrei-me repentinamente de um livro de memórias que havia lido muitos anos antes, da escritora Amy Tan, chamado *O oposto do destino*. Um dos capítulos finais contava a história de sua luta contra a doença de Lyme. Os sintomas dela eram mais psiquiátricos do que físicos, assim como os da minha filha. O fato de as memórias de Amy terem surgido na minha cabeça parecia uma mensagem do Universo, e eu imediatamente suspeitei que a doença de Lyme pudesse ser a culpada pelos sintomas de Ashley. Parte de mim já estava convencida de que havia solucionado o caso. Pela primeira vez em muito tempo, senti uma onda de esperança.

Levei Ashley ao médico para exames de sangue, e eles fizeram o teste de Lyme do Centros de Controle de Doenças, mas quando voltamos para os resultados, eles eram negativos.

"Ela não tem Lyme", declarou a médica.

Eu fiquei atordoada. Tinha certeza de que era isso. Mas a médica insistiu em que os resultados eram claros, e nos mandou para casa sem diagnóstico. Voltamos à estaca zero. Minha filha estava nas garras de algo insidioso e pernicioso, e não havia ninguém a quem pudéssemos recorrer. Eu me senti impotente, sem esperança e perdida.

---

1 O ensino médio nos EUA se inicia no 9º ano, estendendo-se ao 12º. [N. da T.]

Estávamos em um ciclo aparentemente interminável de tentar fazer algo sobre o comportamento estranho de Ashley. Alguns meses depois, eu a levei de volta ao médico para fazer mais uma vez o teste da doença de Lyme, mas novamente os resultados foram negativos. Até então, eu havia pesquisado bastante e sabia que o teste inicial para Lyme nem sempre era preciso. Para descartar Lyme, precisaríamos de uma triagem mais avançada, como o teste ELISA ou o teste Western blot. Mas quando perguntei — ou melhor, *implorei* — à médica de Ashley para realizar esses testes, ela me disse que não precisávamos deles e que não os pediria. Quando eu me opus, todos os quatro médicos da clínica estavam convencidos de que Ashley não tinha Lyme. Um deles até riu de mim.

Nesse ponto, Ashley estava sofrendo de extrema insônia. Ela permanecia acordada até as 3h ou 4h da manhã e ficava completamente exausta no dia seguinte. Conseguimos para ela uma dispensa médica para as aulas e permissão para a inscrição em um programa de estudo em casa novamente. Foi horrível ver minha filha, que era tão vibrante, amorosa e dedicada na vida, sofrendo e não sendo capaz de agir como uma adolescente normal, experimentando toda a emoção, alegria e momentos da vida que o ensino médio traz. Ela estava perdendo muito. Eu só queria que ela melhorasse!

Contudo, Ashley continuou a piorar. Muitas vezes, ela ficava com raiva do nada, e ficava assim por horas a fio. A raiva dela irrompia como um vulcão na casa. De fato, às vezes ela ficava com tanta raiva, que fugia de casa. Uma manhã, em um acesso de raiva, ela fez exatamente isso. Fazia bastante frio e chuviscava, e ela saiu sem jaqueta. Eu sabia que ela não queria conversar, mas me preocupava com a segurança dela e com sua saúde, e fui atrás dela em meu carro, esperando convencê-la a voltar para casa — mas ela continuou correndo e se esgueirando, e rapidamente a perdi de vista. Eu dirigi pelos arredores, esperando vê-la. Era de manhã cedo, e as ruas estavam desertas. Finalmente, deixei meus instintos assumirem o controle e me guiarem (e guiarem o carro), e foi então que tive um rápido vislumbre de Ashley se escondendo atrás de um restaurante japonês fechado. Havia duas entradas para o estacionamento, uma de cada lado do prédio do restaurante. Eu estava chegando à primeira entrada, mas decidi passar por ela e entrar pela segunda, imaginando que talvez eu pudesse convencê-la a entrar no carro comigo.

Mas, pouco antes de sair da estrada principal, algo estranho aconteceu. Uma van branca indo na direção oposta à minha atravessou a rua, acelerou, virou o volante bruscamente e foi em direção ao lugar em que Ashley estava. A van desapareceu atrás do restaurante, onde eu havia visto minha filha.

Meu coração estava acelerado. A van parou na minha frente tão rapidamente, e tão perto de mim, que a colisão foi evitada por meros um ou dois segundos. Além do mais, a van parecia estar seguindo Ashley. Eu rapidamente entrei pela segunda entrada, esperando que ela tivesse atravessado o pequeno caminho entre elas, mas não havia sinal dela. Não fazia sentido. Ela não poderia ter simplesmente desaparecido. Eu desci na parte de trás do restaurante fechado e finalmente a vi, encolhida em um canto perto da parede do restaurante. A van branca havia parado a poucos metros dela. A janela do lado do motorista estava abaixada, e o motorista gesticulava com a mão para Ashley se aproximar.

"Ei!", gritei. "Essa é minha filha. O que você está fazendo?"

O homem na van parecia chocado ao me ver. Era de manhã cedo, o restaurante estava fechado, não havia outros carros na estrada — tudo à nossa volta estava deserto.

"Eu estava apenas pedindo informações", gaguejou ele e então se afastou.

Naquele momento, eu sabia, sem sombra de dúvida, que, se Ashley tivesse entrado na van, ela teria sido morta. Eu apenas sabia disso. Se eu não tivesse a visto, a teria perdido. E eu sabia exatamente por que o motorista havia se arriscado a atravessar a rua e quase bater no meu carro para entrar logo atrás dela. Ele a tinha visto também. Ele sabia que as lojas estavam fechadas e a área atrás do restaurante estava deserta. Ele viu uma oportunidade de fazer o mal.

Ashley entrou no meu carro, e voltamos para casa, as duas assustadas. Fiquei tão abalada, que nem anotei a placa da van. Se não havia ficado claro o que estava em jogo antes, certamente estava claro agora. Não estávamos apenas tentando descobrir o que havia de errado com Ashley. Estávamos tentando salvar a vida dela.

Durante toda essa provação, trabalhei para permanecer aberta para o Outro Lado, o que parecia muito importante, porque me sentia tão perdida e sem direção, que precisava de tanta ajuda quanto possível. Eu acreditava que meu Time de Luz apareceria. Nenhum médico foi capaz de me dar uma resposta, mas talvez o Outro Lado pudesse.

Nessa época, Ashley havia desenvolvido problemas estomacais graves, e adicionamos um gastroenterologista à sua equipe de médicos. Ele a diagnosticou com SII-C (síndrome do intestino irritável com constipação) e receitou medicamentos, mas parecia não funcionar. A situação só estava piorando.

Logo após o incidente com a van branca, eu estava navegando aleatoriamente no meu feed de notícias do Facebook quando um post específico de alguém com quem eu frequentara o ensino médio chamou minha atenção. Ele incluía as palavras "mudança repentina de personalidade" e havia um link para algo chamado Síndrome Neuropsiquiátrica de Início Agudo Pediátrico (PANS). PANS é uma doença infecciosa que pode levar à inflamação no cérebro de uma criança, causando graves alterações de ansiedade e personalidade. Outra doença, referida como PANDAS, tem os mesmos sintomas, mas é desencadeada por infecções na garganta. Sentei-me na vertical: *Ashley tinha sido diagnosticada com garganta inflamada no início do ano.* PANS e PANDAS, segundo a pesquisa, poderiam fazer com que crianças adoráveis passassem a agir como se estivessem possuídas.

Elas eram até conhecidas como doenças de possessão.

O link me levou a uma das poucas especialistas em PANS e PANDAS na Costa Leste, e marquei uma consulta imediatamente. Ela receitou a Ashley o antibiótico amoxicilina, e em 24 horas alguns de seus piores sintomas diminuíram. Outro antibiótico, a azitromicina, ajudou ainda mais.

Entretanto, mesmo assim, não podíamos ter certeza do que havia de errado com Ashley. Nem todos seus sintomas estavam ligados com PANS ou PANDAS, nem sabíamos exatamente qual vírus destrutivo havia invadido seu corpo. Não podíamos ter certeza de que apenas os antibióticos a curariam ou até manteriam seus sintomas afastados por muito tempo. Ainda estávamos procurando uma resposta. A médica me enviou para casa com um pacote que incluía um artigo de 17 páginas sobre a doença, que eu pretendia ler quando pudesse encontrar um momento de silêncio.

As coisas estavam ficando desesperadas. Mesmo sabendo que o Outro Lado estava nessa batalha comigo, precisava de mais ajuda. Eles me levaram à médica do PANS, mas agora eu precisava de mais orientações. Eu estava assistindo Ashley desandar e perder sua energia vital — *eu via a Ashley que eu conhecia desaparecer diante dos meus olhos*. Eu tinha que encontrar uma maneira de consertá-la. Eu tinha que trazê-la de volta, porque, se não pudesse, não sabia quem mais poderia.

Uma manhã, em casa, enquanto eu vasculhava as pilhas de contas médicas e os resultados de pesquisas e testes que haviam se acumulado em toda nossa casa nos últimos três anos, senti uma sensação forte de desespero. O pensamento de tudo por que Ashley teve de passar era doloroso demais para suportar. Fui para meu quarto e fechei silenciosamente a porta atrás de mim. Depois, fiz algo que não fazia desde pequena — ajoelhei-me e orei.

"Escute, Deus, Time de Luz", disse em voz alta, "eu realmente preciso de ajuda".

Instantaneamente, senti meu pai aparecer em minha mente.

Meu pai havia atravessado apenas algumas semanas antes, e, desde então, ele fora incrivelmente responsivo, enviando-me todos os tipos de sinais. E agora, nesse momento mais sombrio, ele estava ao meu lado novamente. Eu levantei minhas mãos até o teto — até Deus.

"Eu desisto", exclamei. "Eu me rendo. Preciso que você me mostre o que está errado com Ashley. Sei que há algo mais do que o que os médicos estão dizendo. Sei que ela não é bipolar. Preciso que você me mostre o que há de errado com minha filha. Eu me rendo. Por favor, por favor, mostre-me o que está errado."

Naquela noite, arrumei-me para dormir, completamente esgotada e exausta. Apaguei as luzes e, de repente, recebi uma mensagem do Universo. Era claro e específico.

O pacote.
Leia o pacote.
Acenda as luzes e leia o pacote agora.

O pacote que a médica havia me dado estava na mesa da cozinha — eu tinha me esquecido dele. Acendi as luzes, sentei-me à mesa da cozinha e peguei o longo artigo, intitulado "Invasores ocultos".

Quando cheguei ao meio da segunda página, congelei.

Imagine o som de um carro parando, seguido de completa quietude e silêncio. Foi assim. Uma única palavra saltou da página, como se estivesse iluminada por uma luz de neon.

Bartonella

"Todos sabemos que a febre da arranhadura do gato, causada pela bactéria *bartonella*, pode causar raiva e alterações de humor nos pacientes", li. Foi escrito com tanta naturalidade, mas para mim foi uma revelação deslumbrante.

Bartonella! Tinha de ser isso! Abri meu laptop, fui direto ao Google e digitei a palavra. O resultado da pesquisa apareceu, e a primeira coisa que vi foi uma foto. Quando eu vi, ofeguei e comecei a chorar.

Era uma foto do mesmo arranhão que vi nas costas de Ashley três anos antes.

Bartonella, aprendi, é uma bactéria infecciosa. Se entrar na corrente sanguínea, pode causar intensa fúria psiquiátrica e mudanças de humor. Pode levar à febre das trincheiras ou a mais conhecida febre da arranhadura de gato, que pode levar à encefalopatia — uma doença cerebral que pode resultar em danos cerebrais permanentes ou até morte.

Eu tive minha resposta. Eu sabia disso com cada parte de meu ser. Apostaria minha vida nisso. Meu Time de Luz me trouxe à verdade. Ashley tinha bartonella.

Então, recebi outra mensagem que me mostrou exatamente como e por que essa doença a havia atingido com tanta força. Ashley havia tomado a vacina contra o HPV alguns anos antes. O Outro Lado me mostrou que algo naquela vacina em particular havia danificado suas células — literalmente se infiltrado em suas "portas celulares" e as deixado incapazes de fechar, bloquear e combater doenças, o que significava que qualquer coisa que atacasse Ashley seria capaz de se desenvolver.

Fiquei acordada até as quatro da manhã fazendo pesquisas. Quando meu marido acordou, eu disse que o Outro Lado havia me mostrado o que havia de errado com Ashley. Naquela manhã, eu a levei para uma consulta com a médica, equipada com o pacote. Eu até imprimi cópias da foto da erupção cutânea de Ashley e artigos de revistas médicas afirmando que a bartonella causa ansiedade, raiva e mudanças de humor. Entreguei tudo à médica e expliquei como a vacina contra o HPV havia danificado as células de Ashley. A médica sorriu e balançou a cabeça.

"Com todo o respeito, Ashley não tem bartonella", disse ela. "A vacina contra o HPV é perfeitamente segura."

Então ela pegou um livro de medicina e me mostrou uma passagem que dizia que a bartonella se apresentava como uma erupção cutânea de três pontos, não o tipo de marca que Ashley apresentava. Tentei mostrar a ela os artigos que havia encontrado, mas ela os ignorou. Ela até soltou uma risada condescendente e me garantiu que eu estava absolutamente errada sobre Ashley.

Não muito tempo antes, nesse ponto da conversa, eu teria respeitado a autoridade dela e desistido. Mas não mais. Desta vez eu tinha meu Time de Luz comigo. Eles me mostraram o que estava errado, e eu sabia que eles estavam certos. Então insisti que a médica fizesse um exame de sangue em Ashley para detectar a bartonella.

A médica concordou em fazer o teste, provavelmente para se divertir. Dois dias depois, o resultado do teste voltou.

O resultado deu negativo para bartonella.

Eu sabia que isso não podia estar certo. O Outro Lado me levou direto à bartonella como causa dos tormentos de Ashley. Então por que os resultados foram negativos?

"Não me importo com o que dizem os resultados", disse à médica. "Eu sei que é isso que ela tem."

Poucos dias depois, eu estava conversando com minha amiga Wendy, que por acaso foi diagnosticada com a doença de Lyme. Ela me perguntou sobre Ashley, e então contei a ela o que o Outro Lado havia me dito sobre Ashley e bartonella. Wendy ofegou. Ela me disse que bartonella e Lyme geralmente andam de mãos dadas... elas são coinfecções. Wendy havia sido tratada por um internista de renome internacional treinado em Yale e especializado em infecções zoonóticas, o Dr. Steven Phillips, de Wilton, Connecticut. Ele estava envolvido ativamente em pesquisas para uma cura duradoura para a Lyme. Por ser um homem muito ocupado, ele tinha uma lista de espera de dois anos para novos pacientes. Mas dois anos era muito tempo para Ashley esperar.

"Deixe-me ver o que posso fazer", disse Wendy.

Eu sabia que ela tinha bons contatos e que faria qualquer coisa para me ajudar, mas, ainda assim, isso parecia muito para se esperar. E, no entanto, Wendy conseguiu uma consulta com o Dr. Phillips em duas semanas.

Ele leu o histórico médico de Ashley e ouviu quando contei sobre minha certeza de que ela tinha bartonella. Ele me perguntou se Ashley havia desenvolvido recentemente um certo sintoma — SII-constipação —, que seria um bom indicador de bartonella. Meu queixo caiu. Como compartilhei anteriormente, Ashley havia tido isso apenas alguns meses antes.

"Estes são os perfeitos sintomas de bartonella", afirmou ele. "Eu também farei o teste para ver se tem Lyme. Elas costumam andar de mãos dadas."

Desta vez, ele executou os testes ELISA e Western blot mais avançados para Lyme nos laboratórios da Universidade Stony Brook, bem como um teste especializado para bartonella por meio do Galaxy Diagnostics, um laboratório na Carolina do Norte e a instalação de testes mais especializada na doença no país.

Quando os resultados voltaram, deram positivo para a doença de Lyme e altamente positivo para bartonella. Na verdade, os níveis eram tão altos, que o médico acreditava que Ashley provavelmente tinha a doença já há três anos.

Três anos! Exatamente o período de agonia de Ashley.

Ele imediatamente colocou Ashley em tratamento para Lyme e bartonella e também para os parasitas que frequentemente acompanham essas infecções. A medicação que ela tomou teve seus próprios efeitos colaterais infernais — ela teve uma dor intensa nos ossos e músculos, e uma vez até sentiu como se insetos estivessem rastejando dentro de seu corpo —, mas todos seus sintomas psiquiátricos desapareceram. Os antibióticos pareciam controlar sua ansiedade, mas a exaustão e a turvação cerebral que agora a dominavam eram uma batalha constante.

Foi quando o Outro Lado interveio novamente. Outro amigo querido nos levou a uma segunda médica brilhante, Kristine Gedroic (médica com três certificações diferentes: medicina familiar, acupuntura médica e medicina integrativa), localizada em Morristown, Nova Jersey, que havia curado a doença de Lyme no filho de meu amigo e recuperado a saúde dele. Um teste celular realizado pela Dra. Gedroic revelou ainda mais. Mas, antes de fazer o teste em Ashley, ela me pediu para escrever a história médica de Ashley — seus sintomas e o que eu sentia estar errado. Escrevi exatamente o que o Outro Lado havia me dito. Em seguida, a Dra. Gedroic fez um exame de sangue celular. Quando nos encontramos com ela para obter os resultados, ela se sentou com uma expressão de espanto no rosto e disse que nunca havia visto algo como aquilo: o que eu escrevera era exatamente o que os testes revelaram. Havia um nível muito alto de alumínio dentro das células de Ashley. E era um tipo de alumínio específico de vacinas: Gardasil, a injeção que Ashley havia recebido para HPV. A médica continuou explicando que o alumínio preso nas células de Ashley havia danificado suas mitocôndrias e afinado as membranas de suas paredes celulares — o que eu havia falado quando me referi a "portas celulares" na mensagem que recebi! —, permitindo que bactérias e vírus que estivessem em seu corpo se desenvolvessem desenfreadamente. Suas células literalmente não podiam fechar suas portas contra as infecções. O sistema imunológico dela não conseguia acompanhar. A médica prescreveu um protocolo de tratamento intravenoso para restaurar a saúde de suas células e, ao mesmo tempo, liberar o alumínio, além de inúmeras ervas e tratamentos naturais para tratar qualquer infecção por Lyme, bartonella e parasitas presentes.

Foi um momento surpreendente.

Ashley começou a melhorar. Ela estava ficando bem. Mais e mais, voltamos a ver a mesma garota doce e amorosa que estávamos com tanto medo de perder. Sua fadiga, dor óssea e turvação cerebral também sumiram. Seus padrões de sono foram regulados.

Há pouco tempo, Ashley fez a prova ACT — um vestibular que dura quase seis horas. Nos últimos três anos, ela mal conseguiu se concentrar em algo por mais de alguns minutos, mas ela arrasou no ACT.

No momento em que escrevo este capítulo, ainda não estamos fora de perigo. Ashley tem seus altos e baixos, e todos nós precisamos permanecer vigilantes. Mas ela é incrivelmente forte, e sua força de vontade é incrível. Ela continua a melhorar, e estou muito orgulhosa por vê-la revidando e recuperando aquelas partes únicas e especiais de si mesma. Eu não poderia ter mais amor e admiração por ela, e estou grata pelo poder de beleza e generosidade de seu espírito. Ainda temos um caminho a percorrer, mas estamos chegando lá. Estou certa de que Ashley ficará bem.

E tenho certeza de que o Outro Lado me levará ao que eu preciso saber para ter certeza de que ela ficará bem.

Às vezes, o Outro Lado nos envia cardeais, arco-íris e marmotas. Outras vezes, envia sinais mais internos — instintos, pressentimentos, sonhos, pensamentos aleatórios. Ímpetos do Universo em uma direção ou outra.

Não estou sugerindo que o Outro Lado sempre conserta tudo para nós. Não é assim que o Universo funciona. Existem portas e passagens que não podemos evitar, por mais que lutemos para curar uma ferida ou curar uma doença ou consertar o que está quebrado. Existem pais que lutaram tanto quanto Garrett e eu, mas ainda perdem seus filhos para males terríveis. Não há garantias de que o Outro Lado traga um milagre, mas podemos ter certeza de que, em nossos momentos mais sombrios, não estamos sozinhos. Temos um sistema de suporte em funcionamento. Temos forças do nosso lado determinadas a ajudar e nos guiar — é por isso que é tão importante permanecer sempre aberto ao alcance extraordinário de nossos Times de Luz.

Se eu olhar para o que passamos e delinear tudo como uma planta baixa, posso ver como o Outro Lado estava me guiando para a resposta certa: o livro de Amy Tan, a publicação no Facebook, o pacote PANS, Wendy, Dr. Phillips, Dra. Gedroic. A trilha estava lá para eu seguir. Houve desvios, curvas erradas e falhas pequenas, mas o Outro Lado nunca me deixou perder a trilha. O Universo continuou me puxando na direção certa.

Esta história é sobre o poder da rendição. O poder de nos colocarmos nas mãos do Outro Lado. Acredito que, quando confiamos plenamente em um poder superior, algo verdadeiramente profundo acontece e pode alterar nossa vida, porque não estamos apenas colaborando com o Outro Lado, mas também honrando nossa dependência e reconhecendo nossa interconexão.

Não importa o que chamamos de poder superior. Eu cresci como luterana e sempre acreditei em Deus. Quando me ajoelhei no quarto e orei a Deus, pude sentir meu Time de Luz e meu pai lá comigo. Meu conceito de Deus é diferente agora daquele de quando eu era criança; neste ponto da minha vida, posso dizer que ele se expandiu. O conceito de poder superior tem nomes diferentes em diferentes culturas e sistemas de crenças — e existem várias maneiras diferentes de honrá-lo. Os nomes e os rituais importam muito menos do que a crença básica de que existe um poder superior. Esse poder está lá, nos amando, disponível para nós, em todos os lugares e o tempo todo. Mas depende de nós estarmos abertos a isso, confiar nele, e finalmente nos conectarmos e nos rendermos a ele.

A jornada angustiante de minha filha Ashley, e a nossa junto com ela, fazem parte do plano do Universo para nós. Estamos aprendendo lições de amor, esperança, fé e conexão, e isso nos leva às pessoas com as quais devemos nos conectar durante nossa vida.

Nenhum de nós está sozinho. Nenhuma vida é para ser vivida solitariamente. Nenhuma existência é sem importância ou sem sentido. Estamos todos conectados uns aos outros e às forças da luz e do amor do Outro Lado. E por meio dessas conexões — desses fios de luz entre nós —, alcançamos um bem-estar espiritual e genuinidade pessoal que nos torna muito mais potentes e influentes do que jamais poderíamos ser sem eles.

Esse é o poder de se render ao Outro Lado.

LONGE DA MINHA VISTA

Eu estou de pé à beira mar. Um navio, ao meu lado,
espalha suas velas brancas na brisa em movimento e avança
para o oceano azul. Ele é um objeto de beleza e força.
Eu fico olhando para ele até que, ao longe, sua figura parece uma mancha
de nuvem branca, exatamente onde o mar e o céu se misturam.

Então, alguém ao meu lado diz "Ele se foi."
Se foi para onde?

Se foi para longe da minha vista. Apenas isso. Ele continua com seus
grandes mastros, casco e estrutura, assim como estava antes de deixar
meu lado.
E ele é capaz de carregar sua carga viva até o porto destinado.
O pequeno tamanho está em mim — não nele.

E, no momento que alguém fala "Ele se foi," existem outros olhos vendo-o
chegar, e outras vozes prontas para gritar "Aqui está ele!"
E isso é morrer.

— Henry van Dyke

PARTE QUATRO

VIVENDO
SOB
A LUZ

> O amor é a ponte entre você e tudo o que existe.
> **— Rumi**

À NOSSA VOLTA, TODOS OS DIAS, HÁ UMA LINGUAGEM SECRETA. Essa linguagem nos ajuda a compreender algumas das partes mais confusas do nosso mundo, e isso nos ajuda a entender por que certas pessoas entram em nossa vida. Nos ajuda a ver significado onde antes havia escuridão ou confusão. Nos ajuda a passar pelas perdas. Nos ajuda a saber que somos vigiados e amados mais do que jamais poderemos imaginar.

Também nos ensina que todos fazemos parte da rede de vida de outra pessoa. Nós tecemos uma trama mágica de significado, amor, perdão, esperança e luz um com o outro. Estamos unidos. Nossos relacionamentos são muito importantes aqui na Terra e continuam após a morte corporal. O amor é um laço inquebrável.

Compreender a linguagem secreta do Universo ajuda a nos guiar ao nosso caminho superior e nos assegura que não estamos sozinhos. Nunca.

E contarei uma verdade: depois de abrir sua mente e seu coração para perceber essa linguagem secreta, você começará a vê-la em todos os lugares.

Em toda parte.

30

COMO BRILHAR INTENSAMENTE

Tenho uma pergunta simples: do que é feita uma cadeira? Bem, uma cadeira pode ser feita de madeira, plástico, metal, ou qualquer coisa sólida.

Certo, mas do que é *realmente* feita uma cadeira? Do que é feita a madeira? Ou o plástico? Ou o metal?

Todas essas coisas são feitas de matéria, um termo científico para qualquer coisa que tenha massa e volume — qualquer coisa que ocupe espaço no mundo, basicamente. Tudo o que chamamos de coisa física é considerada matéria.

Tudo bem, mas do que é feita a *matéria*?

É fácil — toda matéria é composta de átomos.

E os próprios átomos são compostos de partículas chamadas prótons, elétrons e nêutrons. Prótons e nêutrons são compostos de outras partículas, chamadas quarks e glúons. Pode haver outras partículas ainda menores, mas elas ainda não foram descobertas.

O que sabemos, no entanto, é que a característica principal de *todas* essas coisas — matéria, átomos, prótons, elétrons e quarks — é a mesma. Esse atributo é a *energia*.

Os cientistas que estudam física quântica acreditam que toda matéria é energia — que os próprios átomos não são mais do que campos de energia elétrica em constante rotação. A famosa equação de Albert Einstein E = mc² é basicamente um reconhecimento de que não há diferença real entre matéria e energia. "Massa e energia são apenas manifestações diferentes da mesma coisa — um conceito pouco familiar para a mente comum", observou Einstein em 1948. Tudo o que podemos ver ou imaginar — em outras palavras, o Universo inteiro — é feito de energia. O que significa que as cadeiras são realmente feitas de energia. Elas podem parecer sólidas e imóveis para nós, mas, na verdade, compreendem átomos minúsculos girando e vibrando infinitamente em um tornado de energia. A cadeira não tem estrutura física real, porque os átomos não são feitos de coisas físicas. A estrutura do próprio átomo é um campo invisível de energia.

O que leva à conclusão natural de que nós também somos feitos de energia.

É realmente fácil esquecermos essa verdade básica e pensarmos em nós mesmos como seres estritamente físicos — braços, pernas, olhos, cabelos. Um corpo com uma alma. Mas é o contrário que é verdade.

Nós somos almas com corpos.

E nossa alma, como tudo o mais no Universo, é feita de energia.

De fato, nosso corpo realmente emite luz. Os cientistas provaram que, no escuro, emitimos biofótons. Embora imperceptíveis ao olho humano, esses biofótons podem ser medidos por instrumentos específicos. Nós somos, literalmente, seres de luz.

Sempre que falo com as pessoas sobre sinais, começo tentando conscientizá-las de sua própria energia.

Pense nisso: todos nós conhecemos alguém que pode "mudar a energia" em uma sala apenas entrando nela. Não é verdade que todos conhecemos pessoas cuja energia positiva praticamente as anuncia antes mesmo de chegarem? E que todos nós conhecemos alguém cuja energia negativa pode grudar em nós como lama?

Por sermos compostos de energia, também *emitimos* energia. E a energia que emitimos pode ter um impacto real e profundo na energia e na vida de outra pessoa. A maneira como carregamos e compartilhamos nossa energia pode ser invisível a olho nu, mas é tão real quanto um aperto de mão. Todos nós trazemos uma energia específica para cada encontro em nossa vida.

E o que quero que todos entendam é que *essa energia importa,* não apenas para nós, mas para todos em nosso caminho. Até nossos pensamentos são importantes, pois também são energia.

Essa energia é importante porque estamos todos conectados uns aos outros de maneiras muito reais. Estamos empenhados em buscar e almejar conexão.

E, no entanto, às vezes perdemos esse sentimento de interconectividade. Permitimos que eventos em nossa vida diminuam nossa energia. Mas nós podemos controlá-la. Podemos dominá-la.

A maneira como fazemos isso é *mudando* nossa energia.

Para mudá-la, precisamos estar mais conscientes de como lidamos com nossa energia e a projetamos. Aqui está uma maneira simples de colocar isso em ação. Tente acordar amanhã de manhã e sorrir para dez pessoas diferentes. Apenas isso: sorria para elas. Uma pessoa que abra a porta para você, seu chefe, a recepcionista da academia, o barista que faz seu café. Apenas dê a eles um grande sorriso e observe como esse sorriso muda a energia entre vocês. Observe como isso afeta a energia deles e a sua também.

Pratique a criação de mudanças de energia e veja como se sente. Se um motorista estiver sinalizando que deseja entrar na sua faixa, acene para ele. Se alguém na lanchonete parecer irritadiço e oprimido, fale uma palavra gentil. Se você vir uma mãe cujo filho está fazendo birra em uma loja, dê a ela um sorriso tranquilizador.

É assim que tornamos nossa energia positiva. É uma maneira de honrar a grande bênção de nossa interconexão. E, quando fazemos isso, nos tornamos mais receptivos à energia dos outros e à energia do Universo. Quanto mais fizermos isso, quanto mais "abrirmos" nossa energia, maior será a probabilidade de estarmos abertos a todas as coisas, incluindo os belos sinais do Outro Lado.

Porque a maneira de elevar nossa vida é elevando nossa energia.

Existem medidas práticas que todos podemos tomar para nos mudar para um lugar físico, mental e espiritual superior — um lugar que nos permitirá ser melhores em pedir e receber sinais poderosos. Vamos explorar algumas dessas medidas práticas aqui.

A IMPORTÂNCIA DA ARTE

Este livro não trata apenas da nossa conexão com o Outro Lado; trata também de nossa conexão um com o outro aqui na Terra, e uma das melhores maneiras de honrarmos essa conexão e crescermos juntos é por meio da arte.

Ao longo da história, as sociedades tiveram seus maiores avanços em momentos nos quais a arte era ótima. Pense no Renascimento, uma explosão de crescimento e invenção que começou na Florença do século XIV. Acredito que isso ocorre porque a *arte muda nossa energia*, abre-nos para novas ideias, novas possibilidades, novas energias. Grandes obras de arte têm uma magnificência e vibração especiais, e essa bela energia pode mudar a nossa. As obras de arte mantêm e transmitem uma energia muito especial mesmo *séculos após* sua criação. A música e as artes visuais podem curar e restaurar as pessoas de maneiras que nem a medicina pode. De fato, existe uma prática psicológica de cura por meio da arte chamada arteterapia. Pense em como nos sentimos quando ouvimos uma música que nos emociona. O mero ato de ouvir muda nossa energia. Muitas vezes, apenas o *pensamento* de ouvir uma música que amamos é suficiente para nos animar e nos fazer sentir felizes e vivos. Quando nos envolvemos com a arte, estamos nos conectando ao próprio fluxo da luz do Universo. Acredito que todos os artistas se conectam e colaboram com um Time de Luz do Outro Lado na criação de sua arte. Por exemplo, J. K. Rowling, a autora da série de livros *Harry Potter*, falou sobre como a ideia inicial para o menino bruxo — na verdade, para quase toda a história e mitologia que compõem seus sete livros — veio para ela em um instante enquanto estava presa em um trem entre Manchester e Londres.

"A ideia para *Harry Potter* apareceu na minha cabeça", afirma ela. "Eu não tinha caneta e estava com vergonha de pedir a alguém no trem, o que me frustrou na época. Mas, quando olho para trás, foi a melhor coisa que aconteceu. Tive quatro horas completas para pensar em todas as ideias para o livro, enquanto esperava no trem."

Que coisa incrível! Uma ideia tão mágica e significativa simplesmente "aparecer" em sua cabeça! Mas é o seguinte: embora J. K. Rowling tenha recebido uma mensagem do Universo por meio da qual criou *Harry Potter*, ela ainda tinha que fazer sua parte. A arte é sempre uma colaboração.

Nenhum artista trabalha sozinho.

Toda arte é uma colaboração entre aqueles que a tornam real e aqueles que nos enviam luz criativa, inspiração e energia do Outro Lado.

Lembro-me de levar meus filhos a uma livraria à meia-noite para o lançamento de um dos livros de *Harry Potter*. Foi uma cena *incrível*. Havia muitas pessoas fantasiadas, agitando varinhas mágicas, transbordando de excitação e antecipação. Havia tanta alegria, vibração e energia positiva na rua do lado de fora da livraria, que, de fato, me fez chorar. Pensei: *Veja como J. K. Rowling nos uniu! Olhe para toda a felicidade e alegria! E essa cena está ocorrendo em todo o mundo, em milhares de livrarias em dezenas de países! Veja como estamos todos unidos por isso! Que momento mágico de conexão!*

E, no entanto, apesar dessa manifestação realmente impressionante do poder da arte, nós, como sociedade, não a valorizamos tanto quanto deveríamos.

Nossa sociedade exige que as crianças façam aulas de ginástica, por exemplo, porque apreciamos a conexão entre o condicionamento físico e uma vida saudável. Mas arte? Não, aulas de arte não são exigidas. Se as crianças tiverem sorte, elas terão aula de arte espremida em seus horários escolares.

Isso é um erro. A arte é a maneira como contamos a história coletiva de toda a humanidade, mas também é uma das maneiras mais poderosas de nos conectarmos aqui na Terra, e nos privar dessa conexão gera ignorância e tem um custo muito alto. Ignorar a arte é nos privar de toda a luz, energia e brilho de um artista ou de um período, porque uma grande obra é como um portal para esse tempo e energia, mesmo que ela tenha sido feita séculos antes. Por que iríamos querer nos separar desse tipo de luz e energia positivas e duradouras? Por que não iríamos querer fazer parte da narrativa de nossa própria história?

A energia e a vibração da arte têm um efeito profundo em todos nós e nos levam a um lugar de maior receptividade a sinais e ideias. Se optarmos por explorar esse poder, seremos recompensados. E podemos fazer isso pintando uma paisagem, esculpindo, tocando piano ou talvez simplesmente indo a um museu, ouvindo música ou lendo um poema. A arte, em todas as suas formas, é um tipo de diálogo entre nós e a totalidade da existência, passado, presente e futuro. *Nós estamos elevando nossa vida ao elevar nossa energia.*

A arte também pode abrir nosso coração e nossa mente. Pense no musical *Hamilton*, de Lin-Manuel Miranda: ele é uma maneira vibrante de revisitar nossa história, enquanto nos convida a explorar que tipo de legado queremos criar em nosso próprio tempo. O musical nos faz perguntas fundamentais — tanto no nível pessoal quanto no coletivo. Lembra-se da música "History Has Its Eyes on You"?

Em minha vida, sempre senti uma profunda conexão com a arte. A música, com certeza, sempre foi extremamente importante para mim. Era assim que eu e meu pai nos comunicávamos: cantando músicas juntos. Admito que não sou a melhor cantora do mundo — adoraria voltar como alguém com uma voz linda e divina —, mas ainda amo cantar. Esse ato — a vibração, as ondas sonoras — é mágico para mim, me transforma. Minha voz pode não estar no tom certo ou na altura certa, mas isso não significa que não pode mudar minha energia para o lado positivo!

Além da música, também fiz questão de comprar e expor arte que realmente tem uma conexão comigo e me inspira. Consigo sentir de maneira tangível a energia do artista em cada obra, criando um poderoso elo de ideias, descobertas e beleza.

Experimente. Experimente quando estiver se sentindo mal. Vá a um museu, ao cinema ou a uma peça de teatro, cante uma música ou leia um poema. Abra-se para a vitalidade e o esplendor da troca. Garanto que você sentirá sua energia mudar.

Todos nós recebemos o importante e belo presente da arte e devemos estar atentos a ele, para que ela mude nossa energia e nossa vida.

GRATIDÃO

Como somos compostos de energia, liberamos energia. Emitimos vibrações — a oscilação de ondas elétricas. O que o Outro Lado nos mostra é que as duas vibrações mais altas e puras que podemos alcançar como seres humanos são o amor e a gratidão.

As pessoas pessimistas são ímãs de energia — elas tendem a atrair apenas a energia negativa ao seu redor. Mas experimentos mostraram que, se você se sentar com pessimistas e escrever uma lista simples de gratidão, com uma ou duas (ou dez) coisas pelas quais eles são gratos em seu dia, você poderá mudar a energia deles de negativa para positiva em questão de semanas (estudos demonstraram que as práticas se tornam hábitos quando são realizadas por 21 dias consecutivos).

Sheryl Sandberg, diretora de Operações do Facebook, escreveu e falou sobre o impacto transformador da gratidão. Em 2015, seu marido, David — pai de seus dois filhos pequenos — morreu inesperadamente de uma arritmia cardíaca enquanto corria em uma esteira. A morte dele foi devastadora para ela. Durante os momentos mais sombrios de sua depressão, um amigo psicólogo sugeriu que ela tentasse algo contraintuitivo.

"Ele sugeriu que eu pensasse em quanto as coisas poderiam ser piores", explica Sandberg em um discurso de formatura na Universidade da Califórnia, em Berkeley, em 2016. "'Pior?', perguntei. 'Você está falando sério? Como as coisas podem piorar?'"

A resposta do amigo: "Dave poderia ter tido a arritmia cardíaca enquanto dirigia o carro com seus filhos."

A reação de Sandberg se resumiu a uma única palavra: "Uau!"

Naquele instante, ela sentiu, em suas palavras, uma gratidão impressionante por ainda ter seus filhos. E essa gratidão, explicou Sandberg, "aliviou um pouco do luto. Encontrar gratidão e apreciação é a chave para a resiliência... e dar valor a suas bênçãos pode realmente *aumentá-las.*"

Com essa única tática mental — pensar naquilo a que era grata, em vez de pensar na tragédia da morte de seu marido —, Sandberg conseguiu fazer o que considerava impossível: aliviar sua dor, mesmo que apenas por um tempo. Ela transformou sua energia negativa em positiva. Parece simples, porque de fato *é*. A simples experiência de sentir gratidão muda palpavelmente nossa energia.

Pensamentos negativos são como sacolas fedidas de lixo jogadas em nosso campo de energia (com algumas sendo maiores e mais fedorentas que outras). Agora pense nos pensamentos positivos como lindas flores ao nosso redor. Depois de um tempo, estamos sentados em um lixão de energia fedorento ou em uma pradaria perfumada. É fácil escolher em qual campo de energia queremos estar, porque escolhemos — e controlamos — para onde direcionamos nossos pensamentos. Nós escolhemos quais pensamentos acolher.

Então tente uma vez: faça uma lista de gratidão. Comece com uma coisa por dia. Então, continue. Anote algo novo todos os dias. Lembre-se da regra de 21 dias, que o ajudará a torná-la um hábito. No 22º dia, você deve acordar automaticamente procurando coisas pelas quais agradecer, em vez de procurar coisas pelas quais se sinta mal.

PENSAMENTOS IMPORTAM

Esse conceito é comprovado pelas observações sobre gratidão de que falei, mas o mesmo se aplica a todos nossos pensamentos: eles são importantes para nossa qualidade de vida.

Os pensamentos podem ser exaltantes e aterrorizantes, porque eles levam a ações, e ações levam à mudança, e a mudança é incrivelmente poderosa. Podemos sentir pavor do poder que temos de mudar o curso de nossa vida. E, como isso é verdade, algumas vezes permitimos que pensamentos negativos nos impeçam de mudar ou avançar. Dizemos a nós mesmos *sou tão burro* ou *nunca serei feliz*, e esses pensamentos se tornam nossa realidade. O inconsciente em nossa mente — nossos pensamentos — se torna nossa verdade.

Mas eles *não* são a verdade — são apenas pensamentos. E podemos aprender a mudá-los e melhorá-los.

Como? Como podemos calar essa voz horrível e negativa em nossa cabeça que gosta de nos dizer o quanto somos inúteis, condenados ou desagradáveis?

Não podemos. Nós não paramos essa voz.

Nós *conversamos* com ela.

Funciona assim: o primeiro e mais importante passo é saber quando essa voz negativa aparece. Se você acordar e a voz disser *Aff, hoje vai ser um dia tão horrível*, e você deixar esse pensamento pairar lá enquanto se prepara para o trabalho, você já predeterminou seu nível de energia para esse dia. Você aceitou esse pensamento negativo como uma verdade.

Mas ele *não é* a verdade. Então, da próxima vez que você ouvir essa voz negativa, identifique-a e fale imediatamente com ela. Diga: "Não. Na verdade, hoje é um presente. Estar vivo agora, neste segundo, é um presente incrível. E estou conectado de maneira profunda a todas as coisas do Universo, e minha presença é puro poder e magia, e hoje será uma bela exploração dessa conexão e de tudo o que sou capaz. Hoje será um *dia maravilhoso.*"

Simples assim! É tudo o que você precisa fazer. Só de pensar, de dizer, você já mudou sua energia. A energia do pensamento é simples e poderosa desse jeito. Portanto, esteja atento à voz negativa e lembre-se de falar acima dela, e esteja ciente de como sua energia muda.

MANIFESTAÇÃO

Gosto tanto de discutir esse conceito, que poderia escrever um livro inteiro sobre ele. Mas, por enquanto, só quero compartilhar minha crença no incrível poder de manifestação — aproveitar, possuir e direcionar nossa energia para criar um futuro que é digno de nós. E aqui está um fato importante a ser observado: estamos sempre cocriando com o Universo!

Agora, dizer que algo se manifesta é dizer que algo é claro e verdadeiro. Não que se *tornará* claro e verdadeiro, mas que já é. Então, o que quero dizer com manifestação é estar aberto e atento a nossa conversa com o Universo sobre nosso futuro e qual é a verdade sobre ele. Essa conversa precisa ser *específica* — precisamos compartilhar nossa compreensão completa do caminho da vida que desejamos. A conversa também precisa ser feita *como se já tivesse ocorrido* — e, portanto, no passado. Porque não estamos falando com o Universo sobre o que *esperamos* que aconteça.

Estamos conversando com o Universo sobre algo que *sabemos* que acontecerá.

Eu costumava ser cética sobre a manifestação. Então, tive minha própria experiência direta e poderosa com ela. Cerca de um ano antes de escrever meu primeiro livro — antes mesmo de pensar em escrever um livro —, uma amiga minha me pediu para ir a uma aula sobre manifestação com ela. Ela estava passando por um divórcio e queria manifestar mudanças positivas em sua vida. Eu realmente não sabia muito sobre a manifestação, mas queria ser uma amiga boa e solidária, então concordei em ir.

Durante a aula, o instrutor nos fez folhear pilhas de revistas e recortar imagens e palavras que refletiam o que queríamos que nosso futuro fosse, ou que simplesmente nos atraíam. Na aula seguinte, colaríamos as imagens em um pedaço de papel, criando assim nossos "quadros de visão" pessoais. Foi-nos solicitado que abordássemos essas imagens não a partir de um lugar de desejo, mas de um lugar de gratidão — como se eles já tivessem acontecido conosco.

A coisa toda me pareceu ridícula, mas eu fiz de qualquer maneira, e me vi cortando algumas coisas bem estranhas e improváveis. Uma das primeiras coisas que me atraíram foi a frase "Autor best-seller do *New York Times*". Era uma loucura, sem sentido — eu não tinha planos de escrever um livro! Mas, de qualquer forma, cortei para colocar no meu quadro de visão. Até me lembro do pensamento que tentou se inserir em minha mente enquanto eu cortava: *Como assim? Quem você pensa que é para cortar isso? Ha! Ha! Ha!*

Eu não fui para a segunda aula, quando deveríamos criar nossos quadros de visão. Em vez disso, coloquei as palavras e figuras que recortara em um envelope e os coloquei em uma gaveta.

Deixe-me avançar um ano. Eu ainda era professora de inglês do ensino médio, e estava trabalhando quando recebi um recado do Universo de que escreveria um livro sobre minha compreensão de como estamos conectados ao Outro Lado e uns aos outros. Não foi uma sugestão; foi uma diretiva. Veio para mim como um acordo fechado. Vinte e quatro horas após a mensagem, por mera coincidência, eu estava conectada com uma série de pessoas, incluindo um agente literário e um colega escritor, e logo depois, consegui um contrato de publicação para escrever o livro.

E, por fim, meu livro *Uma luz entre nós* tornou-se um best-seller do *New York Times*. Eu manifestei o que estava no meu quadro de visão.

Lembro-me de esbarrar no envelope logo depois que o livro foi para a lista dos mais vendidos e ficar maravilhada com seu conteúdo. Quando estamos abertos a manifestar,— a cocriar com o Universo —, o Universo muitas vezes prepara para você um sonho ainda maior do que você deseja.

Quero encorajá-lo a se abrir para uma conversa com o Universo sobre seu futuro.

O primeiro passo é o pensamento: identificar as áreas em nossa vida que gostaríamos de mudar para melhor e especificar *como* gostaríamos que elas mudassem. Em seguida, vem a visualização. Pegue algumas revistas que ressoam com sua energia, encontre uma tesoura e recorte as palavras, frases e imagens pelas quais você se sente atraído, e depois, cole-as em um pedaço de papel. Coloque em algum lugar em que você possa vê-lo todos os dias. Tire uma foto e coloque-a como papel de parede do seu celular ou do computador!

Agora vem a parte escrita. Estudos demonstraram que as pessoas que escrevem suas metas têm muito mais probabilidade de alcançá-las do que as que não o fazem — e isso acontece quando se trata de se manifestar também. Então sente-se e escreva uma carta para o Universo, escreva como se as coisas que você deseja manifestar já tivessem acontecido.

Escreva: "Obrigado por me trazer esse carro novo e mais seguro até maio ou mais cedo", ou "Obrigado por me trazer a promoção e por me fazer sentir realizado e valorizado em meu trabalho até 1º de outubro ou mais cedo." (Observação: sempre escreva "ou mais cedo" com prazos e "ou mais" quando se tratar de dinheiro, para permitir que o Universo cocrie com você e traga aquilo que você quer de uma maneira mais divina ou em um tempo mais curto do que você possa imaginar.) Escreva a carta como se seus desejos já fossem uma realidade clara e verdadeira! Expresse gratidão como se eles já tivessem acontecido. Seja o mais específico e detalhado possível. Isso pode parecer meio bobo ou simplista, mas eu não o compartilharia se não acreditasse nisso — e se não tivesse experimentado pessoalmente o incrível poder da manifestação. Há uma energia em escrever que é abrangente e incontestável.

Próxima etapa: compartilhe seu manifesto com um amigo ou amigos. Manifestar-se com duas ou mais pessoas amplifica o manifesto! Percebo que, quando pequenos grupos de pessoas se reúnem, coisas incríveis podem acontecer, simplesmente porque todos estamos concentrando nossos pensamentos na mesma coisa por alguns minutos. Estamos *unindo* nossas energias. Compartilhar a experiência com outras pessoas amplia o poder de manifestar porque nossos pensamentos coletivos são poderosos (lembra-se da frase "há poder nos números"?).

E, finalmente, o passo mais difícil, aquele com o qual todos têm problemas: esqueça.

Libere sua manifestação no Universo. Não tente microgerenciar o "como". Sei que isso soa contraintuitivo, porque, afinal, como algo pode acontecer se não tomamos iniciativa? Contudo, o que percebi é que, se estivermos realmente abertos a essa conversa, *o Universo tomará conta dela para nós*. E como o Universo consegue nos surpreender com muito mais do que idealizamos para nós mesmos, é importante confiarmos nele para que tudo aconteça de alguma forma. É importante honrarmos essa cocriação.

Vou dar um exemplo: digamos que você queira escrever um roteiro e vendê-lo para uma produtora. Como você manifesta isso? Bem, sente-se, tenha clareza em seus pensamentos, visualize a ação acontecendo e depois escreva uma nota para o Universo. Agradeça-o por deixar você escrever essa linda história, e por encontrar o lugar e o estúdio perfeitos, além de permitir que você explore seus incríveis dons como escritor e por usar esse roteiro para elevar você e seu lugar no mundo. Especifique a data em que você deseja que tudo isso aconteça ("ou mais cedo"). E então tenha confiança em que o Universo fará tudo acontecer.

Em algum momento, você terá de se esforçar e escrever o roteiro — mas também precisará confiar no Universo para orientá-lo no caminho certo.

Se estivermos conscientes de como o processo de manifestação muda nossa energia de maneiras reais e positivas, podemos elevar-nos a um lugar superior e mais receptivo. A manifestação pode funcionar em todas as áreas de nossa vida — desde romance, carreira e dinheiro até onde e como vivemos e a família que criamos.

VIAGEM

A energia não reside apenas em nós — reside nos lugares em que vivemos e congregamos, e, porque somos todos diferentes, a energia de todos os lugares é diferente. Quando viajamos, bebemos a energia de cada novo lugar de uma maneira que pode ser transformadora. Viajar nos infunde com nova energia e aumenta nossa sensação de estar conectados ao mundo em geral. Essa energia, esses fios de conexão, permanecem conosco e nos elevam mesmo depois de partirmos.

Viajar é mais enriquecedor do que posso explicar. Quando estava na faculdade, decidi passar um ano no exterior estudando na Universidade de Oxford, na Inglaterra — uma experiência que me mudou completamente. Meu tempo em Oxford me encheu com a energia dos milhares de estudiosos e artistas que vieram antes de mim e, de uma maneira muito real, moldou quem eu me tornei: uma professora.

Todos nós já estivemos em lugares que tinham "muita energia" — um restaurante, um acampamento, uma cidade universitária ou algo parecido. Um lugar onde tudo parecia ser mais vibrante, marcado e vivo. Bem, essa "grande energia" é real e está esperando por nós.

Uma vez que estiver lá, eu encorajo você a ficar atento a como se sente. Observe como a energia do lugar afeta sua energia. Veja o caráter único desse novo local, seja um museu, uma biblioteca ou um parque, e fique atento à maneira como ele muda sua própria energia.

ÍONS NEGATIVOS

Os íons negativos parecem algo que tentaríamos evitar, mas, na verdade, são exatamente o oposto. Os íons negativos são bons!

Um íon é um átomo ou grupo de átomos criados pela perda ou ganho de um elétron. Um íon negativo é o tipo de íon criado pelo *ganho* de elétrons. Esses íons são criados por forças naturais, como ar, água e luz solar. Em locais onde há uma alta concentração de íons negativos, podemos realmente senti-los. Um exemplo é a sensação peculiar que sentimos no ar após uma tempestade, outra é a súbita sensação de calma que surge sobre nós quando estamos perto de água corrente, ou o calor que sentimos não apenas em nossa pele, mas por dentro, quando tomamos banho de sol. Muitas das maravilhosas, surpreendentes e inexplicáveis ondas de energia que às vezes sentimos em certos lugares são obra de íons negativos.

Falando de forma prática e científica, os íons negativos limpam o ar de odores, bactérias, pólen, esporos de mofo e outras partículas. Pense em como nos sentimos revigorados e limpos depois de um banho: isso ocorre porque o chuveiro em nossa casa é um produtor natural de íons negativos. Tempestades fazem a mesma coisa, e é por isso que podemos até mesmo nos sentir felizes quando somos pegos por uma. Viajar para as Cataratas do Niágara e ficar perto de sua poderosa queda d'água, por exemplo, nos daria uma explosão *enorme* de íons negativos. Estar na praia, em um barco no oceano, em uma doca na baía ou na costa de um lago pode mudar nossa energia. Mesmo estar em pé perto de uma *fonte* pode ter um efeito positivo sobre nós.

As árvores também emitem íons negativos e nos impregnam com essa energia — principalmente os pinheiros. Fazer uma caminhada por um bosque é uma maneira fantástica de limpar nossa energia e nos revigorar. Eu tento fazer uma viagem todos os anos às montanhas

Adirondack, simplesmente porque me sinto atraída pelas magníficas árvores e pelos belos lagos. O turbilhão de íons negativos me enche de uma energia maravilhosa e renovadora.

Os íons negativos não são algo em que pensamos sempre, mas eles são uma maneira fácil de elevar a nós mesmos e nossa energia. Em outras palavras: carregamos nossa energia conosco da mesma maneira que nossas roupas carregam a lama em que rolamos. Se nossas roupas ficam lamacentas, as tiramos e as lavamos, mas se nossa energia é negativa, talvez não façamos nada para mudá-la. Podemos acabar levando essa energia "lamacenta" conosco por dias a fio.

Os íons negativos nos purificam. Alguns edifícios de escritórios na Europa efetivamente canalizam íons negativos por meio do sistema de ventilação, e, como resultado, seus trabalhadores ficam menos doentes e relatam uma maior sensação de bem-estar. Podemos até comprar máquinas ionizadoras negativas portáteis para uso em nossa casa e nosso carro. Entretanto, existem maneiras mais simples de introduzir íons negativos em nossa vida: dê um passeio por um bosque, pule no mar, ou, quando tomar banho, observe como a água corre e respinga. *Concentre-se na água.* Esse simples ato de atenção plena pode nos revigorar e mudar nossa energia de maneiras surpreendentes.

DEFUMAÇÃO

A prática antiga de queimar ervas durante as cerimônias de oração e purificação é chamada defumação, e ainda é praticada hoje. Muitas culturas usam ervas queimadas como método de purificação, incluindo culturas americanas nativas. No entanto, embora a defumação remonte aos dias pré-históricos, estenda-se pelo tempo e abranja civilizações, é mais do que apenas sabedoria antiga e superstição tribal. Experimentos científicos mostraram que a fumaça da matéria vegetal em chamas, como a sálvia seca, elimina bactérias nocivas no ar ao nosso redor. Os vapores agem como um purificador de ar, que pode ajudar nas funções do pulmão, da pele e do cérebro. Os benefícios da defumação são muito reais.

Assim como a defumação retira do ar coisas negativas, ela pode ter o mesmo efeito em nossa energia. Quando direcionamos pensamentos e damos à fumaça o papel de purificador, ela pode realmente purificar nossa energia. Frequentemente, carregamos conosco a pátina de pessoas com as quais entramos em contato que, bom, podem ter uma energia bastante negativa. Portanto, é uma boa ideia limpar regularmente nossa própria energia, e a defumação é uma ótima maneira de fazê-lo.

Além disso, é algo que podemos realizar facilmente em casa. Faça uma pequena pesquisa e descubra o que funciona para você. Pacotes de ervas secas amarradas por cordões estão disponíveis na Amazon. Queimei sálvia seca — uma erva cujo nome deriva da palavra latina para "cura" — e descobri que é uma excelente maneira de eliminar a energia negativa e transformá-la em positiva.

Às vezes, pequenos rituais como esse podem nos lembrar de limpar, purificar e honrar consistentemente nossa energia.

MOVIMENTAÇÃO

Qualquer atividade física que libere nossa energia cinética é outra ótima maneira de mudar e elevar a nós mesmos. Todos somos seres de luz enfiados em corpos físicos, e às vezes isso pode ficar um pouco desconfortável, e nossa energia se acumula e fica presa. Os movimentos cinéticos ajudam a liberar nossa energia e a nos sentir melhor. Correr, dançar ou praticar esportes ajuda a eliminar a energia negativa e revigorar nossa alma. Certas atividades, como o ioga, vão além, pois combinam movimento com uma ascensão gradual a um estado semimeditativo, que é uma poderosa alavanca de mudança de energia. O ioga também equilibra o que chamo de CMA: a tríade corpo, mente e alma. A arte da acupuntura e o exercício de tocar em nossos pontos meridianos realizam a mesma coisa, atingindo os pontos de energia em nosso corpo, liberando e limpando essa energia.

A ideia é encontrarmos maneiras de criar uma movimentação prazerosa em nossa vida, como uma maneira de cuidar de nossa energia e nos elevar a estados mais receptivos. Usar uma atividade para ajudar a equilibrar e liberar energia é uma ferramenta maravilhosa!

COMIDA

Outra coisa em que precisamos prestar muita atenção são os alimentos que consumimos. Pense nisso — comer é realmente a coisa mais íntima que fazemos aqui nesta Terra. É levar algo para dentro de nosso corpo e torná-lo parte de nós. Infelizmente, muitos não pensam no que comem ou como isso os faz sentir.

Como resultado, consumimos grandes quantidades de açúcar e conservantes, produtos químicos, cafeína e outras substâncias que lentamente destroem nosso corpo e criam desequilíbrio interno. No entanto, alguns de nós estão mais conscientes de como os maus hábitos alimentares podem afetar negativamente nosso nível de energia, e é por isso que sempre comemos alimentos melhores e mais saudáveis. Entendemos que, se mudarmos o que comemos, mudamos nossa energia. E, quando a mudamos, mudamos quem somos — e também nossas vidas.

Olhe, não quero dar um sermão, mas acredito realmente que ter mais consciência do que comemos é de grande importância. Precisamos comer alimentos mais saudáveis e menos processados. Se pensarmos bem, podemos até experimentar (se ainda não o fizemos) comer apenas alimentos nutritivos — ou seja, que não estão ligados à energia negativa de algo que foi morto. Se você gosta de carne, considere colocar a Segunda-feira Sem Carne[1] em prática — tente um dia por semana utilizar uma dieta baseada em vegetais. Veja como isso faz você se sentir.

Nossa dieta, é claro, é uma escolha totalmente pessoal, e não estou aqui para julgar ninguém. Eu apenas acredito que, quanto mais conscientes nos tornamos sobre o que colocamos em nosso corpo, mais sentimos gratidão por nossas refeições e mais honramos nosso corpo e a energia que trazemos para ele.

Ao longo dos anos, abri meus olhos para os perigos da indústria alimentícia. Gostaria de encorajá-lo a assistir aos documentários *Que raio de saúde* e *Troque a faca pelo garfo*. Também fui guiada pelo que aprendi com o Outro Lado. Meu conselho é para que todos sejamos mais instruídos e conscientes sobre o que escolhemos comer e por quê.

---

1 A *Segunda-feira Sem Carne* (Meatless Monday) é um movimento existente em mais de 40 países que tem por objetivo conscientizar as pessoas sobre os impactos do uso de produtos de origem animal e não consumir proteína animal pelo menos uma vez por semana. [N. da T.]

SONO

Quando nossos celulares ficam sem bateria, nós os recarregamos conectando-os a uma fonte de energia. É o que acontece quando dormimos — não apenas estamos deixando nosso corpo físico descansar e se curar, mas também estamos conectando nossa alma à energia do Outro Lado.

Todos temos uma conexão profunda da alma com o Outro Lado, nosso verdadeiro lar, mas nossa alma precisa ter essa conexão recarregada e renovada. Isso acontece quando dormimos. O sono é um estado alterado de consciência durante o qual nosso cérebro não é bombardeado por estímulos e nosso corpo é capaz de restaurar e reabastecer todos os nossos sistemas vitais.

Entretanto, o sono também é quando sincronizamos com o Outro Lado. É quando temos sonhos vibrantes, cheios de simbolismo e significado — sonhos que, como discutimos, podem transmitir sinais do Outro Lado. O sono dá aos nossos Times de Luz a oportunidade de dar as respostas de que precisamos. Todos nós já dissemos: "Preciso dormir para pensar direito." Dizemos isso por uma razão: quando dormimos, nos conectamos ao Outro Lado, e nossos times têm mais chances de nos enviar os sinais e indicações de que precisamos para encontrar nossos caminhos superiores. Pense nisso. Aposto que houve momentos em que você acordou com grande clareza sobre como solucionar um problema que estava lhe preocupando.

O sono é também quando as visitas dos nossos entes queridos acontecem, porque é quando os filtros de nosso cérebro são desligados, permitindo conexões diretas. Essas visitas de sonho são muitas vezes poderosas e vibrantes. Eles se parecem mais como *experiências* do que apenas sonhos, e ficam conosco muito tempo depois de acordarmos.

Portanto, por mais difícil que seja, conserve seu sono, tente dormir o máximo possível. A National Sleep Foundation, em Washington, D.C., sugere que os adultos durmam em média de 7 a 9 horas por dia (abaixo das 8 a 10 horas de que os adolescentes precisam). É uma meta que nem sempre alcançaremos, mas quanto mais perto chegarmos dela, melhor — especialmente se quisermos mudar nossa energia e nos tornar mais receptivos ao Outro Lado.

ORAÇÃO

Pude compreender, por meio das muitas leituras que fiz e testemunhando e experimentando coisas em meu próprio caminho, o poder e a importância da oração. Sempre que conscientemente direcionamos nossos pensamentos para o Outro Lado, isso é orar. E sempre que oramos, o Outro Lado sempre — *sempre* — nos ouve. A oração é uma conversa íntima. Podemos orar individualmente ou com outras pessoas, em voz alta ou silenciosamente, formal ou informalmente. A oração não é reservada apenas a locais de culto. Ela está sempre disponível para nós, em todos os momentos do dia e da noite, quando e onde estivermos. Pode ser uma oração rápida e silenciosa pedindo por força antes de enfrentar uma situação difícil; uma oração de esperança ou cura para um amigo; uma oração para ajudar a obter clareza ou perdão sobre uma situação. Não há maneira certa ou errada de orar. É um fio instantâneo de luz e conexão que podemos acessar a qualquer momento. E a verdade é: ela sempre nos fortalece.

Quando oro, dirijo meus pensamentos à energia de Deus — e aos meus guias espirituais e entes queridos do Outro Lado. O próprio ato de orar nos liga a algo maior do que nós, vinculando-nos a uma grande corrente de luz, amor e conexão. De fato, muitas vezes nas leituras, as pessoas do Outro Lado agradecem pelas orações que lhes foram enviadas. A oração é uma bela música para o Outro Lado. Orar nos fortalece e nos conecta sempre. Então ore, e com vontade. E saiba que você sempre é ouvido.

MEDITAÇÃO

Quando faço as leituras para as pessoas, passo para um estado de quietude e consciência interior, em que meu próprio senso de mim se dissolve e posso ouvir o Outro Lado. Como observei ao longo deste livro, você não precisa ser médium psíquico para entrar nesse estado, qualquer pessoa pode acessá-lo por meio da meditação.

A meditação é um exercício projetado para nos ajudar a alcançar um nível superior de consciência espiritual. Outra maneira de defini-la é ir para um lugar onde possamos apreciar plenamente o que está acontecendo no presente e *somente* no presente. Muitos estudos comprovaram os benefícios da prática da meditação de alguma forma — diminui o estresse, afasta a depressão, torna-nos menos irritáveis e reativos e melhora a qualidade do sono, para citar apenas alguns benefícios. Outros estudos mostraram que ensinar as crianças a meditar tem um impacto definitivamente positivo em sua saúde e em seu desempenho. Sua Santidade, Dalai Lama, disse: "Se toda criança de 8 anos de idade no mundo aprender a meditar, eliminaremos a violência do mundo dentro de uma geração". Essa é uma afirmação bastante poderosa de um homem muito sábio.

De fato, uma celebridade, Goldie Hawn, adotou essa ideia. Seu programa filantrópico, Mindup, ajuda crianças da pré-escola ao 8º ano a aprender a meditar, reduzindo o estresse e melhorando as relações em casa.

Claramente, a meditação pode ser uma prática muito benéfica, mas eu entendo que também pode ser um pouco intimidadora. Ouço muitas pessoas dizendo: "Ah, eu não consigo meditar, porque minha mente vagueia por muitos lugares"; "Não tenho tempo para meditar"; ou "Não *sei* meditar". E, certamente, meditações longas não são para todos. Certa vez, participei de um retiro de meditação e silêncio de três dias, e, sinceramente, achei muito desafiador. Continuei recebendo mensagens psíquicas e mediúnicas para o instrutor e meus colegas.

Contudo, vi que uma meditação de dez minutos, ou mesmo uma meditação de três minutos, pode ter o mesmo impacto positivo que uma sessão de três horas. De fato, estudos científicos mostraram que uma meditação de sete minutos pode ser tão benéfica quanto uma mais longa. E essas meditações mais curtas são as que mais bem se alinham à minha energia.

Então, como meditamos? Precisamos nos sentar na posição de lótus? Precisamos de um mantra? Precisamos cantarolar?

Não, não e não. Meditar pode ser tão simples quanto sentir nosso pulso com o dedo ou focar a respiração. Meditar é mais refletir do que reagir. Trata-se de alcançar e apreciar um momento de verdadeira atenção plena. É sobre estar absolutamente *presente*, sobre aprender a sermos menos motivados pelo nosso ambiente e mais reflexivos. E não precisamos de muitos truques ou técnicas para fazer isso acontecer. Fechar os olhos e ficar parado e quieto por um momento é, essencialmente, meditar. Existe até uma prática chamada meditação caminhando, em que você literalmente caminha por toda a meditação.

Claro que, quanto mais nos aprofundamos, mais poderosos os benefícios podem ser. Podemos começar lendo um livro sobre meditação, participando de uma aula para iniciantes ou fazendo o download de um aplicativo de meditação.

Uma de minhas meditações favoritas aconteceu com o grande líder do pensamento espiritual Deepak Chopra. Alguns anos atrás, ele foi palestrante em um evento em que eu também fiz um discurso, e vi como ele liderou uma sala cheia com 600 profissionais experientes e capacitados em uma mediação notável de cinco minutos. Pelo que me lembro, Deepak nos pediu para fechar os olhos, juntar os polegares com os dedos indicadores e concentrar-nos na respiração por um minuto — respirações profundas pelo nariz e pela boca. Ele então nos pediu para formar uma frase em nossa mente: "Eu sou [seu nome e sobrenome] e trabalho como [seu emprego]." Ele nos pediu para repetir lentamente essa frase em nossa mente e focar na maneira como ela servia para identificar quem somos.

Em seguida, ele nos pediu para repetir a frase, mas deixar de fora a parte final e usar apenas nosso nome e sobrenome: "Eu sou _____." Ele nos pediu para ter consciência de como isso também definia quem somos.

Então ele nos pediu para repetir essa frase, mas deixando de fora nosso sobrenome: "Eu sou ____".

Então ele nos pediu para deixar de fora nosso nome completamente e simplesmente repetir "Eu sou".

Finalmente, ele nos pediu para repetir apenas "Eu".

E, desse modo, todos nos afastamos gentilmente das armadilhas de nossa vida barulhenta e egocêntrica e fomos em direção a uma compreensão mais simples e mais elementar do nosso lugar no mundo — como seres de luz e energia conectados a todas as outras luzes e à energia do Universo.

Fiquei impressionada com a simplicidade da meditação de Deepak e com o quão poderosa ela era. Esses cinco minutos mudaram minha energia de uma maneira muito profunda e duradoura. Eles mudaram a maneira como me sinto no resto do dia e até no resto da semana, além de terem mudado toda a energia coletiva da sala. Antes da simples meditação, a energia estava carregada e um tanto frenética. Mas, após cinco minutos de meditação, eu podia sentir a energia de todos fluindo juntos, como uma onda gigante polindo o chão.

A meditação também é nossa maneira de sintonizar e ouvir o Outro Lado. Deepak Chopra descreveu desta maneira: a oração é quando direcionamos nossos pensamentos para Deus/Universo; meditação é quando os ouvimos. Não é incomum obter mensagens do Outro Lado enquanto meditamos, porque criamos um belo espaço para "darmos ouvidos".

Estar atento a todos os conceitos explorados neste capítulo pode mudar drasticamente nossa energia. São métodos simples e práticos que nos permitem ter uma mente mais clara, elevar nossa energia e estar mais abertos a receber mensagens do Outro Lado. São formas de reconhecer que todos somos almas com corpos, compostos por luz e energia, e que restaurar e reabastecer essa conexão alma-corpo afeta o funcionamento de nossa mente e, por sua vez, as escolhas que fazemos.

Eu acredito que a Terra seja uma escola, e somos todos estudantes. E acredito que estamos aqui para aprender continuamente a como nos elevar, como ajudar outras almas e como compartilhar nossa poderosa luz e energia com o mundo. Todos nós estamos aprendendo uma lição coletiva de amor. As ferramentas discutidas neste capítulo podem ajudar cada um de nós a brilhar nossa luz mais intensa e a estar totalmente abertos às conexões com nossos Times de Luz e uns aos outros.

Estar aberto a essas lições e às orientações sutis de nosso Time de Luz é como nos tornaremos a melhor versão de nós mesmos.

31

CONTINUE A BRILHAR

Se existe um tema que percorre todas as histórias deste livro, é o fato de que *estamos todos conectados*.

Todos pertencemos a mesma bela trama da existência, e nossas vidas estão todas entrelaçadas para criar a experiência mágica que é viver.

Nenhum de nós está sozinho, não somos solitários ou sem importância — todos fazemos parte de algo muito maior que nós, mas que, ao mesmo tempo, compreende cada uma de nossas energias individuais. Pertencemos um *com* o outro e um *ao* outro. Estamos sempre interconectados, e essas conexões são mais inspiradoras e mais poderosas do que podemos compreender.

Nestas páginas, compartilhei alguns exemplos de sinais enviados pelo Outro Lado para transmitir esta mensagem de amor e conexão, mas, para falar a verdade, eu poderia ter compartilhado mais mil. Dificilmente se passa um dia em que eu não ouça uma experiência notável de alguém com um sinal, ou que não as experiencie eu mesma. Os sinais estão em toda parte, todos os dias. Não consigo deixar de notá-los.

O que eu adoraria é que todos nós, coletivamente, começássemos a perceber e falar sobre os sinais e mensagens que recebemos, a fim de celebrar, honrar e compartilhar as histórias de conexão uns com os outros.

Às vezes, nós compartilhamos.

Eu até encontrei evidências da linguagem secreta no lugar mais improvável: o Twitter. Lembro-me de entrar em minha conta um dia e ver a prova da linguagem secreta se revelando no feed do *Tonight Show*, estrelado por Jimmy Fallon.

O produtor Mike DiCenzo postou uma incrível história, no dia seguinte ao retorno de Jimmy Fallon ao programa, depois de uma licença após o falecimento de sua mãe, Gloria.

Jimmy compartilhou uma lembrança especial de sua mãe com a plateia que estava no estúdio antes de o show ser gravado. Ele lembrou que, quando era pequeno, ele e sua mãe tinham um código secreto entre eles. "Ela apertava minha mão três vezes e dizia 'Eu te amo'", revelou Jimmy. "Eu a apertava de volta e dizia, 'Eu também te amo'. Na semana passada, eu estava no hospital e apertei a mão dela e disse: 'Eu te amo'. Eu sabia que estávamos com problemas".

No Twitter, seu produtor explicou que a cantora Taylor Swift não estava programada para aparecer no programa naquela noite, mas a equipe queria fazer algo especial para Jimmy, e como Taylor estava na cidade gravando o programa *Saturday Night Live*, eles perguntaram se ela gostaria de aparecer no show.

"Ela disse que sim sem nenhuma hesitação", twittou DiCenzo.

No programa, Taylor decidiu cantar uma música que nunca havia tocado antes, chamada "New Year's Day".

"De repente, ela canta a frase: Aperte minha mão três vezes no banco de trás do táxi", twittou DiCenzo. "Eu quase me engasguei. Chorei. Acho que todos na plateia começaram a soluçar. Eu pude ver Jimmy, pelo canto do olho, em sua mesa enxugando os olhos com um lenço de papel. Todos nós ficamos bobos. Foi uma bela coincidência e uma bela performance. 'Mantenha suas memórias, elas se manterão com você', cantou Taylor."

Mike DiCenzo descreveu a música de Taylor como uma "bela coincidência". Mas não foi uma coincidência, foi? Foi a linguagem secreta do Universo se revelando completamente em rede nacional. Foi a mãe de Jimmy Fallon entregando uma mensagem de amor ao filho, informando que ela ainda estava com ele, que ainda estava apertando a mão dele — e encorajando-o a manter suas memórias.

E ela usou Taylor Swift para fazer isso.

Um momento verdadeiramente mágico.

Não é apenas na TV que você pode ver evidências de sinais e da linguagem secreta. Às vezes, você pode encontrá-los na porta ao lado.

Ou pelo menos a minha irmã, Christine, encontrou, quando sua vizinha Kathleen ligou para ela um dia para pedir que compartilhasse uma história comigo.

Kathleen havia lido meu livro *Uma luz entre nós*, no qual falei pela primeira vez sobre como os entes queridos que atravessaram podem nos enviar sinais.

Kathleen — cuja mãe havia falecido recentemente — decidiu que queria provas. Os pais de Kathleen, que eram de descendência irlandesa, a criaram em uma casa grande e cheia de amor no Bronx, e ela fora extremamente próxima deles durante sua vida. Quando sua mãe atravessou, no ano passado, Kathleen lutou contra sua dor, especialmente nos feriados, porque a tradição era a de que toda a família se reunisse. Quando Kathleen decidiu que abriria a mente e o coração para criar uma nova linguagem de sinais entre ela e a mãe, pensou muito sobre o que pedir. E ela pensou no sinal perfeito: pão de soda irlandês. Sua mãe costumava assar o pão e entregá-lo a amigos e vizinhos.

Mas a questão é: não era nem perto do Dia de São Patrício, uma época em que você provavelmente encontrará muito pão de soda irlandês. Kathleen dera à mãe um grande desafio. Ela conseguiria realizar? A linguagem secreta funcionaria?

Naquela noite, Kathleen estava rolando seu feed do Facebook. Bem ali, ela viu um post de uma vizinha, com uma foto de algo que parecia muito familiar.

Kathleen respondeu ao post, perguntando: "Isso é pão de soda irlandês? Parece delicioso!"

"Sim, é pão de soda irlandês!", respondeu a vizinha. "Eu vou guardar um pedaço para você!"

Lá estava! Sua mãe havia conseguido evocar um pão de soda irlandês bem na tela do computador! "Fiquei em choque", diz Kathleen. "Fiquei muito impressionada com o que minha mãe havia feito para chegar até mim."

No dia seguinte, quando Kathleen foi buscar a correspondência, viu uma embalagem na caixa de correio e a abriu.

Dentro dela havia um pedaço grande e bonito de pão de soda irlandês.

"Eu não pensei que minha vizinha realmente me enviaria um pedaço. Pensei que ela tinha falado por falar", confessa Kathleen. "Mas com certeza, lá estava ele, bem na minha caixa de correio."

Kathleen entrou, sentou-se com o pequeno yorkie terrier de sua mãe (que ela levou para casa depois de seu falecimento), serviu uma xícara do chá favorito de sua mãe e desfrutou do adorável pedaço de pão de soda irlandês. Ela sabia o que aquilo significava: sua mãe ainda estava com ela. Ela não podia duvidar disso agora, porque sua mãe não enviara uma foto ou as palavras *pão de soda irlandês* como um sinal. Ela entregou um pedaço na *caixa de correio de Kathleen!*

Adoro quando os outros compartilham suas histórias de sinais comigo. Pode acontecer a qualquer momento — e aconteceu uma noite em que meu marido e eu saímos para jantar com nossos bons amigos Paul e Pam.

Seu filho, Griffin, atravessou tragicamente mais de 20 anos atrás. Ainda assim, eu sabia que Griffin continuava fazendo parte da família deles; ele está sempre em seus pensamentos e corações. Então, Paul compartilhou uma história conosco durante o jantar.

Logo após a travessia de Griffin, Paul e sua família fizeram uma cerimônia em sua homenagem, e depois voltaram para casa para "sentar" shiva — o tradicional período judaico de luto de sete dias. Paul notou um louva-a-deus agarrado à tela da porta da cozinha. Estranhamente, parecia estar olhando para ele. Ele o ignorou, até vê-lo no mesmo local no dia seguinte, e no outro dia também. O louva-a-deus ficou com Paul e sua família até o período da shiva terminar. E, então, misteriosamente, desapareceu.

Embora os louva-a-deus sejam relativamente raros, e encontrar um seja ainda mais raro, algo interessante começou a acontecer com Paul e sua família. Parecia que eles estavam sendo seguidos. "Sempre que minha família está junta, estamos tendo um momento especial ou conversando sobre algo importante, um louva-a-deus aparece", revela Paul. "É um tema constante em nossa vida, e sempre que vemos um, dizemos: 'Ah, oi, Griffin.'" Na recepção ao ar livre, depois do casamento do sobrinho, Paul viu um louva-a-deus ao lado dele no sofá em que ele e sua família estavam sentados. Ele viu um em uma cortina dentro de sua casa no aniversário do filho mais novo e encontrou outro no portão de seu hotel em uma viagem à Itália.

Um dia, Paul estava em seu escritório no centro de Manhattan, conversando com alguém por telefone sobre uma decisão difícil que ele acabara de tomar, após grande esforço. Ele sentia que havia tomado a decisão certa, mas uma confirmação não cairia mal. Naquele momento, ele olhou pela janela de seu escritório, e, agarrado à parte externa do vidro, olhando diretamente para ele, havia — você adivinhou — um louva-a-deus. Agora, isso teria sido incrível de qualquer maneira, mas o que tornou ainda mais incrível foi que o escritório de Paul ficava no 28º andar!

"Louva-a-deus simplesmente aparecem e ficam por perto como se não fosse grande coisa", informa Paul. "Eu estava sentado em um banco do parque com um grande amigo, quando um apareceu e sentou-se bem entre nós. Eu estendi minha mão, e ele entrou nela, e eu o segurei por um longo tempo. Meu amigo disse: 'Isso é loucura'. Eu disse: 'Não, não é. É Griffin.'"

O que me deixa ainda mais feliz é que Paul fica à vontade compartilhando sua história durante o jantar e segurando uma taça de vinho — o tempo todo vendo a beleza e o significado dessa história. O sinal de Griffin é recebido de forma clara.

Eu de fato adoro conhecer novas pessoas, e quando isso acontece adoro compartilhar histórias com elas. Isso acontece aonde quer que eu vá, e especialmente quando um desconhecido me pergunta com o que trabalho. Algumas pessoas têm uma energia incrivelmente calorosa e positiva, e conhecê-las é uma bela bênção. Aconteceu isso com uma enfermeira chamada Kelly, que trabalha com um dos médicos de Ashley.

Quando eu disse a ela que sou médium psíquica, ela compartilhou comigo que sua mãe, de quem ela era extremamente próxima, havia atravessado quando Kelly tinha apenas 19 anos.

"Poxa, eu gostaria de saber que ela estava, e ainda está, comigo", revelou ela. "Eu gostaria que ela tivesse tido a chance de conhecer minha filha. Sentimos muita saudade dela."

Eu disse a ela que sua mãe estava com certeza ao seu redor, observando-a, e não apenas sabia sobre sua filha, mas também a vigiava. Eu disse que ela não precisava de um médium psíquico para validar isso — tudo o que ela precisava fazer era pedir um sinal.

"Seja específica", expliquei. "Peça para ela enviar um sinal para que você saiba que ela está por perto, observando, e que sabe tudo o que aconteceu em sua vida. E depois que você pedir a ela para enviá-lo, confie que você o receberá. Diga: 'Universo, estou pronta para receber uma mensagem da minha mãe'. Você verá — o sinal chegará." Eu disse a ela que, às vezes, levava um tempo para receber o sinal, então ela deveria ser paciente, porque o Outro Lado trabalharia duro para fazer isso acontecer.

Naquela noite, no carro a caminho de casa, Kelly libertou-se de tudo o que sentia. "Eu estava dirigindo e gritando: 'Universo, estou pronta!'", disse-me Kelly mais tarde. "Mas então eu não consegui encontrar um bom sinal, nada parecia certo. Na verdade, levei mais duas semanas para encontrar o sinal certo."

Um dia, Kelly recordou-se de uma lembrança feliz: seus pais a levando para brincar de "doces ou travessuras" no Halloween, quando ela tinha 3 anos. Ela até encontrou uma foto disso. "Meus pais estavam vestidos como Raggedy Ann e Andy", lembra ela, "e decidi que isso se tornaria meu sinal, o que era apropriado, porque o nome da minha mãe é Ann e meu pai, que também atravessou, se chama Andy. Então, pedi à minha mãe que me enviasse Raggedy Ann. Mas não contei a ninguém qual era o meu sinal, o guardei para mim mesma."

Kelly esperou pacientemente por seu sinal. Duas semanas depois, ela entrou no refeitório da clínica e conversou com uma colega de trabalho, Mary Ann.

"Mary Ann mencionou que sua vizinha falecera, e ela começou a me contar sobre ela, e a conversa continuou por um tempo, e eu estava ouvindo, mas não prestando muita atenção", conta Kelly. "Então ela mencionou causalmente que o nome da vizinha era Ann e seu marido se chamava Andy e que todos sempre os chamavam de Raggedy Ann e Andy."

Kelly congelou. "Eu fiquei em choque. Virei as costas um pouco para que ela não pudesse ver que eu estava chorando. Assim que ela saiu, eu caí em prantos. Quero dizer, ninguém fala mais sobre Raggedy Ann e Andy, eles são de outra época. Mas ela disse o nome deles, e eu não tinha dúvidas de que minha mãe estava me enviando um sinal, porque era muito direto e claro. Era minha mãe me dizendo: 'Estou aqui, estou com você, participo de tudo que você faz.' Foi tão emocionante. Eu senti como se tivesse ganhado na loteria."

Uma de minhas coisas favoritas é ministrar workshops e dar palestras. Mesmo se for um grupo maior, sinto-me pessoalmente conectada à energia de cada indivíduo ali. É realmente maravilhoso quando as pessoas com quem cruzei caminhos sentem essa conexão também e me procuram para compartilhar suas histórias.

Recentemente, Ted, um homem que participou de um grande evento de palestras que fiz, seguiu minha sugestão de pedir ao seu Time de

Luz um sinal muito específico. "Sempre me senti um pouco preso na minha carreira e estava tendo algumas dúvidas e incertezas", escreveu-me Ted em um e-mail. "Então, minha noiva e eu planejamos uma viagem à Califórnia para expandir nossas opções de carreira. Foi quando me lembrei do seu conselho e decidi experimentá-lo. Tentei pensar em algo específico, e, sem nenhuma razão real, um jogador de beisebol do Yankees surgiu na minha cabeça, Bernie Williams. Ele nem era meu jogador favorito, mas, de qualquer forma, eu sempre fui fã. Pedi aos meus guias que me enviassem isso como um sinal de que a viagem era uma boa ideia e de que eu estava indo no caminho certo."

Uma noite antes de ele e sua noiva partirem, Ted olhou em volta do quarto à procura de papel para fazer um cartão de Dia dos Namorados. Ele encontrou um caderno velho que não tocava há anos. "Fui arrancar uma página, e, ao fazê-lo, algo caiu dela", lembra Ted. "Era uma carta de baseball de Sammy Sosa. Eu pensei, bem, isso é estranho — não é Bernie Williams, mas talvez tenha sido o melhor que meus guias puderam fazer." Ted largou o caderno e começou a sair do quarto quando, pelo canto do olho, ele viu algo mais no chão. "Eu não tinha visto antes e nem tenho certeza de como percebi, mas peguei, e era outra carta de beisebol", continua, "e era de Bernie Williams".

Uma carta de beisebol antiga caindo de um caderno — alguns dirão que não significa nada, mas, para Ted, era muito mais que isso. "Foi um sinal incrível", conclui, "e isso me ajudou muito, mas muito mesmo. Isso me ajudou a saber não apenas que eu estava no meu caminho superior ao decidir expandir minhas opções de carreira, mas que eu tinha um Time de Luz torcendo por mim o tempo todo!"

Às vezes, encontro histórias que compartilham evidências de sinais e da linguagem secreta nos livros que estou lendo. E não quero dizer livros escritos por médiuns ou videntes — apenas livros comuns. Uma dessas histórias descreve um dos sinais mais profundos e poderosos dos quais já ouvi falar.

Envolve o Dr. Neil Spector, um oncologista da Universidade de Duke e pesquisador de câncer, que compartilhou a história de seu sinal em seu livro, *Gone in a Heartbeat: A Physician's Search for True Healing* ["Foi-se em um piscar de olhos: a busca de um médico pela verdadeira cura", em tradução livre]. Comprei o livro porque eram as memórias de um médico que descobriu que tinha a doença de Lyme, e o diagnóstico tardio danificou seu coração. Fiquei tão emocionada com o livro dele, que procurei o Dr. Spector e perguntei se eu poderia compartilhar sua história aqui, e ele concordou gentilmente.

Neil era um homem perfeitamente saudável e atlético, na casa dos 30 anos. Um dia, do nada, ele começou a ter episódios cardíacos estranhos.

"Meu coração começava a acelerar a 200 batimentos por minuto, durante 30 segundos ou mais", lembra Neil. "Como médico, sabia que algo estava errado, mas simplesmente não conseguimos diagnosticar. Nos quatro anos seguintes, tive milhares desses episódios e sentia fadiga extrema. Eu corria 16 quilômetros por dia, 6 dias por semana, mas chegou um ponto em que eu não conseguia andar 10 metros sem me sentir exausto."

Ele foi finalmente diagnosticado com bloqueio atrioventricular de terceiro grau e teve um marcapasso e um desfibrilador implantados no peito. Contudo, algo não parecia certo com o diagnóstico, e depois de vários anos, ele começou a ter problemas para subir inclinações. Durante um procedimento hospitalar de rotina para procurar uma infecção, ele sentiu que algo estava terrivelmente errado com seu coração. Como oncologista, ele conhecia as doenças e seus efeitos no corpo. "Eu senti como se estivesse morrendo", relata Neil. A equipe médica ficou alarmada. Eles ligaram para a esposa de Neil e disseram-lhe para ir ao hospital o mais rápido possível.

Algo estava *muito* errado. Os médicos estimaram que Neil tinha apenas 10% de sua função cardíaca normal.

"Eu realmente deveria ter morrido", afirma ele. "Eu estava com o coração gravemente danificado, e minha pressão arterial era quase indetectável. As chances de sobrevivência eram muito baixas."

Ele conseguiu sobreviver ao episódio, mas, nos dias seguintes, "eu estava literalmente morrendo", diz Neil. "Meus órgãos estavam falindo e meu coração mal estava batendo. Era como tentar velejar num barco em um dia completamente sem vento." Um médico disse a ele que, se ele não fizesse um transplante de coração, morreria em três dias. "Esse foi realmente o momento mais pacífico que já tive na minha vida", afirma ele, "porque eu sabia que não era minha hora de morrer. Se eu tivesse que morrer, já teria morrido."

Incrivelmente, um coração ficou disponível para transplante em 36 horas. Após 12 horas de cirurgia, o transplante foi considerado um sucesso. No dia seguinte, "minha filha, Celeste, entrou no meu quarto no hospital", lembra Neil, "e eu disse a ela: 'Sabe, não podemos chamar esse coração de simplesmente *o coração novo do papai*. Vamos criar um nome'. E Celeste disse: 'Eu sei! Precioso Celestial. É um presente precioso, e veio do céu. Então, vamos chamá-lo de Precioso Celestial.'"

E foi assim que eles o chamaram.

De acordo com o protocolo, o destinatário de um transplante deve esperar um ano antes de entrar em contato com a família do doador. Após esse período de espera, Neil enviou uma carta à família do doador anônimo e compartilhou sua gratidão. "Eu estava contando os dias", confessa ele. "Senti uma tremenda obrigação de agradecê-los por seu sacrifício e por literalmente me darem o presente da vida." Sua carta era cheia de sentimento. Demorou seis meses para que a resposta chegasse, mas finalmente, lá estava — uma carta da família de seu doador. Veio do marido viúvo de sua doadora — o coração de Neil pertencia a uma mulher chamada Vicky.

"Foi incrivelmente emocionante", revela Neil. "Primeiro, ele disse que estava emocionado que o coração de sua esposa pudesse me ajudar a continuar meus esforços para ajudar outras pessoas como médico. Mas aí, no final da carta, ele disse que ficou muito emocionado e cheio de alegria quando soube do nome que minha filha inventara para o coração de sua esposa — Precioso Celestial. Ele ficou emocionado porque, durante todo o casamento, havia chamado a esposa pelo apelido dela: Preciosa.

Que momento *precioso*!

Neil ficou chocado, e continuou lendo a carta. "O marido escreveu que, quando soube o nome que minha filha deu ao coração, sentiu que era sua esposa, comunicando-se através de nossa filha, para que ele soubesse que ela estava bem e que sua Preciosa era o Precioso Celestial agora."

Pense sobre isso. Quais são as chances? Precioso Celestial. Preciosa no céu. Isso poderia ser apenas uma coincidência? Ou um homem de ciência veria isso como um sinal do Outro Lado?

"Eu acredito profundamente na ciência", respondeu Neil. "Mas também acredito muito em coisas que não podemos provar."

De fato, como médico que cuida de pacientes que estão chegando à morte, Neil tem uma perspectiva única de nossa passagem por esta vida. "Aprendi muito com meus pacientes e como eles abraçam sua jornada", diz ele. "Sempre acreditei que o corpo e a alma são diferentes, e vi, em meus pacientes mais doentes, nos momentos em que seus corpos são devastados, que a beleza da alma deles irrompe. Nos seus olhos, na sua energia, em toda a sua bondade e amor. Vejo uma espécie de luz emanando deles, e isso reforçou minha crença de que há algo além do nosso corpo físico — que não somos nosso corpo; nós somos, na verdade, nossa alma.

"O que sabemos sobre o Universo pode caber em um dedal. É assim que eu encaro a vida, como alguém que não sabe todas as respostas", afirma Neil.

Separados e distantes do nosso corpo físico, ele acredita: "Somos todos seres energéticos. Há pessoas aqui que são sensíveis a essa energia e a nossa energia coletiva. Talvez todos nós tenhamos essa capacidade, mas ficamos presos no aqui e agora, em coisas simplistas como: nosso carro está fazendo um barulho engraçado, ou o boleto está vencendo, ou o que quer que seja — e nos concentramos nisso, nos afastando da energia de outros e de nossa energia coletiva."

Se, em vez disso, permanecermos abertos a essa energia — à maneira como nossa vida e nossa energia se interconectam com as dos outros —, podemos nos identificar menos com nosso corpo físico e mais com nosso eu espiritual. "Recebi muita confirmação visual de que somos mais do que nosso corpo físico, e saber disso me trouxe muita paz", conclui Neil.

É assim que o Dr. Spector harmoniza sua espiritualidade e sua ciência: compreendendo que somos todos energia e que nossa energia está conectada à energia coletiva de todos os seres. E, dentro desse notável fluxo de energia entre todos nós, temos momentos milagrosos de conexão inexplicável que explicam a vida.

Em seu último dia na Terra, o visionário inventor Thomas Edison acordou de um coma. Ele abriu os olhos, olhou para cima, e seu rosto refletia algo como deslumbramento. Então ele falou pela primeira vez em muito tempo e disse cinco palavras:

"É muito bonito por lá."

Quase exatamente 80 anos depois, outro visionário, Steve Jobs, estava deitado no leito de morte. Pouco antes de atravessar, ele olhou carinhosamente para sua irmã Patty, seus filhos e sua companheira, Laurene. Então olhou além de todos, para um lugar que só ele podia ver e pronunciou suas três últimas palavras.

"Uau! Uau! Uau!"

Em seus momentos de travessia, quando seus entes queridos do Outro Lado correram para receber suas almas, e a luz envolvente de toda a criação tomou conta deles, eles encontraram as palavras para transmitir a pura maravilha do que nos espera em nossa verdadeira casa do Outro Lado. Em um instante, eles experimentaram como estamos verdadeiramente interconectados, ligados pelo amor e pela luz. E essa revelação foi simplesmente deslumbrante.

Aqui na Terra, podemos demorar um pouco para aceitar a verdade universal de que pertencemos um ao outro e somos responsáveis um pelo outro. Mas é por isso que estamos aqui — para aprender lições juntos. A Terra é uma escola onde todos aprendemos uma lição coletiva de amor.

Pelas minhas leituras, aprendi que, quando atravessamos, essa verdade se torna instantaneamente aparente para nós — exatamente como aconteceu com Thomas Edison e Steve Jobs. A melhor maneira de descrever essa experiência é chamá-la de uma descarga instantânea da verdade.

Quando atravessamos, podemos acessar instantaneamente toda a vida de outra pessoa em um milissegundo. Pense nisso. Quero dizer, é quase intangível para nós aqui na Terra saber tudo o que há para saber sobre uma pessoa em um instante. Mas é isso que acontece no Outro Lado, onde não temos mais um corpo físico e nos comunicamos de maneira telepática, de consciência para consciência. Pois, quando não temos mais em nosso corpo, o que nos separa dos outros? O que separa nossas experiências das deles?

Nada.

O que vi em minhas milhares de leituras é que essa transmissão é instantânea e completa; quando atravessamos, entendemos perfeitamente que sempre estivemos conectados a todos os outros e que sempre fizemos parte da jornada de todos ao longo do tempo.

Percebemos que, como seres de luz e energia, estamos todos conectados à mesma corrente massiva de amor que alimenta o Universo e dá significado a tudo.

Por enquanto, porém, essa verdade é algo que cada um de nós deve aprender no seu próprio ritmo, e estar aberto aos sinais do Outro Lado nos aproxima imensuravelmente dessa bela verdade.

Os momentos de conexão que aconteceram com as pessoas deste livro também podem acontecer com você — eles provavelmente *já* estão acontecendo com você. Este não é um grupo exclusivo. O poder de mudança de vida dos sinais do Outro Lado está disponível para todos nós; faz parte do belo pacote de vida com que nascemos.

Veja bem, nós entregamos mensagens um para o outro o tempo todo. Todos nós somos médiuns. Consciente ou inconscientemente, há momentos em que todos servimos como mensageiros para o Outro Lado — como "anjos na Terra", se você quiser chamar assim. Não apenas alguns de nós — *todos* nós. Cada um de nós é muito importante para outras pessoas e para o Universo — um universo que sempre nos leva a ter uma vida melhor e mais brilhante.

Por quê?

Porque todos nós nascemos dignos.

Cada um de nós nasce com o grande presente da luz — a força radiante do nosso amor, energia e singularidade. Cada um de nós nasce com a capacidade de fazer essa luz brilhar no mundo, para ajudar os outros a navegar em seus próprios caminhos de vida. Cada um de nós nasce com um conjunto de habilidades e atributos completamente únicos que contribuem para a força da vida universal. Cada um de nós nasce com a capacidade de fazer uma diferença significativa no mundo, independentemente de quem somos ou do que fazemos. Isso não é algo pelo que temos de pedir ou esperamos obter. É o nosso direito de nascença. Todos compartilhamos isso, e é o que nos torna quem somos. E, por mais que tenhamos nascido com esse presente incrível, cabe a nós desembrulhá-lo. Depende de nós descobrir nossa luz e brilhar intensamente no mundo.

Então brilhe e continue a brilhar.

É aqui que sinais e mensagens do Outro Lado entram em cena. Abrir nosso coração e nossa mente para receber sinais nos ajuda a desvendar nosso dom de luz, porque esses sinais revelam a verdade do Universo: que nenhum de nós está sozinho, que estamos juntos nisso, que estamos interconectados de maneiras consequentes. Todos os sinais e mensagens descritos neste livro ilustram essa verdade.

Quando começamos a aceitar e honrar esses sinais, chegamos mais perto de entender o caminho para o verdadeiro poder, sucesso e felicidade na vida: descobrir e iluminar nossa luz única e usá-la para inspirar e ajudar os outros em seus caminhos de vida e, por fim, para todos crescermos juntos.

Eu gostaria de contar uma última experiência, aquela que realmente me fez entender essa mensagem.

Envolve meu filho, Hayden, que toca trompete na banda do sexto ano na escola. Uma noite, havia um show agendado, e Hayden foi instruído a usar um uniforme específico: sapatos pretos, calça preta, camisa branca e gravata. Mas ele é contra uniformes. Ele é contra muitas coisas, porque, para falar a verdade, é obstinado, único e independente. Na noite do show, ele insistiu em usar seu tênis vermelho e ir sem gravata. Nós conversamos sobre isso, mas, no fim, eu desisti, e ele usou tênis vermelho e foi sem gravata.

Garrett e eu nos instalamos no auditório para o show, sem saber o que esperar. Então as crianças saíram (todas elas com suas roupas combinadas, exceto uma) e começaram a tocar uma bela música com ritmos africanos. Honestamente, eu estava chocada. Algumas crianças tocavam clarinetes, e, durante algum tempo, o encantador som desse instrumento encheu o auditório. Então os clarinetes deram lugar às flautas, e elas deram lugar aos tambores.

E então Hayden e seus colegas trompetistas tocaram seus instrumentos, e eles eram muito bons também, e então todos os sons vieram juntos, tocados ao mesmo tempo, e o resultado foi de tirar o fôlego — uma verdadeira sinfonia de sons e movimentos distintos, e as melodias se misturavam para criar algo maior, mais ousado e mais bonito do que qualquer instrumento sozinho poderia produzir. Observar Hayden tocar trompete em seu tênis vermelho e ouvi-lo se envolver tão bem com seus colegas de banda para produzir algo tão magnífico me levou às lágrimas.

Enquanto ouvia a música, recebi uma mensagem do universo: *somos todos instrumentos distintos, tocando belas notas separadas, e é nosso trabalho tocá-las da melhor maneira possível — mas, quando tocamos todos juntos, produzimos uma sinfonia magnífica que eleva todos nós e dá sentido aos nossos papéis individuais.* É somente juntos que podemos criar algo maior que nós mesmos, algo verdadeiramente surpreendente.

E, então, ali mesmo, em um auditório do ensino fundamental, a beleza de nossa interconectividade revelou-se. Se todos tocarmos nossas melhores notas — se todos escolhermos nosso caminho superior na vida —, juntos podemos criar algo bonito. Mas todos temos de praticar nossas notas. Estamos aqui para aprender as mesmas lições de amor, perdão e aceitação. Se praticarmos juntos, se ajudarmos uns aos outros a aprender, então descobriremos como podemos mudar e enriquecer o mundo ao nosso redor das maneiras mais mágicas.

Os sinais estão lá. As mensagens estão lá. As borboletas, as libélulas, os beija-flores, as cartas de baralho, os arcos-íris, o pão de soda e as árvores com corações estão todos lá, esperando que nós os vejamos. Nossos entes queridos do Outro Lado estão trabalhando duro para nos levar à felicidade, e nossos Times de Luz estão planejando maneiras de nos levar para nosso caminho superior. Essas coisas estão acontecendo ao nosso redor todos os dias, e cabe a nós estar abertos a elas — estar *atentos* a elas.

Porque, quando estivermos atentos, veremos coisas que não conseguíamos ver antes. E, quando as virmos, nunca poderemos deixar de vê-las — e nem desejaríamos que isso acontecesse.

ÍNDICE

A
Abrir portas emocionais, 156
Albert Einstein, 66
A luz entre nós, 51
Amor incondicional, 236
Animais, 147
   inocência, 147
   liberdade, 147
Arte, 258
   energia, 260
   vibração, 260
Arteterapia, 258
Astecas antigos, 47
Atividade espiritual, 148

B
Busca da visão, 215

C
Cadeia
   de interconexão, 144
   de luz, 144
Caminho
   bloqueado, 78
   coletivo do amor, 178
   da esperança, 171
   de escuridão, 175
   de raiva, 175
   do amor, 171, 185
   do medo, 185
   inferior, 176
   mais elevado, 198
   ódio, 175
   superior, 73, 189, 253, 284
Campo magnético da Terra, 66
Carl Jung, xx, 68
Carma, 175–178
Centro de Pesquisa Windbridge, xvii
Cérebro racional, 147
Chopra, Deepak, 275
Clariaudiência, xvii, 177
Clariconhecimento, xvii
Clarisciência, xvii
Clarividência, xvii, 235
Cocriar sua linguagem com o Outro Lado, 168
   consciência, 168
   energia, 168
   gratidão, 168
   receptividade, 168
   sossego, 168
   união, 168
Código Morse cósmico, 78
Compartilhe seu sinal, 167

Conectividade, xxi
Conectores, 140
Conexão
　com o mundo, 182
　　de forma vibracional, 182
　de almas, 223
　estabelecida, 79
　perdida, 79
Conexões, 36, 140, 214
　amorosas, 37
　de luz, 148
　estabelecer, 36
　valorizar, 36
　vitais, 143
Conjunto de Eventos Significativamente Paralelos (CESP), 68
Contrato
　de alma, 14
　espiritual, 140
Crises de ansiedade, 238
Cristianismo, 14
Culpa, 181
　pensamento tóxico, 181

D
Dalai Lama, 274
Defumação, 270
Desequilíbrio interno, 271
Desligar o cérebro racional, 162
Devas, 14

E
Edison, Thomas, 288
Einstein, Albert, 256
Energia, 66, 255
　cinética, 270
　coletiva, 287
　condensada, 66
　divina, 75, 176
　dos espíritos, 148
　eletromagnética, 66
　espiritual, 73
　individual, 277
　invisível, 148
　luminosa, 72
　negativa, 256
　positiva, 256
Estado
　alterado de consciência, 272
　sono, 272
　de consciência, 74
　de espírito, 163
　de inconsciência, 74
　de sonho, 73
　　visitas, 73
　de total receptividade, 161
　diferente de consciência, 162
eventos sincronísticos, xx
Expandir possibilidades de comunicação, 83
Experiências meditativas, 142
Expresse gratidão, 167

F
Fallon, Jimmy, 278
　The Tonight Show, 278
Fé muçulmana, 49
Fenômeno
　dos sinais, 167
　elétrico, 67
Ficar em silêncio, 225
Fios
　de amor, 214
　de conexão, 267
　de luz, 83, 126, 236
Física quântica, 256
Fluxo
　da luz do Universo, 258
　de energia, 147, 288
　de ideias, 140
　de imagens, 175
　de informações, 161
Força
　da luz, 249
　do amor, 249
　eletromagnética, 191

intuitiva, 75, 77
Fundação Forever Family, xvii, 132, 173

G
Glennon Doyle, xx
Grande Mudança, xvi
Gratidão, 262
Guias espirituais, 13, 57, 164, 176

H
Harry Potter, 258
   J. K. Rowling, 258
Hawn, Goldie, 274
Hinduísmo, 14

I
Incerteza, 184
Indígenas norte-americanos, 47
Interconectividade, 74, 168, 257
   sentimento de, 257
Interconexão, 249, 288
Íons negativos, 268
Islã, 14

J
Jobs, Steve, 288
Jornada espiritual, 142

L
Linguagem
   corporal, 173
   secreta do universo, 161, 168, 279
Livre-arbítrio, 209

M
Matéria, 255
   átomos, 255, 268
   elétrons, 255, 268
   glúons, 255
   nêutrons, 255
   prótons, 255
   quarks, 255

Meditação, 273
   caminhando, 275
   nível superior de consciência espiritual, 273
   profunda, 74
Medo, 184, 225
Mensageiros
   de Luz, 83, 144, 164
   do Outro Lado, 83
Mensagem
   de amor, 219
   de confiança, 219
   de esperança, 219
Mente de macaco, 162
Modelos de realidade, 207
Momento de conexão, 79
Mudar nossa energia, 163

N
Nossa Senhora de Fátima, 127
Nosso corpo emite luz, 256
   biofótons, 256

O
Olhar para trás, 79
Outro Lado, 13, 35, 66, 139, 258
   abundância de amor, 201
Outro Lado,, xviii

P
Padrão detectável, 79
Percepção, 95
Poder
   da arte, 259
   da oração, 273
   da rendição, 249
   de manifestação, 263
Pontos
   de interseção, 139
   meridianos, 270
Processo de cura, 73
Propósito superior, 187

R

Reconhecimento de alma, 180
Reino angelical, 13
Renascimento, 258
Repetições de eventos, 71
Resiliência, 262
Resposta involuntária, 70
Revisão de vida, 139

S

Seja receptivo, 165
Senso de espiritualidade, 143
Shiva, 281
Silêncio meditativo, 162
Simulpatia, 68
Sinal, xviii, 36, 59
  Ar, 128
  clariaudiente, 177
  da energia Divina, 13
  de nossos entes queridos, 13
  de nossos guias espirituais, 13
  do Outro Lado, 277
  finalidade, 71
  fogo, 128
  luz, 128
  muito específico, 158
  simples, xix, 65
  vento, 128
sincronicidade, xix
Sincronicidade, 68, 142
Síndrome Neuropsiquiátrica de Início Agudo Pediátrico (PANS), 242
Sociedade de Céticos, 63
Sonhos 3D, 74
Sono REM, 73
  explosões de atividade elétrica, 74
Supersincronicidades, 68

T

Tarrant, Jeff, 74
  cientista do cérebro, 74
Time de Luz, xvi, 7, 63, 139, 196, 283
  expandido, 36
Trabalhadores da luz, 139, 185
Trazer a luz, 162

U

Universo, xviii, 66, 171, 214, 289
unus mundus, xx

V

Vida sombria, 176

Z

Zona de conforto, 189

Projetos corporativos e edições personalizadas
dentro da sua estratégia de negócio. Já pensou nisso?

Coordenação de Eventos
Viviane Paiva
viviane@altabooks.com.br

Contato Comercial
vendas.corporativas@altabooks.com.br

A Alta Books tem criado experiências incríveis no meio corporativo. Com a crescente implementação da educação corporativa nas empresas, o livro entra como uma importante fonte de conhecimento. Com atendimento personalizado, conseguimos identificar as principais necessidades, e criar uma seleção de livros que podem ser utilizados de diversas maneiras, como por exemplo, para fortalecer relacionamento com suas equipes/ seus clientes. Você já utilizou o livro para alguma ação estratégica na sua empresa?

Entre em contato com nosso time para entender melhor as possibilidades de personalização e incentivo ao desenvolvimento pessoal e profissional.

PUBLIQUE SEU LIVRO

Publique seu livro com a Alta Books.
Para mais informações envie um e-mail para: autoria@altabooks.com.br

 /altabooks   /alta-books   /altabooks   /altabooks

CONHEÇA OUTROS LIVROS DA **ALTA BOOKS**

Todas as imagens são meramente ilustrativas.

Este livro foi impresso nas oficinas gráficas da Editora Vozes Ltda.,
Rua Frei Luís, 100 – Petrópolis, RJ.